大 学 问

始 于 问 而 终 于 明

守望学术的视界

THE WEAPONS OF CRITICISM
Rosa Luxemburg's Debates with Her Contemporary Socialists

批判的武器

罗莎·卢森堡与同时代思想者的论争

马嘉鸿 著

广西师范大学出版社
·桂林·

批判的武器：罗莎·卢森堡与同时代思想者的论争
PIPAN DE WUQI: LUOSHA LUSENBAO YU TONGSHIDAI SIXIANGZHE DE LUNZHENG

图书在版编目（CIP）数据

批判的武器 ：罗莎·卢森堡与同时代思想者的论争 / 马嘉鸿著. -- 桂林 ：广西师范大学出版社，2024.11.
ISBN 978-7-5598-7316-3
Ⅰ. D095.165
中国国家版本馆 CIP 数据核字第 2024HN5244 号

广西师范大学出版社出版发行

（广西桂林市五里店路 9 号　邮政编码：541004）
网址：http://www.bbtpress.com

出版人：黄轩庄

全国新华书店经销

广西广大印务有限责任公司印刷

（桂林市临桂区秧塘工业园西城大道北侧广西师范大学出版社集团有限公司创意产业园内　邮政编码：541199）

开本：880 mm ×1 240 mm　1/32

印张：12.75　　　　字数：305 千

2024 年 11 月第 1 版　2024 年 11 月第 1 次印刷

定价：88.00 元

如发现印装质量问题，影响阅读，请与出版社发行部门联系调换。

目 录

导论 1

一、马克思主义之为一种理论和实践 1

二、欧洲社会主义运动的分裂 8

三、马克思主义视域下的时代 11

四、国内外关于罗莎·卢森堡的研究和译介 12

五、本书的研究进路及结构 50

第一章 改良还是革命 59

第一节 改良主义的兴起：论争背景 59

一、第二国际的改良趋势 59

二、威廉二世治下的德国 65

三、马克思学说的正统性及其捍卫者 70

四、论争前的改良主义潜流 76

第二节 罗莎·卢森堡的首演 83

第三节 其他批评者:帕尔乌斯、普列汉诺夫和考茨基 92

一、帕尔乌斯 94

二、普列汉诺夫 99

三、考茨基 105

第四节 围绕伯恩施坦主义的论争 112

一、辩证法在马克思学说中的地位 116

二、灾变论及其局限性 130

三、科学社会主义中的"科学"概念 144

四、阶级斗争的政治策略 151

第二章 疲劳还是斗争 170

第一节 激荡的1905年 170

第二节 耶拿与曼海姆代表大会(1905—1906) 178

一、缘起 178

二、耶拿代表大会始末 189

三、曼海姆代表大会始末 196

第三节 《群众罢工、党和工会》(1906) 207

一、主旨及理论特色 207

二、俄国革命的一般经验 212

三、俄国经验的适用性问题 218

四、德国工会和政党的关系 222

第四节 中派与左派的分手 227

一、1907—1909德国国内外局势的变化 227

二、党内保守势力的增长　230
三、《取得政权的道路》(1909)　233
四、考茨基与卢森堡公开论战　246

第三章　民主还是专政　268

第一节　论争背景：俄国与德国的国情　268
第二节　有关政党组织原则的论争　274
一、《怎么办？》面临的三组竞争关系　274
二、作为理论源头的马克思学说　281
三、卢森堡与列宁论争的原委　285
四、立论依据与各自的政治环境　294

第三节　有关民族自决的论争　304
一、波兰社会主义的两条道路　304
二、卢森堡对马克思的理解与继承　308
三、卢森堡与列宁有关民族问题的论争　313
四、民族议题与殊异的政治任务　319

第四节　有关无产阶级专政的论争　323
一、风云际会的1917年革命　323
二、马克思的相关阐述及意涵　332
三、对"无产阶级专政"的不同界定　337
四、同一话语与迥然的政治形势　349

第四章 总结与展望 *354*

第一节 形势、任务与判断 *354*

第二节 1917年俄国革命和1918年德国革命 *358*

第三节 卢森堡之死 *366*

第四节 卢森堡的思想遗产 *369*

参考文献 *380*

后记 *400*

导论

一、马克思主义之为一种理论和实践

本书以罗莎·卢森堡(Rosa Luxemburg,1871—1919)为研究线索,贯穿第二国际三场重要的理论论争。卢森堡是第二国际时期著名的才华横溢的马克思主义者。她一生著作丰富,参与了多次第二国际内重要的理论论战,她的思想也在和理论对手的碰撞中不断完善、发展。其中颇具代表性的三场理论论争的对象分别是伯恩施坦(Eduard Bernstein)、卡尔·考茨基(Karl Kautsky)和列宁。这三场论争既关系到世界社会主义运动的发展方向,也涉及马克思主义的一些基本问题,更直接见证了欧洲工人运动中心从第二国际向第三国际的转移。今天看来,百年以前发生的论争似乎已为陈迹,但关于改良与革命的历史选择及价值评判、社会主义民主的本质和内涵、民族主义与国际主义的关联与张力,始终是东、西方思想界争论不休的话题。回顾这段历史,对于理解中国特色社会主义的历史和思想史渊源,有着重大的理论意义与现实意义。

第二国际被科拉科夫斯基(Leszek Kolakowski)称为马克思主义的"黄金年代"。19世纪末,欧洲主要国家纷纷成立工人政党。当机器大工业取代工场手工业,资本主义扩张为世界范围内的政治经济秩序已成历史大势,马克思学说在历经与"真正的社会主义""蒲鲁东主义""巴枯宁主义"等思想流派的竞争后,终于脱颖而出,并被新成立的国家的工人阶级政党确立为指导思想。当一种学说被确立为理论正统,就会不断遭遇现实中的各种挑战,这也是马克思学说的特质所决定的。

马克思学说既是理论学说,也是一种实践哲学,其第一个理论特质即科学性。科学社会主义中的"科学"在德语中对应的是Wissenschaft,其意义并不同于Science,即其使用的研究方法并非物理、化学等自然科学研究使用的"证伪"。康德的批判哲学体系以逻辑严密和系统性著称,在体系性学说的意义上,亦可称为Wissenschaft,但其研究方法与Science相去甚远。马克思基于实证数据和严密的逻辑推理,进而推导出价值规律,将变革资本主义生产力与生产关系之间的矛盾这一根本任务交付给无产阶级革命主体。这一判断并非仅出于对工人阶级历史境遇的同情式理解,也并非简单来自抽象的个体价值或道德立场,而是立足于资本主义政治经济学的实证性分析。马克思在《政治经济学批判》中指出,随着平均利润率逐渐下降,资本主义社会必将呈现经济危机的周期性爆发,而工人的生活状况每况愈下促使社会两大阶级日趋对立,无产阶级自发走向社会革命,进而实现对资本主义私有制度的历史性替代。

爱德华·伯恩施坦对马克思学说的重要修正就在于，他放弃了科学（Wissenschaft）在系统论意义上的解释。后世如卡尔·波普尔（Karl Popper）的《历史决定论的贫困》也对马克思学说进行批判——他从社会科学的不精确、定量研究的不完备和历史与社会实验的不可能出发，进而认定马克思学说为一种历史决定论，且认为它因先验地含有一种思辨的理想主义原则，并包含一部分在科学（Science）上未被证实且无法被证伪的东西，因而是不够科学（Science）的。以波普尔的《开放社会及其敌人》为例，马克思主义逐渐被塑造为一种封闭的、总体性的"神学教义"。在进入第二国际历史与理论研究之前，这些对马克思学说"非科学性"的误解，首先需要被澄清。

如果说马克思的学说只具有科学性，那他不过是书斋里的学者，这难以解释他的学说为何会引发如此激烈甚至残酷的政治派别论争，这就涉及马克思学说的第二个特质——实践性。"哲学家只是用不同的方式解释世界，而问题在于改变世界。"马克思的学说基于科学论证，在促成历史向着更加符合客观方向发展的同时，使主客体实现了统一。黑格尔有言："密涅瓦的猫头鹰，黄昏时分才会起飞。"但是对于颠覆黑格尔学说的马克思学说而言，如果希求以新思想改造旧现实，就必须以"清晨之鹰"的姿态起飞，致力于使群众掌握理论并将其转化为物质力量。实践的规定性不仅适用于马克思学说本身，也适用于那些发展和革新其学说的"二代""三代"马克思主义者们，即真正的问题不仅包括"是什么"，更包括"怎么办"，在特定的历史条件下，后者的迫切性甚至会压倒前者，并重置问题的提出方式。

马克思学说的第三个特质是革命性。这一特质在真实的国际共运史中极易被利用,演化为一场谁更"革命"的政治角逐,即通过对革命正当性的垄断从而确立革命的领导权。事实上,马克思绝不是一个不讲条件、一味宣扬革命的冒险家。他认为革命的行动是基于科学分析而自然推导出来的结论,否则革命就将倒退为"布朗基主义"(Blanquism),亦即变成伯恩施坦们口中的"不切实际的暴动"。相应地,马克思的学说体系和总体范畴也必将同革命原则一同瓦解。在马克思看来,无产阶级是资本主义危机持续的产物,也是促使资本主义危机进一步升级的意识主体和历史的执行者。无产阶级意识的产生与发展并不是简单依循一种规律,而是一个辩证发展的过程,依赖于阶级力量的壮大和成熟。"只有当历史的过程迫切需要无产阶级的阶级意识发生作用,严重的经济危机使这种阶级意识上升为行动时,这种阶级意识的实践的、积极的方面,它的真正本质才能显示出它的真实形态。"[①]而在其他时候,这一意识需要在日常的政治经济斗争中经过不断强化、完善,以至于工人具备了自觉的阶级意识,这样当重大危机来临之际,就能成为影响革命过程的主体。

与将马克思学说的体系性特征理解为"神圣教义"类似,其革命性原则也经常被涂抹上"末世拯救"的色彩。这种对马克思学说的误解不仅源自自由主义的偏见,也是马克思学说"继承者们"仅满足于对资本主义社会进行道德批判所造成的结果。一个广为人知的类比是由罗素(Bertrand Russell)提出的,即"救世主=马克思"

[①] [匈]卢卡奇:《历史与阶级意识》,杜章智等译,商务印书馆1999年版,第96页。

"选民＝无产阶级""耶稣再临＝革命""地狱＝对资本家的惩罚""基督作王一千年＝共产主义联邦"。与此相似,卡斯培(Walter Kasper)也曾说,马克思主义是一种"世俗化的弥赛亚主义"。卡尔·洛维特(Karl Löwith)在《世界历史与救赎历史》中评价马克思的历史哲学时也曾直言不讳:"《共产党宣言》所描述的历史程序,反映了犹太教—基督教解释历史的普遍图示,即历史是朝着一段有意义的终极目标的、由天意规定的救赎历史。"进而得出结论:"历史唯物主义是国民经济学语言的救赎史。"而从西方马克思主义的流派发展中,亦可看到如本雅明(Walter Benjamin)、阿甘本(Giorgio Agamben)等人对马克思学说之为一种历史哲学的类似诠释。如上假说,在指责马克思主义之时,似乎都预设了一个前提,即马克思学说内含一套凝固未来图景的历史哲学。若要接受这一前提,则预示着马克思学说是一种历史目的论,其革命性也被解读为必然降临的"弥赛亚时刻"。这是一种恢复先验唯心主义传统、重新解读马克思学说的方式,这种做法无异于把好不容易在马克思手上才纠正过来的脚踏实地的历史观,重新拖回到"头足倒置"的黑格尔哲学。

马克思学说是一种社会经济学理论,是基于对资本主义历史和现实的考察后,建立起来的无产阶级革命学说,其科学性、实践性与革命性在马克思时代是高度融贯的。但是,到了19世纪末20世纪初,资本主义有了新发展,工会在经济斗争上取得了突出成就,工人贵族崛起,社会民主党派及相关政治组织在议会的合法斗争中取得累累硕果,使革命的现实性和迫切性在相当程度上被延宕甚至取消。因而,改良渐进式的道路越来越具有合理性和可操作性。逐渐走向成熟的资本主义发展出自身协调机制,将早期出现的经济矛盾和阶级对立逐渐转化为不断完善的动力。伴随选举权的普及,经济斗争的成就和党员与议席数量的不断增加,无产阶级的力量在事实上壮大起来,但日常斗争的工人们的头脑中并没有自然而然地产生革命的阶级意识。因此,马克思的社会冲突模型所依赖的关键社会条件发生了改变,致使马克思思想体系原本的圆融和自洽被打破,如继续依循历史唯物主义的分析方法或遵循马克思的一些具体推断,就背离了无产阶级革命的历史结论。

与之相对的,俄国的资本主义社会基础相比于西欧更为薄弱,无产阶级客观上尚未拥有推动历史进一步发展的实力,更难以形成俄国的革命的阶级意识。但是走在时代之前,率先觉醒并接受新思想洗礼而成长起来的一批俄国马克思主义者,特别是其中的布尔什维克,看到了资本主义最后阶段的临近,以及将资产阶级与无产阶级之间的斗争转变为无产阶级拯救人类的行动的有利可能,强调立刻发动世界性革命的必要性。在布尔什维克看来,党应该严格挑选党员,形成具备无产阶级最优意识的集中组织,对尚未足具条件的工人进行阶级意识的灌输,全面联合资本主义社会内一切被压迫者和被剥削者,形成革命的联盟。在列宁看来,工人难以从日常的经济生活中产生果敢的革命意识,因而只能在缺少无产阶级自觉意识的土地上,人为地塑造一支服务于革命的、具有无产阶级意识的革命家队伍。当革命迫近于眼前,无产阶级如想要赢得这场决战,就必须鼓动和支持一切有益于打碎资产阶级社会的力量,并尽最大努力将这些力量争取到整个革命进程之中。对布尔什维克而言,发动无产阶级革命已经成为压倒性的实践要求,这必然需要在一定程度上重置马克思学说的理论前提。

在这一关键问题上,卢森堡对列宁的组织路线提出了不同看法,她认为,"列宁所主张的极端集中主义的全部实质是,它没有积极的创造精神,而是一种毫无生气的看守精神。他的思想过程主要是集中于监督党的活动而不是使它开花结果,是缩小而不是发展,是束缚而不是联合整个运动"①。她反对列宁的极端集中制,认为工人阶级应该是自我集中的。这是因为无产阶级只能在不断革命的过程中自发地组成阶级。党既不能引发革命,也不能避免革命,而要在过程中担当历史使命、发挥支柱作用,扮演着领导和启蒙群众的角色。关于如何推进无产阶级革命这一重大的历史课题,需工人阶级自我教育,自我学习,并在运动中锻炼先进的政治觉悟。革命本身不可以由党来代劳,革命之后建立的无产阶级专政也绝不是一小撮人的专政,而是"最大限度公开的、由人民群众最积极地、不受阻碍地参加的、实行不受限制的民主的阶级专政"。②

在如何采取革命实践的问题上,德国的历史条件则完全不同。在改良道路上取得长足进步的德国社会民主党官僚主义倾向愈益明显,卢森堡相信,自发的群众运动中孕育着历史进步力量,能够克服德国社会民主党的保守化倾向。在和考茨基进行的有关是否要以政治性群众罢工作为阶级斗争手段的论争中,她反对将群众罢工人为地区分为"经济斗争"和"政治斗争",不满于将社会民主党的活动仅仅局限在选举权的斗争上,否定只在有希望获得确定

---

① 李宗禹编:《卢森堡文选》,人民出版社2012年版,第508页。
② 李宗禹编:《卢森堡文选》,第404页。

成果的情况下才应该采取大规模群众罢工的观点。在她看来,德国工会所有已经取得的进步和成就无不是在哪怕仅有微小希望下积极争取的产物,而考茨基的原则无异于"唯议会主义"。按照考茨基的原则,非但不会产生大规模的群众政治运动,就连日常的工会活动也会被取缔。局部的、地方性的冲突每时每刻都在自行扩大,并逐渐演变为普遍的政治革命。相对滞后的政党应该积极配合工人、群众的行动,做好宣传和组织工作,既不能阻止、限制工人阶级的运动,也不能如列宁等革命家所说的替代工人。

由上可以看到,卢森堡的观点在当时东西方社会主义的两条发展道路之间是极其特殊的。卢森堡与同时代社会主义者之间发生论争,究其原因首先在于马克思学说既是一种理论也是一种实践的特性,正因为这一学说致力于促进现实世界的改变,所以从理论到现实之间的缺口,需要卢森堡及同时代的社会主义者去弥合。理论家们基于自身的认识和各自的政治目标,对理论重新进行阐释,呈现千差万别的样态。这就决定了这些思想论争需要一种特殊的书写方式。

二、欧洲社会主义运动的分裂

第二国际时期,马克思主义从社会主义思想理论的一个分支,成为领导欧洲社会主义运动的"官方意识形态"。然而,在这一时期,马克思主义者内部分裂出诸多支流:从西欧社会民主主义和俄国布尔什维主义的历史分野,到德国社会民主党内左、中、右派的争议,再到波兰在独立问题上存在的国际主义与民族主义两条路线斗争。以上论争和分歧,罗莎·卢森堡都参与了其中,并用她的理论著述和政治行动自觉影响着欧洲的社会主义运动。书写卢森堡奋斗的一生,在某种意义上就是在书写这一时期与她互动、受她影响的欧洲社会主义运动的历史。

本书将罗莎·卢森堡还原到她生前所处的历史时空之中,通过重现她与同时代社会主义者的论争,力图理解欧洲社会主义运动大分裂的理论缘由和历史背景。卢森堡在论战过程中发展、完善了她的理论体系,标定了她的理论边界。在某种意义上,她的理论著述是对马克思学说作为思想方法和革命结论的同时承继。她一方面坚持科学性,用马克思政治经济学的研究方法发掘资本主义生命力的限度;另一方面又坚持革命性,坚定相信世界革命必将来临。然而,她的立场和观点在东西方两条日渐分裂的社会主义实践道路上都遭到冷遇。历史的发展虽导致她在现实政治论争中失败,却赋予了她超越历史的价值。如果不能浸淫其中,再出乎其外,就无法客观评估罗莎·卢森堡时至今日的思想遗产。

本书中所论及的理论人物,都将被置于真实历史进程的互动之中。这也构成了本项研究的基础假定,即不同的马克思主义理论家的理论阐述,是基于特定政治资源和政治目标,通过在特定政治情境中对马克思学说进行应用性解释,以服务于各自的政治利益。由于参与论争的马克思主义者所面临的现实政治形势不同,以马克思的原典作为教条式评判依据,证明谁更符合或更违背马克思的原意,并不是本书的目的。本书的重点是,展现参与论争的各方在特定境况下的政治选择,考察他们各自从马克思主义思想体系中取用的思想资源,分析其言说与行动之间相互塑造的关系,进而评析其后果。需要特意说明的是,这种研究方式并非暗含"原教旨主义"的价值取向,因为马克思学说的原创观点和应用发展是截然不同的两个维度,本书将关注点放在后者,尽力用叙事本身呈现参与政治论争的各方在理论上的自洽性和在实现其政治目标上的合理性,理解不同人和团体在认知方式、利益诉求和互动关系中如何发展马克思主义的特定面向。

第一次世界大战见证了欧洲社会主义运动在东西方的分野。列宁此前在第二国际中一直身处边缘,甚至布尔什维克与孟什维克之间组织问题的调停都并未被纳入第二国际的重要议程。然而,这一境况在1914年"一战"打响之时全然改变。列宁将发达国家工人各自为战和对国际主义的背叛,归罪于第二国际改良主义的发展。他将批判的矛头直指第二国际的"理论教皇"考茨基,甚至不惜以"叛徒"之名为其"盖棺"。俄国十月革命爆发后,列宁则将主要精力放在成立共产国际、夺取第二国际对欧洲社会主义运动的领导权上,并力图以俄国革命的成功经验为样本,推进世界范围内的无产阶级革命。俄国革命的爆发对于欧洲的社会主义运动产生了极大的震动,第二国际的老社会民主党人在不同程度上,从经济基础、政策问题、组织问题以及可能存在的危险对俄国革命提出告诫。在这场列宁与整个第二国际相对抗的政治论争中,罗莎·卢森堡作为与列宁一样主张革命的"左派",也加入了对列宁的批判队伍之中。与卡尔·考茨基、奥托·鲍威尔(Otto Bauer)、普列汉诺夫(G. V. Plekhanov)等人相比,她的批判性反思多是从理论原则出发,而缺少革命实践的检验。她的态度和观点也在1918年11月德国革命到来之际,发生了一定程度的转变。因此,思考和评析罗莎·卢森堡与列宁之间的论争,需放在欧洲社会主义运动的领导中心从德国向俄国转移的历史背景中进行考察。

三、马克思主义视域下的时代

罗莎·卢森堡是一位马克思主义者,她的思考与行动深深地嵌于她所处的时代之中,用马克思的思维方式,对攸关历史发展走向的每一个问题进行思考,并试图给出相应的行动方案。她对改良还是革命、无产阶级专政和民主、帝国主义战争与民族独立等议题给出的解决方案都服务于资本主义必然崩溃和世界革命必然到来的宏图愿景。遗憾的是,她的方案经常不具备可操作性,因为她所期待的愿景被现实一再证实是一个遥远如地平线的存在。但这并不能说明她的思想理论就是一种无意义的乌托邦似的假想。卢森堡并不认同社会主义必然降临的"宿命论",在她看来,"不是社会主义,就是野蛮状态"(Socialism or Barbarism)的历史发展走向掌握在拥有自觉阶级意识的无产阶级手中。

本书之所以选择罗莎·卢森堡作为见证这一段历史的人物,也是一次以马克思主义视角切入这个时代的努力。但是这个时代绝非只有第二国际和社会主义运动。虽然本书将主要内容聚焦于卢森堡与和她同时代社会主义者之间的论争上,但是对历史背景的考察绝不仅局限于社会主义运动的内部——如果只考察正统派与改良派的论争而不顾德国工会发展的轨迹和成就,就无法讲出论争的背景和意义;如果只讲卢森堡和布尔什维克的论争,或只讲她对孟什维克的态度和对俄国革命性质的评估,而罔顾俄国民粹

11

派的传统、沙皇专制下的国情和俄国革命的特殊形势,就难免过度夸大卢森堡的批判效力;如果只关注左派与中派、右派的博弈,而不去思考"一战"德国战败后以容克地主阶级和普鲁士军官团构成的统治阶层为了维持其主导地位,不得不策略性地让威廉二世退位而将政权交付于艾伯特(Friedrich Ebert)、谢德曼(Philipp Scheidemann)的事实,就难以真正理解1918年德国革命的偃旗息鼓,难以理解罗莎·卢森堡和卡尔·李卜克内西(Karl Liebknecht)缘何被秘密迫害;如果不了解欧洲思想界出现的"反犹"与现代性浪潮,就无法理解为什么社会主义能够作为一个改变现状的激进派别,在青年一代中曾具有如此广泛的吸引力和感召力,并影响了此后相当一批知识分子和革命者的人生选择。唯有关注以上种种,方能勾勒出理论与现实之间的张力,呈现一位思想者兼行动者的高远与局限、努力和遗憾。

四、国内外关于罗莎·卢森堡的研究和译介

(一)国外的罗莎·卢森堡研究

罗莎·卢森堡是国际共运史上著名的马克思主义思想家、理论家和革命家,被列宁誉为"革命之鹰",在其生前身后,国际学界和社会主义理论研究者围绕卢森堡的生平与思想,作出的众多研究和评论富于争议性。罗莎·卢森堡研究在历史上曾深受斯大林主义、"冷战"等政治因素影响,无论在东方还是在西方,对她的评价总是不可避免地与意识形态因素相关联。

已有的对罗莎·卢森堡研究大致可分成三种类型:一类是传记类作品,倾向于对卢森堡的人生经历和思想全貌给出整体性的叙事和解释;一类是对卢森堡书信文章的编著,这些著作的序言、前言也十分值得重视;还有一类是散见于诸多研究领域的专著和期刊文章。在经济学领域,她的"资本积累论"被当作一种看待帝国主义的视角以及一种"消费不足"的理论加以考察;在历史学领域,罗莎·卢森堡被当作见证第一次世界大战、俄国革命和德国革命的历史人物来加以对待;在政治学领域,罗莎·卢森堡关于群众自发性和社会主义民主的讨论颇受重视。各种研究成果层出不穷,似乎对卢森堡的研究越来越热了。

事实上,在此之前一段相当长的时间里,对卢森堡进行客观中立的学术研究始终是一个禁区,研究逐渐解禁的过程始终受到各种政治因素的左右,这在社会主义阵营内表现得尤其明显。与之相对的,在一段时间里西方对卢森堡的研究受到"冷战"等政治因素的影响,卢森堡对布尔什维克组织原则的批判一直被西方用来当作反对苏联的工具。对卢森堡的持续兴趣,主要来自西方马克思主义者们。他们在摒弃列宁的政党理论之后,试图寻找马克思正统理论的替代模型,以对抗西方日盛的改良主义,使革命精神在无产阶级身上复活。[1] 这种对卢森堡思想的重新"政治化",可以说是西方左派的一种斗争策略。此外,随着学界对《1844年经济学哲学手稿》的重新发现和高度评价,卢森堡作为马克思最好的学生之一,她的思想也被当作对马克思"人道主义面孔"的最佳诠释。

---

[1] Leszek Kolakowski, *Main Currents of Marxism*, vol. II, Oxford University Press, 1978, p. 432.

将马克思人道主义化并将卢森堡作为其继承人,也是西方左派为了挽救马克思学说的声誉所做的努力。但是这种对卢森堡思想的解读,忽略了其思想中历史唯物主义的底色。世殊事异,而今世界社会主义运动沧桑巨变,罗莎·卢森堡逝世已逾百年,对其研究历史进行回顾和评述,既是适当的,也是必要的。

罗莎·卢森堡于 1919 年去世,1923 年德国革命失败,德国共产党将革命的失败归罪于"卢森堡主义"。德国共产党的卢茨·费舍尔(Ruth Fischer)甚至公开将卢森堡主义说成"梅毒病菌"。1924 年第五次共产国际代表大会对罗莎·卢森堡关于资本积累论和民族问题的论述展开了集中讨论。曼努伊尔斯基(Dmitry Manuilsky)使用了"民族虚无主义"这种贬抑性的话语评价卢森堡在波兰独立问题上的观点。同年,列宁委托历史学家出版卢森堡的著作。但列宁去世后,自 20 世纪 30 年代起,斯大林出于强调一国社会主义和反对托洛茨基(Leon Trotsky)的需要,将卢森堡定为"半孟什维克"和"自发论者"。这使得列宁生前交代的对卢森堡全集的出版工作被延宕,相关的学术研究也在此后中断了很长时间。这之后,托洛茨基发表题为《别动卢森堡》[①]的文章,表达了对卢森堡的同情和支持,此举更是恶化了卢森堡在苏联的崇拜者们的现实处境。1938 年,斯大林宣布波兰共产党是波兰的资产阶级,并下令镇压。此后,有关卢森堡的研究在社会主义阵营内部长期沉寂。

直至威廉·皮克(Wilhelm Pieck)的发声,这片研究领域的沉寂才得以被打破。作为东德政府的总统,皮克在 1951 年出版的三

[①] Leon Trotsky, "Hands off Rosa Luxemburg", in *Rosa Luxemburg Speaks*, ed. by Mary A. Waters, Pathfinder, 1970.

卷本《卢森堡选集》的序言中,冒着极大风险表达他的看法,意在说明新的工农联合政府的理念并非苏联的强行植入,而是深植于德国工人阶级的政治传统,而罗莎·卢森堡正是这一传统的杰出代表。① 但在卢森堡的故乡波兰,则是直到1956年赫鲁晓夫公开谴责斯大林之后,才开始将卢森堡作为一个历史人物加以正视。波兰犹太历史学家菲利克斯·梯希(Feliks Tych)从华沙、柏林和莫斯科的文献中,为我们还原出了卢森堡生前的现实生活和处境。1970年,民主德国开始出版她的一些著作和书信(但都不是全集),也涌现出一批从事相关问题研究的历史学家。但是,卢森堡始终是官方历史学家不能碰触的烫手山芋。直到1988年苏联剧作家沙特罗夫(Mikhail Shatrov)做出关于苏联公开选举中改革问题的讨论,这种情形才得以改变。

与社会主义阵营相对,西方学界第一部对卢森堡生平做出科学研究的著作是牛津大学出版社1966年出版的两卷本《罗莎·卢森堡传》②。该书的作者约翰·内特尔(J. P. Nettl)在书中指出了卢森堡生平中很多不为人知的细节。虽然今天看来这套书在事实层面存在一些虚假成分,且一直以来招致叙事过于细碎的批评,但是,在史料的丰富程度和篇幅规制上鲜有真正与之匹敌的著作。政治理论家汉娜·阿伦特(Hannah Arendt)还曾在《纽约时报》上发表过对其的长篇书评《革命的女英雄》③,她将罗莎·卢森堡的

---

① Wilhelm Pieck, "Introduction", in *Rosa Luxemburg, Ausgewählte Reden und Schrifen*, 2 vols, Dietz, 1951.
② J. P. Nettl, *Rosa Luxemburg*, 2 vols, Oxford University Press, 1966.
③ Hannah Arendt, https://www.nybooks.com/articles/1966/10/06/a-heroine-of-revolution/.

思想纳入对共和主义的阐释传统之中。而后,莱利奥·巴索(Lelio Basso)为了重振意大利社会主义的革命精神,也对卢森堡进行引介,再次掀起了卢森堡研究的热潮。①

随着1968年学生革命浪潮退去,旷日持久的女性解放运动倾向于把对卢森堡的解读引领到另一个方向:杜娜叶夫斯卡娅(Raya Dunayevskaya)指出,卢森堡是当今女性解放运动的先驱②。但是这种说法并不那么令人信服,主要因为女性主义者不得不棘手地处理罗莎·卢森堡对资产阶级女性的敌视态度。毕竟在罗莎·卢森堡眼里,性别问题原是从属于阶级问题的二级问题。另一位女性主义作家埃尔贝塔·埃廷格(Elzbieta Ettinger)则由于反感马克思主义,而对卢森堡的理论著作缺乏严肃的考察,甚至采取回避的态度,她的传记将更多笔触着眼于卢森堡的私人生活和情感世界。③

以上这一简要的回顾仍不足以使我们对罗莎·卢森堡的思想研究有更为深入细致的认识。现针对如下几个颇具争议性的问题,择要述评卢森堡思想的研究情况,以期尽力呈现罗莎·卢森堡思想研究的全貌。

1. 关于资本主义的崩溃与社会主义革命

罗莎·卢森堡用资本积累论来论证资本主义的必然崩溃,认为随着无产阶级力量的壮大和阶级意识的兴起,社会主义革命必

---

① Lelio Basso, *Rosa Luxemburg: A Reapprasial*, Praeger Press, 1975.
② Raya Dunayevskaya, *Rosa Luxemburg, Women's Liberation, and Marx's Philosophy of Revolution*, University of Illinois Press, 1991.
③ Elzbieta Ettinger, *Rosa Luxemburg: A Life*, Beacon Press, 1987.

将到来，否则，资本主义世界就将堕入野蛮状态。有关资本主义的崩溃和社会主义革命的爆发二者之间的逻辑关系，不同学者给出了不同的解释：马格里(L. Magri)将卢森堡贴上"自发经济主义"的标签，即相信经济发展的客观规律会导致资本主义自发地崩溃。① 保罗·弗洛里奇(Paul Frölich)认为，卢森堡是宿命论、客观主义和自发论者，按照卢森堡的观点，"社会主义的历史必然性是资本主义崩溃后唯一可能出现的情况"，"人们的政治行为只是或多或少加速历史发展铁律的实现"②。类似地，霍华德(Dick Howard)也认为，对卢森堡而言，社会主义是一种必然性，它是资本主义作为自我矛盾体系最终解体并必然导向的革命形态③。此外，托尼·克里夫(Tony Cliff)也论及了这一争议性问题，不同的是，他认为卢森堡"不是社会主义，就是野蛮状态"的提法并不是社会主义必然到来的断言，相反，这更像是一种疑问④，即历史的开放答案取决于自发的无产阶级意识能否上升为自为的革命行动。

但是，在内特尔看来，"资本积累论对资本主义必然崩溃的论证，与社会主义还是野蛮状态的暗示，二者存在矛盾，它们二者分属不同的领域，前者重在理论贡献，而后者重在政治策略，只是一种为了防止在政治上无所作为的话语"⑤。诺曼·格拉斯(Norman

---

① L. Magri, "Problems of the Marxist Theory of the Revolutionary Party", *New Left Review*, No. 60, March/April, 1970, pp. 107-108.
② Paul Frölich, *Rosa Luxemburg*, Haymarket Books, 1972, pp. 49-51.
③ Dick Howard (ed.), *Selected Political Writings of Rosa Luxemburg*, Monthly Review Press, 1971, pp. 12-14.
④ Tony Cliff, *Rosa Luxemburg*, Socialist Review Press, 1968, p. 94.
⑤ J. P. Nettl, *Rosa Luxemburg*, 2 vols, Oxford University Press, 1966, p. 538.

Geras)则不同意内特尔的这一看法,首先他认为,简单地给卢森堡贴以"自发论者"的标签是不恰当的①;其次,他找到论据,证明二者之间的逻辑联系并非松散的,而是紧密关联的,即卢森堡之所以这样言说,其目的是批判德国社会民主党内的保守派企图通过采取和资产阶级合作的态度,进而过渡到社会主义的荒谬主张,卢森堡认为,这种策略无异于痴心妄想。最后,他强调正是建立在对帝国主义的理论阐释基础之上,卢森堡才提出,一定要进行根本的生产关系的革命。② 与内特尔相对照的是迈克尔·罗伊(Michael Loewy)的观点。他认为,"社会主义并不必然到来,历史发展可以有很多种不同的方向,在政党领导下的无产阶级不是在历史必然性的轨道上加速社会主义的来到,而是能够决定这一进程。有意识的无产阶级的政治参与是决定性的,而非辅助性的、不重要的因素。所以在这个意义上,卢森堡是非决定论者、非经济主义者,是革命的马克思主义者"。③

内特尔和罗伊都将资本主义必然崩溃的宿命论和无产阶级的行动主义看成两个东西,前者认为二者存在矛盾,后者试图协调这种矛盾。而格拉斯则指出,这二者本就没有事实上的分别,即在资本主义逐渐通往野蛮状态的道路上,无产阶级有意识的政治干预能够阻止这场即将到来的大灾变,通过有组织的革命运动扬弃资本主义内在不可超度的矛盾,并将其引领到一个社会主义社会,进

---

① Norman Geras, *The Legacy of Rosa Luxemburg*, Lowe & Brydone Printers Limited, 1976, p. 18.
② Norman Geras, *The Legacy of Rosa Luxemburg*, 1976, pp. 25-27.
③ Michael Loewy, *Dialectique Revolution*, Paris, 1973, pp. 113-125.

而深化历史的发展进程。① 所谓"不是社会主义,就是野蛮状态"的说法,在格拉斯看来,首先是一种革命话语,它反映了卢森堡对于无产阶级必然取得胜利的革命乐观主义精神,这句革命话语本身不能完全等同于严谨的理论论证。格拉斯通过将其处理成政治口号,很好地融合了二者之间的逻辑空缺,完美地解决了二者之间相对割裂的问题。巴索也持类似观点:"当卢森堡谈及社会主义作为一种历史必然性的时候,她并非将其看作宿命论","罗莎·卢森堡对于社会主义的胜利有很强的信念,但是她一直不辞辛劳地说这一胜利不是因为命运,而是群众坚强而有意识的战斗。"②

但是,科拉科夫斯基并不满足于这样的解释。在他看来,资本主义不能改良和工人阶级一定会用革命摧毁它,这两个假设是完全不一样的,任何一个都需要单独进行证明,且需证明后者必须在逻辑上"跟随"前者。卢森堡虽然通过"资本积累论"证明了第一个假设,但是,单纯经济原因引发的资本主义解体并不能证明资本主义只有一条出路。实际上,社会日益分裂为两大阶级,工人的贫困化得不到根本改善,以及资产阶级将放弃打破生产方式垄断的任何尝试,这三个额外假设只有最后一个能够成立。所以,唯一的解释就是,卢森堡相信工人阶级在本质上是革命的,这种"相信"意味着她对社会现实的理解更多地建立在理论信仰上,而非客观观察

---

① Norman Geras, *The Legacy of Rosa Luxemburg*, Lowe & Brydone Printers Limited, 1976, pp. 35-37.
② Lelio Basso, *Rosa Luxemburg: A Reapprasial*, Praeger Press, 1975, p. 527.

上。① 由此,在科拉科夫斯基的笔下,卢森堡变成了一个只知维护正统教条,而对现实冷漠无视的马克思主义理论家,历史唯物主义在卢森堡的诠释下变成了现象极度贫瘠、只剩下抽象推理的宏伟框架。②

在科拉科夫斯基看来,卢森堡还仅仅是苍白地为马克思"背书"的好学生形象,而在斯蒂芬·布朗纳(Stephen Bronner)看来,卢森堡却也同时开创了另一个传统。布朗纳在1981年出版的专著《罗莎·卢森堡:我们时代的革命者》中提出,需重新界定什么是社会主义政治,为此,应援引一批马克思主义的后继者来构筑一个更可欲的马克思的政治传统,从而作为对马克思列宁主义传统的某种替代。③ 正因为罗莎·卢森堡对国际主义和无产阶级民主的彻底信仰,她可以被视作自由社会主义者(libertarian socialist)传统的重要代表人物。布朗纳认为,所谓的社会主义政治,不能将政治实践和某种唯一正确的结果———一个解放了的社会相连;在今天,社会主义须被理解为一种实践意图,即借由国家的力量来调节市场,同时摒弃政府的专断力量。④ 布朗纳于新世纪之始在《新政治学》上发表文章,进一步表述他的观点:"罗莎·卢森堡的'不是社会主义,就是野蛮状态'的说法是错误的。历史已一再证明这二者并非

---

① Leszek Kolakowski, *Main Currents of Marxism*, vol. II, Oxford University Press, 1978, pp. 419-420.

② Leszek Kolakowski, *Main Currents of Marxism*, vol. II, p. 430.

③ Stephen Eric Bronner, *Rosa Luxemburg, A Revolutionary for Our Times*, Penn State University Press, 2004, p. 3.

④ Stephen Eric Bronner, "Red Dreams and the New Millennium: Notes on the Luxemburg," *New Politics*, Vol. 8, No. 3, 2001, p. 163.

绝然互斥,而是在二者之间存有广泛地带。问题的关键不再是抽象意义上的对资本主义的废弃,或是社会主义在未来的兴建,对于新自由主义精英们而言,真正的问题是在市场命令的名义下,如何对工人运动的成果紧迫地做出压制和回应。卢森堡并非仅仅依靠历史决定论或是辩证法,来做出政治判断,而是坚持主张要在手段和目的之间建立有效的联结。"布朗纳总结说:"罗莎·卢森堡是一个浪漫主义者,但她从来不是完全意义上的乌托邦主义者……她在改良和革命之间的关系问题上,和考茨基、列宁或大部分的社会主义左翼都无甚差别,只是在如何带来革命,如何做才是必须的,以及在革命所服务的激进民主的目的方面才和众人有所不同。"[1]

布朗纳同样否弃了卢森堡"不是……就是……"的二元对立的观点,他认为这消解了资本主义和社会主义二者之间质的差别。布朗纳借卢森堡观点的"外衣",阐发自己对社会主义之为一种全新政治实践的理解。这种以卢森堡思想为自己的思想作注的做法,引发了其他人的非议:大卫·卡姆菲尔德(David Camfield)指出,布朗纳对卢森堡的当代诠释无异于过时了的伯恩施坦的改良主义,卢森堡的遗产从来不在于在改良意义上对国家理论的贡献,而恰恰是对资产阶级民主有限性的强调。[2]

如上对该问题的回顾有助于我们看到不同的学者在同一问题上的争鸣。综合以上观点,笔者比较同意格拉斯和巴索的解读,即

---

[1] Jason Schulman (ed.), *Rosa Luxemburg: Her Life and Legacy*, Palgrave Macmillan Press, 2013, p. 14.
[2] David Camfield, "A Second Reply to Stephen Eric Bronner", in *Rosa Luxemburg: Her Life and Legacy*, Palgrave Macmillan Press, 2013, p. 45.

"不是社会主义,就是野蛮状态"的说法并不具有严谨的理论意义,而是一种政治宣传话语。卢森堡的本意乃是,资本主义并不必然过渡到社会主义,而是随着帝国主义阶段矛盾的深化,极有可能逐渐走向世界大战和文明崩溃的混乱状态。在这一过程中,唯有无产阶级有意识地革命,才能避免可能的大灾变,并将历史发展引向社会主义。只是因为卢森堡在具体表述中没能鲜明区分客观性和必然性的差别,才使得后来者对她产生"宿命论"的错误认定。

卢森堡确如科拉科夫斯基所言,由衷相信工人阶级的革命力量,这在一定程度上使得她无法如伯恩施坦那样,敏锐地捕捉到工会和议会斗争的新成就,也不能清楚地辨析资本主义自身协调能力的提升,并以此为据,随时更新、调整自己的判断和立场。但是如果仅仅从思想上认定她是一个理论上的教条主义者,认为她为了维护马克思学说内在一贯的面目,不惜忽视甚至牺牲现实,这种判断也并不会对我们真正理解卢森堡当时当地的选择有何助益。

卢森堡长期在党内从事宣传工作,代表政党直接向群众喊话,演讲和写作是她的工作方式。但因她未进入党内核心决策层,不能亲身参与政治组织内部的真实互动与博弈,很难依靠政治经验的持续增长,培养随机应变的政治能力。除了演讲时台下的欢呼,她也并不如工会领袖和工厂车间主任一样,拥有直接获悉工人真实处境的信息渠道或与工人之间建立利益纽带。在某种意义上,她以一个外来者(outsider)的身份区隔于党和工会的核心利益圈层之外,时不时地只能用写文章的方式批评党的官僚主义及保守倾向。

科拉科夫斯基认为卢森堡忽视现实,但事实上,俄国革命兴起的时候,她最先做出积极回应,歌而颂之。此外,她还关注波兰、比利时、法国等欧洲国家的工人运动,关切美洲、非洲的反殖民斗争。她不但不漠然,而且时刻保持着深刻的现实感。与其说她忽视现实,不如说她只是缺乏直接介入现实的渠道。这些维持马克思学说在思想上一致性的行动,仅仅用"教条主义"、知性真诚或书呆子气来描述,是远远不够的。如果不存在党内的排挤与自我的疏离、如果不是为了时刻维持自己的发声阵地而斗争、如果不是除了在既有的思想道路上继续前行,几乎没有别的选择,或许,卢森堡留给我们的思想遗产就不会是这些内容,或许卢森堡的思想面貌会呈现出另一番模样。当然,这一切仍需更为详尽的史实加以论证。

2.资本积累论

卢森堡对于资本主义崩溃论有非常详尽的理论论证,这就是资本积累论。资本积累论主要探讨的是扩大再生产如何可能的问题,即资本主义无法在封闭的体系内部实现扩大再生产,只有将资本积累的剩余价值卖给非资本主义体系的消费者,才可能实现。

无论是在马克思主义理论领域,还是在经济学领域,有关资本积累论的讨论都已经足够充分了。尽管当时所有的马克思主义理论家都相信社会主义具有历史必然性,但是,除了梅林(Franz Mehring)、蔡特金(Clara Zetkin)等卢森堡的左翼战友之外,几乎没有人支持卢森堡的论断。包括鲁道夫·希法亭(Rudolf Hilferding)、卡尔·考茨基、古斯塔夫·艾克斯坦(Gustav Eckstein)、奥托·鲍威尔、安东·潘涅库克(Anton Pannekoek)、杜冈-巴拉诺夫斯基(M. I. Tugan-Baranovsky)、列宁和布哈林统统反对卢森堡的资本积累论。列宁认为,卢森堡的理论是在暗示资本

23

主义的"自动崩溃",还有批评指出,她低估了军事扩张导致的复杂再生产的可能性。

1924年,布哈林在《帝国主义与资本积累》中引用了卢森堡《资本积累——一个反批判》中的话:"生产的提高在来年将更大数量的商品投入市场后,同样的问题再次出现:我们到哪里去找这更多商品的消费者呢?那不是资本主义积累即货币的积聚,而是相反:为生产而生产;对资本来说,这是十分荒谬的。如果作为一个阶级的资本家是全部商品的唯一顾客,除去他们必须拿出来维持工人生活的那一部分——如果他们总是必须用自己的钱购买商品,实现剩余价值,那么,利润的积聚,资本家阶级的积累就不可能发生。"[1]对此,布哈林批判道:"她对资本主义积累有一种绝对错误的观念。她将社会总资本的积累完全等同于货币资本的积累!……她所持的观点是,资本家的最终追求归结为以自身为目的的货币。"[2]实际上,布哈林的批判并不奏效,因为卢森堡曾明确说过,货币是两物之间的中介。布哈林的政治立场先行,认为十月革命的爆发本身已经宣告了资本主义的灭亡,这就已足以证伪卢森堡理论。

布哈林反对卢森堡的根本点是,后者将马克思主义政治经济学最重要的剥削问题转变为剩余价值的实现问题。布哈林认为,资本主义的崩溃不是机械意义上的不可避免,而是他所称的"矛盾

---

[1] C. f. Rosa Luxemburg, *The Accumulation of Capital—An Anti-Critique*. Monthly Review Press, 1972, p. 177.

[2] Nikolai Bukharin, *Imperialism and the Accumulation of Capital*, Monthly Review Press, p. 179.

的集合",即资本主义矛盾持续地再生产着自己的矛盾,并最终导致解体,但到底这些矛盾如何导致最终解体,他并没有如卢森堡一样给出确切的答案。布哈林和列宁、杜冈-巴拉诺夫斯基、希法亭组成了共同反对卢森堡的联盟,虽然他们每个人的论证各有差别,但这一联盟共享一个理论前提,那就是资本主义危机是从单个生产部门之间的不成比例开始的。

1929年,亨利克·格罗斯曼(Henryk Grossman)在其著作中也激烈批判卢森堡:"她对资本主义必然灭亡的推导不是基于积累过程的内在规律,而是基于缺乏非资本主义市场这一抽象的事实。卢森堡将资本主义的主要问题从生产领域转移到流通领域,因此,她对资本主义经济局限性的论证就接近这样的论点:资本主义的终结是一个遥远的未来,因为非资本主义国家的资本主义化要经历数十世纪。"[1]格罗斯曼的这种批判也反映出,他并没有理解资本积累论的实质。事实上卢森堡并没有将关注重点从生产领域转向流通领域,而是使生产问题本身包含了流通问题。此外,"非资本主义市场"并不是卢森堡的用语,而是格罗斯曼的用语。市场并不事先存在,而是通过破坏和侵入非资本主义生产方式的区域而建立,对于这一过程的最好描述出自列宁和卢森堡。

1913年围绕资本积累论的第一次讨论热潮消退后,1934年潘涅库克再次掀起一轮讨论资本积累问题的风潮。他认为,"既然所有的产品都能在资本主义内部售卖,卢森堡就是错误的。一切产品都在资本主义自身中被卖掉……这不是无意义的生产、相互售

---

[1] Henryk Grossman, *Law of the Accumulation and Breakdown: Being also a Theory of Crisis*, Pluto Press, p. 42.

卖、消费、更多地生产,这就是资本主义的全部实质……这里没有任何被忽略的或不可解决的问题"。① 潘涅库克的理解和古典政治经济学的前提假设是一致的,他并没有提及阶级的问题,也忽视了卢森堡对马克思学说的批评是基于资本主义的阶级本性。

另一位卢森堡的批判者是马蒂克(Paul Mattick),他指出,卢森堡的重点"不在于对帝国主义的解释,而是更多地放在证明资本主义有其绝对的、不可逾越的局限性,资本主义体系越接近这一界限,社会震荡就越剧烈"②。但是,他不能理解卢森堡所谓使用价值的生产是为了剩余价值的实现这一说法。马蒂克重申了格罗斯曼的观点,即随着资本主义的发展,剩余价值将不断减少。但是利润率下降引发的危机和剩余价值不能实现所引发的危机,二者之间没有必然联系。所以,他的批判并不能削弱卢森堡的论证。因为马克思的利润率下降理论取决于资本有机构成的不断提高,马克思在他的再生产图示中假定资本有机构成不变,因此卢森堡在理解马克思再生产图示的时候,实际上已经把利润率下降的问题从讨论中排除出去了。马蒂克还在《回顾罗莎·卢森堡》一文中继续贬抑卢森堡,认为卢森堡对马克思的批判是无效的:"为了生产而生产这一概念对于罗莎·卢森堡而言没有任何意义,因为她对于资本主义生产的利润动机毫无察觉,她看不到在一个只有资本和劳动力的市场中剩余价值如何实现。无论是卢森堡还是马克思,对资本主义末日的预言都服务于革命的意识形态,二者都首先假

---

① Anton Pannekoek,"The Theory of the Collapse of Capitalism", in *Capital and Class*, No. 1,1977,pp. 64—65.
② Paul Mattick,*Economic Crisis and Crisis Theory*,The Merlin Press,1974,p. 90.

设了行动的可能性。"①

保罗·斯威齐(Paul M. Sweezy)对卢森堡也持批判态度。他认为,积累意味着雇用更多工人和增加更多不变资本,卢森堡犯了界限不分的错误,"在讨论扩大再生产的时候,她仍然沿用了简单再生产的假设。她不加怀疑地认为,工人的消费丝毫不能实现剩余价值,这意味着可变资本的总量,即工人的消费量必须如简单再生产的时候保持不变"。斯威齐接着说,"一旦因积累而增加的可变资本为工人所消费,以消费品形式存在的部分剩余价值就得到了实现,由于卢森堡不了解这一点,对她来说,在资本主义框架内消费就不可能得到增长"②。然而,斯威齐的批判忽视了卢森堡观点中这一重要前提。事实是,在马克思看来,工人消费水平的提高,并不等于剩余价值得以实现。消费水平的提高,要么来自更多的工人被雇用,以生产更多的剩余价值;要么来自每一个工人工资的提高。而工资的提高也并非资本家的馈赠,而是阶级斗争的结果。卢森堡和马克思一道,看到了技术进步和工人消费品的日益廉价,并不有望提升工人的生活水平,因为"对资本家来说,工人不像其他人那样是他们的主顾,而仅仅是工资劳动力,要从工人自己生产的产品中拿出部分维持工人的生活,这是一种不幸,必须降低到社会所允许的最低限度"③。

---

① Paul Mattick, *Rosa Luxemburg in Retrospect*, 1978. 参见 http://marxists.anu.edu.au/archive/mattick-paul/1978/luxemburg.htm,2017/5/31。
② Paul M. Sweezy, *The Theory of Capitalist Development*, Monthly Review Press, 1968, p. 204.
③ Rosa Luxemburg, *The Accumulation of Capital—An Anti-Critique*, p. 55.

杜娜叶夫斯卡娅虽然对卢森堡很多观点给予高度的赞誉,但她却对资本积累论进行了委婉的批评。其一,杜娜叶夫斯卡娅认为,马克思将自身理论限定在一个纯粹资本主义的孤立的国家,并不适用于整个资本主义世界,所以,卢森堡将《资本论》应用于世界范围并对其第二卷进行修正的做法本身就存在问题。杜娜叶夫斯卡娅实际上是在重复鲍威尔对卢森堡的批判。早在《资本积累——一个反批判》中,卢森堡就给出了回应:"马克思超前预见到资本主义社会的真实发展。他假定资本主义已经达到了它的全体,这是世界市场和世界经济的最高发展,是资本和当前经济、政治事实上正在行进的方向。因此,马克思的研究是置于现实历史发展的轨迹之上的,只是他假定最终目标已经达到。科学地讲,这一方法是很正确的,对单个资本积累的考察也是完全适用的,但我相信,一旦运用于主要的问题,即总体社会资本的积累时,它就不那么正确了。"[1]卢森堡当然知道马克思是出于叙事的便利,才进行抽象的、理想形式的探讨,她的《资本积累论》也有类似的特点;当然她也了解,资本主义并不是唯一的生产方式,她只是重点讨论资本主义向非资本主义生产方式扩展对其自身存续的意义。所以,杜娜叶夫斯卡娅的第一重批判意义不大。

其二,杜娜叶夫斯卡娅也认为,对马克思来说,"生产决定市场,卢森堡则站在完全相反的立场,认为市场决定生产,一旦卢森堡抹去了生产资料和消费资料暗含的阶级区别,就不得不去寻找

---

[1] Rosa Luxemburg, *The Accumulation of Capital—An Anti-Critique*, p. 137.

资产阶级意义上的有效需求的市场"。① 事实上，马克思早就规定了第二部类生产的消费品是同时供资本家和工人两大阶级消费的，所以，这里并不存在生产部类和社会阶级之间的对应关系。

其三，杜娜叶夫斯卡娅继续说，"卢森堡看来没有注意到'不变资本被消费的部分'不是个人性的，而是生产性的消费……不变资本和新增投资的消费通过生产得以实现"②。杜娜叶夫斯卡娅的观点可以总结为：第一部类生产的生产资料是作为第一和第二部类的不变资本而存续的，从这个意义上说，资本主义是为了生产本身而生产的，是为了吸收新的生产而提高资本有机构成[公式：C（不变资本）/V（可变资本）]的。但是，马克思拒绝将实现问题归结为生产领域，他说："不变资本的生产，从来不是为了不变资本本身而进行的，而只是因为那些生产个人消费品的生产部门需要更多的不变资本。"杜娜叶夫斯卡娅强调资本有机构成的不断提高，从而将马克思的再生产图示的解释局限在生产领域，而事实上，马克思的再生产图示中并不包含提高的资本有机构成。

1951年，琼·罗宾逊夫人（Joan Robinson）为《资本积累论》的英文版写了序言，她在序言中批评卢森堡忽略了凯恩斯主义所强调的储蓄和投资："卢森堡没有认识到储蓄和投资问题，她想当然地认为，个人的储蓄行为必然伴随着相应数量的投资行为，每一项投资所用的钱都来自资本家自身的储蓄。"接着，她又为卢森堡所

---

① Raya Dunayevskaya, *Rosa Luxemburg, Women's Liberation, and Marx's Philosophy of Revolution*, University of Illinois Press, 1991, p. 38.
② Raya Dunayevskaya, *Rosa Luxemburg, Women's Liberation, and Marx's Philosophy of Revolution*, p. 39.

提出的问题做出了解释:"她实质上关注的是投资的动机问题。资本家扩大不变资本(即生产资料)的动机是什么?他们怎么知道资本生产的(实际是劳动力生产的)更多的产品会有所需求,从而能将他们的剩余价值资本化为利润?"罗宾逊夫人肯定了卢森堡所发现的问题:"正如卢森堡证明的,马克思的再生产图示中的数学公式对问题并无帮助,这也是问题的核心,该公式所解决的是事后的数量问题,而卢森堡寻求解决的是事前的因素,即对商品需求的提高从何而来。如果积累确实发生了,如图示所表明的那样,产品肯定会为需求所吸收,那么又是什么导致积累的发生的呢?"[1]

罗宾逊夫人对《资本积累论》的批判性研究,使得有关剩余价值实现方式的分析被她切中要害。她认为可以从两个角度进行分析,一是如果从"事后"的视角(如马克思),观察总体剩余价值的实现,就只能从一种总量或者平均量上去考察;二是如果从"事前"的视角(如卢森堡),去观察单个资本家或企业剩余价值的实现,则单个资本家或企业所追求的只是资本增殖的最大化,而这种资本增殖的最大化既可能来自对本企业工人所创造的剩余价值的剥削,也可能来自其他企业或地域的差别性优势所产生的超额增殖。从资本主义的全球化来看,这种差别性优势首先体现在发达国家内部资本主义和非资本主义生产方式的界限逐渐消失,进而演变为全球范围内资本主义与非资本主义生产方式之间的差别逐渐消失。

罗宾逊夫人的概括非常精当:马克思的再生产图示是事后的

---

[1] Joan Robinson, "Introduction to Rosa Luxemburg", *The Accumulation of Capital*, Routledge and Kegan Paul, 1951, pp. 1–21.

均衡模型,而卢森堡的路径则要在事前探寻先要满足什么条件,积累才能够进行。卢森堡准确地抓住了马克思事后分析模型的局限,即有关均衡的比例以及人们如何能够期待在长期的资本主义机制互动中达成这种均衡,马克思均没有给出必要的说明。① 这使得卢森堡能超越马克思静态考察资本积累的图示的方式,而看到资本积累乃是一个社会历史发展过程。虽然卢森堡可能低估了资本积累所能达至的界限,她有关资本主义作为世界体系必然崩溃的结论也过于草率,但是,正如罗宾逊夫人所言:"跟她的困惑和夸大其词对比起来,这本书比任何可以宣传是同时代的正统的理论家更富有预见性。"②

和罗宾逊夫人一道,能够同情式理解资本积累论的还有米哈尔·卡莱斯基(Michal Kalecki)。卡莱斯基赞同卢森堡对马克思的再生产图示之为事后模型的批判。但是他也指出,卢森堡低估了技术进步将继续维持资本主义的扩张,且能够长期保证资本主义全面使用它的生产能力。他还指出,卢森堡并没有注意到,政府可以通过以财政赤字替代外贸顺差,作为增加有效需求的手段。③

除了以上批判性分析,保罗·勒·布朗(Paul le Blanc)还概括了资本积累论的三个主要特点,用以将卢森堡和她同时代的马克思主义者区分开来:其一,虽然依靠非资本主义生产方式的不断瓦

---

① Stephen Rousseas, "Rosa Luxemburg and the Origins of Capitalist Catastrophe Theory", *Journal of Post Keynesian Economics*, Vol. 1 No. 4(1979), pp. 3-23.
② Joan Robinson, "Introduction to Rosa Luxemburg", *The Accumulation of Capital*, Routledge and Kegan Poul, 1951, p. 28.
③ George Feiwel, *The Intellectual Capital of Michal Kalecki*, University of Tennessee Press, 1975, pp. 55-59.

解,资本的积累才有可能实现,但是卢森堡并没有由此设想从资本主义向社会主义可以毫无痛苦地过渡,而是认为前者必将导致军事扩张、世界大战和野蛮状态;其二,帝国主义并不是资本主义的最高阶段,在一定程度上,帝国主义是资本主义的开端,早在资本与原始积累时期就埋下了结构性矛盾;其三,卢森堡尤其注意资本主义的扩张对其他民族文化的影响,这一点具有人类学的意义。①

总的来说,目前卢森堡的资本积累论仍被当作一种有效需求不足理论和资本主义危机理论加以对待。但是从思想史的角度看,上述对同时代社会主义者在帝国主义问题上的争鸣的考察还嫌不足。使用比较的方法,呈现马克思主义者们对帝国主义问题的不同认知,进而揭示出他们理论态度背后各自的政治动机,仍是有待继续研究的课题。

3.群众自发性与党组织

在有关群众自发性和党组织的关系问题上,罗莎·卢森堡认为:列宁、考茨基、法国的饶勒斯(Jean Jaurès)、意大利的图拉蒂(Filippo Turati)的组织原则,都有损群众自发性。所谓的群众自发性,在卢森堡看来并不是盲目冲动,而是工人阶级有对自己命运的自觉,他们既不需要领袖来教导,也不需要组织横加掣肘,单是群众运动中的首创精神就足以将革命不断引领至新的高潮。这是社会主义思想史上非常独树一帜的观点。

在1905年俄国革命爆发之后,卢森堡更是找到了她的理论的鲜活证据,并积极主张将俄国的革命经验带到德国社会民主党内。

---

① [美]保罗·勒·布朗:《卢森堡与全球资本主义暴力》,参见 http://marxists.anu.edu.au/chinese/Rosa-Luxemburg/marxist.org-chinese-rosa-PLBlanc.htm,2017/5/31。

只可惜对她的这一观点,该党并不买账。考茨基在1914年就曾表示:她(卢森堡)如何能够认为,一个几个月的偶然性事件(1905年俄国革命),一系列没有统一的理念或计划的、未被组织的起义,能够教育那些从事了三十余年政党和工会系统性工作的工人们呢?

如何认识和理解卢森堡的自发性理论,很多学者给出了不同的说法:利希海姆(G. Lichtheim)认为,卢森堡这种对群众自发性的喜爱是有心理基础的,这是一种独特的女性观点[1]。卡尔(E. H. Carr)评论道:"卢森堡对于群众有一种乌托邦式的近乎无政府主义者的信仰。"[2]赖特·米尔斯(C. Wright Mills)说:"对于卢森堡而言,这是一种工人的形而上学,既是事实也是她最终的信念。"[3]卡斯滕(F. L. Carsten)则认为,"卢森堡对于群众有一种盲目的信仰"[4]。利希海姆还在其另一篇文章中提到,"卢森堡的政治理念是一系列工团主义者的浪漫主义观点"[5],但是格拉斯并不同意这样的看法,他认为,"卢森堡思想中不存在无政府主义—工团主义的倾向,也不存在对资产阶级政府的完全戒除,因为她其实并不低估议会讲台的斗争"[6]。

卢森堡认为,群众的自发运动最能够体现无产阶级的阶级意识,且运动本身对于工人阶级而言就是他们最好的学校。在这方

---

[1] G. Lichtheim, *Marxism*: *An Historical and Critical Study*, Routledge, 1964, p. 337.

[2] E. H. Carr, 1917: *Before and After*, Macmillan Press, 1969, p. 56.

[3] C. Wright Mills, *The Marxists*, Harmondsworth, 1963, p. 147.

[4] F. L. Carsten, "Freedom and Revolution: Rosa Luxemburg", in L. Labedz (ed.), *Revisionism*: *Essays on the History of Marxist Ideas*, Praeger, 1962, p. 66.

[5] G. Lichtheim, *The Concept of Ideology and Other Essays*, Vintage Books, 1967, pp. 201–202.

[6] Norman Geras, *The Legacy of Rosa Luxemburg*, p. 125.

面,一篇非常重要的研究文献是卢卡奇(György Lukács)在《历史与阶级意识》中收录的《作为马克思主义者的罗莎·卢森堡》。卢卡奇将卢森堡和列宁并立,对卢森堡的解读片面地强调阶级意识的方面。这当然是卢卡奇有意为之,他认为正是因为"无产阶级同时是资本主义持续危机的产物和促使资本主义走向危机的那种趋势的执行者……无产阶级由于认识到自己的状况而行动起来,它由于同资本主义进行斗争而认识到自己在社会中的地位"①,所以,无产阶级的阶级意识才成为历史发展的主体,在群众的大脑中统一了主客观交互作用的结果。进一步地,这是卢卡奇将无产阶级意识的载体等同于政党,他说:"无产阶级意识的这种形态就是党……它是无产阶级意识的支柱,是无产阶级历史使命的良知。"②

卢卡奇先将阶级意识当作改变历史发展的动力因,然后为无产阶级的阶级意识找到一个凝聚的实体,最后,"由于党把自己所拥有的真理深播到自发的群众运动中,由于它把这种真理从其产生的经济必然性提高为自由的自觉行动……这种阶级意识是无产阶级的伦理学,是无产阶级的理论和实践的统一,是无产阶级解放斗争的经济必然性辩证地变为自由的地方"③。卢卡奇如是搭建了他的理论框架,对马克思学说进行了唯意志论的重新诠释,并在其中适当地给予了卢森堡一个位置:"她比其他许多人较早地弄清了党在革命中的作用……罗莎·卢森堡早已认识到组织在很大程度

---

① [匈]卢卡奇:《历史与阶级意识》,杜章智等译,商务印书馆 2012 年版,第 96 页。
② [匈]卢卡奇:《历史与阶级意识》,第 97 页。
③ [匈]卢卡奇:《历史与阶级意识》,第 98 页。

上与其说是革命过程的前提,不如说是他的结果。"①

这当然是一种用列宁主义重铸卢森堡的努力,与其接受卢卡奇这样的赞誉,不如说卢森堡宁愿接受"自发论"的批评。因为首先,卢森堡在本质上仍是一个历史唯物主义者,资本主义必然崩溃的经济学论证是她革命理论的基础。虽然她强调群众自发的首创精神,但是无论是通过参与资产阶级政府事务锻炼无产阶级的民主议事能力,还是组织、宣传、鼓动、爆发罢工运动,阶级意识的根基都始终建立在一个现实的前提之上,那就是社会日益分裂为两大阶级,且随着机器大工业的推广,无产阶级在阶级人数和实力上更占优势。说到底,工人阶级才是历史一元论中的那个"一"。其次,卢森堡虽然强调政党的作用,但是她对于政党中官僚主义可能对民主的戕害、革命中可能出现的保守倾向都十分警惕,她认为,阶级意识的"承担者"应该是无产阶级群众自己的行动。所以她才说,"真正革命的工人运动所犯的错误,同一个最好的'中央委员会'不犯错误相比,在历史上要有成果得多和有价值得多"②。

卢卡奇特意对卢森堡在《论俄国革命》中对布尔什维克的批评进行了反击。他认为,卢森堡高估了历史发展中的有机因素,看不到政党在革命中大有可为。关于组织问题,她只是在概念上默认无产阶级在反对资产阶级的过程中是一个整体,存在一个所谓"无产阶级"指涉的实体。但实际上,革命过程中经常要和某些站在资产阶级立场反对革命的政治派别发生冲突和进行斗争,而卢森堡

---

① [匈]卢卡奇:《历史与阶级意识》,第97页。
② 李宗禹编:《卢森堡文选》,第133页。

只将其认定为党内思想斗争,并相信只要通过辩论、说服而赢得党内多数,就能够荡涤革命中的对立、摇摆和不彻底。这种想法是非常理想主义的。事实上,在瞬息万变的革命形势中,辩论和说服往往是不现实的,这将直接影响组织的效率,影响它最大限度动员群众的能力,也将导致革命的成功难以得到保证。所以,在卢卡奇看来,无产阶级的意识只有通过政党这一中介,才能实现主客观的高度统一。

不得不说,列宁的考量着眼于革命的现实,而卢森堡却因为长期从事党内的宣传工作,缺乏足够丰富的革命经验,对于革命形势的严酷性缺乏真切的理解,这构成了二人在理论气质上的差别。但这并不能轻易抹掉卢森堡的批判的意义。通过卢卡奇对卢森堡的阐释,我们容易得出和科拉科夫斯基一样的结论:卢卡奇是在用德国观念论的传统术语阐释列宁主义,是对俄国革命的成功进行事实追认和理论阐释。虽然列宁本人并未见得赞同这种形而上学式的阐释,但是陷入某种自由与必然之间困境的革命,其出路何在?卢卡奇对列宁的哲学阐释同样没有回答这个问题。

不同于卢卡奇颇具意识形态色彩的阐释,托尼·克里夫倾向于给出基于语境的解释,即若要理解罗莎·卢森堡为何低估组织、高估群众,需要了解她所处的环境:首先,她要和德国社会民主党的中央委员会斗争,其次,要和主张独立的波兰社会党斗争;最后,还要和工会斗争。所以,她在反对改良主义的斗争中,强调群众的自发性是她的政治抓手和逻辑起点。从这个起点出发,才可能引发整个阶级的革命,毕竟她首先得将群众从组织完备的政党和工会手中,从官僚主义和保守主义的倾向中,解放出来,才能形成自发的群众基础。但托尼·克里夫同时也强调,一旦革命真正爆发之后,没有组织的群众是无法进行革命的。①

有关卢森堡迟迟都没能建立左翼政党的问题,持有列宁主义史观的研究者普遍对此的诘难是,卢森堡片面强调群众自发性而忽视政党的主导作用,才导致革命失败。对于这个问题,格拉斯认为这主要和卢森堡对变化的现象反应过于迟钝有关。但是,我们不能满足于这一阐释。在"一战"期间,斯巴达克团选择从德国独立社会民主党(USPD)内再分裂出来,时机是非常重要的。毕竟,德国独立社会民主党的左派一直以来都要依靠右派和中派主导的宣传机器和群众基础。卢森堡在什么情境下做出这一政治选择,以及她的思虑和迫不得已,都需要更多的史实详加论证,而不能满足于对历史人物进行肤浅和表面的研判。对思想的考察须回归到历史现实之中,这方面的工作还可以继续做。而本书使用历史研究的方法弥补思想史研究的这一努力,恰恰希望借此突破以往研究中囿于方法所造成的局限。

4.国际共产主义运动的研究趋势及对卢森堡研究的启发

近年来,国际共产主义运动史研究出现的一个值得重视的趋势,就是从政党领袖层面的研究过渡到对基层群众的关注。长久以来,国际共产主义运动史研究都倾向于研究领袖人物,也正是在这样的思路下,才会将俄国革命与德国革命的结果简单归功于列宁的胜利领导或是归咎于卢森堡在政党组织原则上的不坚定。在这种研究中,一边是革命的领袖,另一边是面孔模糊的工人阶级,

---

① Tony Cliff, http://marxists.anu.edu.au/archive/cliff/works/1969/rosalux/5-partyclass.htm, 2017/5/31.

至于领袖与群众之间的"接口"是怎样的，政党对群众的组织是由谁主导、怎样实现的，则重视不够。近年来，学界从政党领袖层面的研究，逐渐过渡到了对基层群众的关注，这一趋势值得重视并提倡。一部关于工人代表理查德·穆勒（Richard Muller）的传记[1]就是把注意力转移到基层工人群众的心理和行为上来的体现。在这种研究趋势的带领下，对卢森堡研究的重新发现是否可以着眼于她与基层群众的互动？通过关注群众对卢森堡著作、演讲的传播和反响，用史实解释她如何认识群众自发性之于革命的重要性，并由此理解她对群众自发性的判断依据，或许是一个值得尝试的进路。

国际共产主义运动史研究的第二个趋势是从传统的不同政党之间的互动研究深入政党内部的研究。一个广为熟知的传统叙事是将德国独立社会民主党按照意识形态划分为左、中、右三派，在这样以意识形态作为区分标准的眼光下，卢森堡被理所当然地划分为左派，她被暗杀的命运也被解释为右派的背叛和中派的漠然。但是近年出版的一本德文新书《世界大战、分裂与革命：德国社会民主党（1916—1922）》[2]打破了这种将政党作为叙事主体、按派别划线进行分析的路数。作者认为，按照左、中、右派别划线分析德国社会民主党、德国独立社会民主党和德国共产党三个政党之间的博弈，其实忽视了这三个政党之间有诸多共同的关切，三者在很

---

[1] Ralf Hoffroggee, *Working-Class Politics in the German Revolution: Richard Muller, the Revolutionary Shop Stewards and the Origins of the Council Movement*, Brill, 2014.

[2] Uli Schoeler/Thilo Scholle, *Weltkrieg, Spaltung, Revolution-Sozialdemokratie 1916–1922*, Friedrich-Ebert-Stiftung, Dietz, J.H.W., Nachf., 2017.

多议题上的相同点甚至远远大于他们之间的不同点;而在同一个政党的内部,利益争斗和派别林立也被同一个政党屋檐遮蔽,派别内部的分歧有时比想象的更为严重。可以想见的是,在这种全新范式的指导下,对卢森堡理论观点和政治处境的研究,会有超越党派之见的更为丰富的呈现。

国际共产主义运动史研究的第三个趋势是突破传统思想史、文本分析的单向度思维,综合采用思想史和历史相结合的研究方法。罗莎·卢森堡不仅是一个理论人物,也是一个政治活动家。她的著作多是应一时一地的需要而写,对于过于形而上的问题并无足够的研究兴趣,即便她撰写过如《资本积累论》《波兰工业的发展》等政治经济学著作,也是将其视为政治策略的必要准备和理论基础。因而,卢森堡说过的话不应成为研究的唯一内容,甚至不能成为研究的重点;她的做法以及她与同时代人之间真实的互动,才是更应该关注的对象。唯其如此,才能真实还原某些说法的现实来由,剖析其说法与做法之间的因果联系。在历史语境研究方法指导下的研究活动或能取得有益的研究成果,本书就是对这一方法的一次尝试。

(二)国内关于罗莎·卢森堡著作的译介情况

新中国成立以来,我国陆续翻译出版了卢森堡的一些著作。1955年,作家出版社出版了卢森堡的书信集《狱中书简》,向人们呈现了卢森堡革命家身份之外的一个感情细腻、热爱生活的女性形象。1958年,应当时国内反对修正主义的政治需要,三联书店出版了卢森堡的《社会改良还是社会革命？》一书,她的重要经济学著作《资本积累论》和《国民经济学入门》两书则由三联书店分别在1959年和1962年出版;此外,还出版了弗雷德·厄斯纳的《卢森堡评传》,但是这些译作在出版说明或译后记中,普遍沿袭了斯大林以来的"正统"评价,对卢森堡的"严重的错误"进行批判。例如说她"反对机会主义的斗争也并非彻底马克思主义的,比如在同机会主义者划清界限的问题上,她就不了解不仅必须从思想上而且必须从组织上同他们划清界限"[1];指责她的《资本积累论》"表现了她的半孟什维克观点",在政治上"对于无产阶级革命运动是有害的",在理论上的"分析也是站不住的"等等。[2]

1980年3月,日本学者、国际著名卢森堡研究专家伊藤诚彦应邀来华,做了关于"罗莎·卢森堡研究的国际状况"的讲演,并与中国学者建立了联系。以此为契机,中央编译局国际共运史研究室(后改名为中央编译局国际共运史研究所)将卢森堡的研究作为重点之一,开始了全面研究。该研究室诸多有着深厚德文功底的学者如李宗禹、殷叙彝、周懋庸等,在最初翻译和介绍卢森堡著作的工作中做出了开创性和奠基性的贡献,他们在《国际共运史研究》杂志上以及其他各种学术刊物上发表了多篇关于卢森堡思想的学术评注和理论分析的成果。

1981年2月,在卢森堡诞辰110周年之际,中央编译局国际共运史研究室编译的《国际共运史研究资料增刊(卢森堡专辑)》由人民出版社出版,其中收入了李宗禹翻译的《俄国社会民主党的组织

---

[1] 参见《社会改良还是社会革命？》(三联书店1958年版)中译本出版者说明。
[2] 参见《资本积累论》(三联书店1959年版)中译本译后记。

问题》、殷叙彝翻译的《论俄国革命》等卢森堡的重要著述,李宗禹、殷叙彝等人对这些文章及其有关背景的介绍,先后翻译出版了东德、西德、苏联、意大利等的国际学者有代表性的论文译文。1982年,以中央编译局林基洲为首的中国学者代表团一行四人,应日方的邀请访问了东京等城市的十多所大学和研究机构。此行使中国学术界与国际卢森堡协会建立了长期合作关系。1985年4月,为了纪念中文版《卢森堡文选》上卷的首次发行,在上海和南京分别召开了卢森堡研究的中日学术会议,这是国内最早的有关卢森堡研究的国际性学术会议。此后,中国学者还应邀参加了在瑞士、奥地利、联邦德国举行的有关会议,这些活动都标志着我国的卢森堡研究已走向世界。

中文版两卷本《卢森堡文选》的出版是我国卢森堡思想传播和研究史上的一件大事。该书的编译工作是在中央编译局国际共运史研究室的主持下进行的,参加者除中央编译局的学者外,还邀请了广州外国语学院(今广东外语外贸大学)、西安外国语学院等校德语专业的学者。他们全面查阅了编译局收藏的德文版《罗莎·卢森堡全集》以及德国社会民主党的理论刊物《新时代》等重要文献,依据德文、波兰文以及散见于其他文字中的卢森堡著述,翻译和编辑了这部《卢森堡文选》。该书上卷发行了6300册,由人民出版社于1984年出版,下卷则是在1990年出版的(可惜印数仅800册,迄今为止在北京大学、中国人民大学等高校图书馆中都未有馆藏)。在国外卢森堡研究成果的引进和借鉴方面,这一时期人民出版社出版了苏联作者叶夫泽罗夫和亚日鲍罗夫斯卡娅合著的

《罗莎·卢森堡传》的简体中文版①;周亮勋、张启荣、程人乾等学者发表了介绍国外卢森堡研究进展状况的文章②。1983年1月,人民文学出版社出版了王以铸翻译的卢森堡的《论文学》一书。这些译作,有助于读者了解卢森堡生平思想以及国际卢森堡研究的情况。

到了新千年,2001年10月,贵州人民出版社出版了殷叙彝、傅惟慈、郭颐顿合译的《论俄国革命·书信集》。2007年5月,花城出版社重新出版了田时纲新译的罗莎·卢森堡的《狱中书简》。这些翻译著作都为进一步介绍和研究卢森堡的思想和人生创造了条件。此外,人民出版社在2012年出版了由已故的李宗禹先生编选的新版《卢森堡文选》,里面除收入已发表过的卢森堡著作,还有在晚近才发现的一篇卢森堡的遗稿《信条:关于俄国社会民主党的状况》。此文原文为波兰文,曾长期湮没在莫斯科的波兰社会民主党档案中,直到20世纪90年代才被发现并译成德文,随后又被译成英文等其他文字,引起了国际范围内的广泛关注,被认为是针对列宁和布尔什维克的第三篇重要批评。李宗禹在2005年前后据英文并参照德文将此文翻译过来,可惜译文直到他去世后才得以发表。③ 目前,由武汉大学何萍教授领衔的简体中文版《卢森堡全

---

① [苏]叶夫泽罗夫、亚日鲍罗夫斯卡娅:《罗莎·卢森堡传》,汪秋珊译,人民出版社1983年版。
② 周亮勋、张启荣:《关于罗莎·卢森堡〈资本积累论〉的争论资料》,载《国际共运史研究资料》第4辑,人民出版社1982年版;程人乾:《国外罗莎·卢森堡研究的历史和现状》,载《国外社会科学》1982年第12期。
③ 译文在李宗禹所编《卢森堡文选》(人民出版社2012年版)出版之前,曾在《当代世界与社会主义问题》2011年第3期刊载过。

集》正在翻译中。"罗莎·卢森堡著作的整理、翻译和研究"作为国家社科基金重大立项课题,吸收了德文版、英文版全集的优点,其翻译编纂工作对后续的卢森堡研究贡献颇大。

当前我国的罗莎·卢森堡研究,是在以往的研究,特别是在20世纪70年代末80年代初开始的研究基础上的进一步发展和推进。但限于当时的政治环境,这些研究者们大都小心翼翼,稳中求变,以和缓折中的方式对待卢森堡与列宁之间的分歧,或缩小他们之间的分歧,或把卢森堡说成后来进行了自我纠正,逐渐向列宁"正确"的立场接近。这种借列宁话语体系解读卢森堡的做法,在当时固然可以理解,如今看来确有含糊其辞、不够鲜明和不够彻底的缺陷。因此,今天的一般读者重读那一时期关于卢森堡的研究,有可能感到不那么满意。但是不能忘记的是,这片禁区在长久禁锢之后得以打开,让中国人终于了解到卢森堡那些颇为陌生而又有很大现实意义的观点,本身就已经是一个重要的进步。

20世纪90年代,随着我国经济体制改革的不断深化,如何发展社会主义民主的问题广受关注,重评卢森堡也就显得愈发必要。但是随着新自由主义思想的升温,对马克思主义和社会主义的关注度明显降低。因而相较于80年代,90年代的研究成果明显减少,深度和广度也不够。但进步的道路一旦被打开,就不可能再封上了。进入21世纪以来,人们打破思想藩篱,不再受制于定见,研究卢森堡思想的领域拓展了,思路打开了,认识加深了,相对客观中立的研究逐渐成为趋势。经济学领域学者关注她的资本积累和有关发达国家与欠发达国家之间关系的观点,后者是当代世界体系论和依附论的理论来源之一;政治学领域学者开始总结、思考卢森堡的政治哲学全貌;哲学领域的学者则关心她的方法论意义和在哲学史上的地位,企图建立她的思想与西方新马克思主义之间的理论联系;也有学者注意到卢森堡与思想史上的其他思想家例如阿伦特的相似之处,还有学者关注到卢森堡的文学观和美学观。此外,涌现出了一批相关的硕、博士论文,它们侧重研究卢森堡思想的不同侧面,包括民族思想、社会革命理论、社会主义民主观、总体性方法论、资本积累论和对妇女解放事业的贡献等。① 总之,这一时期的卢森堡研究纷呈多样。

就专著而言,复旦大学陈其人教授出版了《世界体系论的否定与肯定——卢森堡〈资本积累论〉研究》和《卢森堡资本积累理论研究》两书②,中南财经大学的熊敏博士出版了《资本全球化的逻辑与历史——罗莎·卢森堡资本积累理论研究》。③ 陈其人教授的专著追根溯源,上下贯通,自古典经济学、庸俗经济学、马克思主义经济学、德国历史学派以至沃勒斯坦(Immanuel Wallerstein)的世界体系论,将卢森堡有关资本积累的观点置于政治经济学史中加以考察,并深刻地指出了她的不足。熊敏则对卢森堡经济理论的逻辑

---

① 刘政仙:《论罗莎·卢森堡对妇女解放运动的贡献》,华东师范大学2007年硕士学位论文;张小红:《论罗莎·卢森堡的民族思想》,华东师范大学2008年硕士学位论文;赵春清:《历史与人的解放——罗莎·卢森堡社会革命思想研究》,复旦大学2011年博士学位论文;王琳琳:《论罗莎·卢森堡的民主观》,郑州大学2010年硕士学位论文;张小红:《罗莎·卢森堡总体性方法研究》,华东师范大学2011年博士学位论文。
② 陈其人:《世界体系论的否定与肯定——卢森堡〈资本积累论〉研究》,时事出版社2004年版;《卢森堡资本积累理论研究》,东方出版中心2009年版。
③ 熊敏:《资本全球化的逻辑与历史——罗莎·卢森堡资本积累理论研究》,人民出版社2011年版。

前提进行了较为深入的研究。几部专著对资本积累论理解深刻,有启发性,为卢森堡研究做出了十分重要的理论贡献。

但在笔者看来,目前卢森堡研究中仍存在一些问题与不足。

首先,当前研究有将卢森堡现代化、抽象化、西方化的趋势。时下论者比较注重卢森堡思想当代意义的诠释,将卢森堡与现代西方思潮联系起来的研究思路较为时兴。这在客观上虽有助于为卢森堡的研究"造势",但也造成了一些理解上的偏差。卢森堡是第二国际时期的历史人物,她虽与当时西欧社会民主主义的主流观点多有分歧,但她仍然受该时代的理论与实践影响,她的思想见解仍然属于那一时代。她对当时主流思想的批判,与其说类似于后来的西方马克思主义对经济决定论的反对,不如说是她对资本主义经济崩溃必然性和对工人阶级革命性的估计,比考茨基这样的正统理论家估计的还高。时下一些学者将卢森堡抬举为西方马克思主义的开山鼻祖,以笔者之见,似有过度阐释之嫌。这当然直接来自卢卡奇对于卢森堡的解读[①],服务于主张各种对马克思学说所作的新解释脱离唯物史观、片面张扬"主体性"的需要。这种倾向似在把人们引到这样一个方向,即不必本着唯物史观的方法,或深入挖掘现代资本主义长期延续的客观经济原因,而是一边谴责所谓忘记了总体性的庸俗经济主义,一边主观主义地去解释这种延续。

在卢卡奇抽象化、哲学化的理解中,卢森堡是一个在革命过程中强调无产阶级首创精神和先进性的思想家。这固然不错,但如

[①] 参见卢卡奇的《历史与阶级意识》,商务印书馆 2012 年版。

果对于卢森堡的解读片面地强调无产阶级思想意识这一方面——仿佛卢森堡如同后来的"西马"思想家们那样，认为只要掌握了思想意识的制高点和文化上的领导权就可以超越经济发展的制约，在历史的创造中任意施展拳脚，这种对卢森堡的理解恰恰忽视了她思想中最根本的历史唯物主义基础，即工人阶级群众的革命思想不是凭空而来，而是来源于促使他们不得不起来革命的现实经济条件，而这一现实条件深植于资本主义的生产方式之中；社会主义之为一种替代性选择并非因为它是一种超越经济必然性的理想，而是出于对资本主义可能使人类陷入"野蛮状态"的现实的抵抗。对无产阶级思想意识和革命首创精神的强调，无非是为加快这场必然的革命到来所做的准备，这些准备非常必要而迫切，不能被社会民主党的无所作为延宕，也不能被卢森堡所不同意的列宁的"极端集中制"规定。它们之所以必要和迫切，是因为卢森堡在其重要理论著作《资本积累论》中详加论证了的信念——资本主义由于其经济矛盾必然灭亡。这样一种思想脉络，是完全立足于马克思的唯物史观之上的，与第二国际社会主义思想也是没有根本矛盾的。与考茨基等人的区别在于，卢森堡对资本主义经济困境的估计要严重得多，对工人阶级群众革命自觉性的估计要积极乐观得多。

与此相联系的另一种情况是，将卢森堡同阿伦特等西方自由主义传统的思想家简单作类比。卢森堡确实重视民主问题，但她所强调的"自由始终是持不同思想者的自由"，并非源于自由主义立场，而是深植于经典马克思学说对社会主义本质的规定。正是从这个本质出发，她才既反对否定革命的改良主义，又反对少数革命理论家对阶级群众的灌输和代言他们。她之所以寄希望于工人阶级在革命和新社会建构之中具有自我意识和首创精神，与其说是来自对抽象的、天赋自由的平等主义的假设，不如说来自她基于对资本主义的实证分析而确立的对阶级群众的信赖。

其次，关于卢森堡思想的总体性特点的强调。时下马哲史的论者多重视卢森堡思想内在的整体性。卢卡奇曾将卢森堡思想总结为运用总体性方法的结果。这一观点深深地影响着当下国内的研究者，有的博士论文则专门论证卢森堡的总体性方法。马克思的研究方法确实主张把社会作为总体去认识，但他所理解的总体，是要求把人类的一切真实的历史、现实与未来当作"自然史的进程"去理解，而这一进程恰恰是"物质生活的生产方式制约着整个社会生活、政治生活和精神生活的过程"。[①] 相比于哲学家和政治学家，立足于唯物史观方法上的资本主义经济批判者和社会历史学家的称谓可能更符合马克思的身份认定。与其说这是一种"总体性方法"，不如说它是一种将人类社会置于历史变迁之中来考察的大历史观。卢森堡不过是继承了她的导师马克思在分析一切问题时秉持的基本观点，并在她自洽性极强的理论中体现得尤为明显罢了。因而过于强调卢森堡思想的总体性特点，有可能与事实不符。[②]

[①]《政治经济学批判》序言，《马克思恩格斯选集》（第二卷），人民出版社1995年版，第32页。

[②] 说到卢卡奇的"总体性"，众所周知，卢卡奇在1967年为《历史与阶级意识》新版所写的序言中，承认1923年时的他尚处于"马克思主义学徒期"，而后来他已经"真诚相信《历史与阶级意识》是错误的，并且直到今天我还这样认为"（参见《历史与阶级意识》第1和第36页）。我们没有理由漠视卢卡奇本人的这一声明。

最后，关于卢森堡思想的成就与局限性研究不足。当下我国学者对卢森堡及其思想的研究，较之以前确实是进步了，盲目跟风式的不公正的指责少了很多，正面的积极评价大大增加了，谈论起问题来也确实更为开放了。但许多成果仍满足于一般性地颂扬其思想贡献与价值，以大量史料为依据的实证性、历史性分析似嫌不足①。对卢森堡的理论和政治活动中所体现出的那一时代的深刻矛盾，似较少人关注。例如在谈论卢森堡的社会主义民主观时，人们往往或继续在列宁的视野下评说其贡献和缺陷，或沿用"以史为鉴"的套路去解释卢森堡，而真正运用历史唯物主义的分析方法，结合世界社会主义的历史背景，分析卢森堡的成就与局限的成果，迄今还相当不够。

通过以上分析和介绍，笔者对新中国成立以来卢森堡研究作了初步的梳理和评论，并认为，今后的罗莎·卢森堡研究可以更加侧重以下几个方面：

第一，卢森堡人生和思想之间的互构关系。迄今虽已有程人乾的卢森堡生平和思想评传以及其他学者在这方面的努力，但囿于时代，很多评论不够完备或已经过时。晚近的研究已有一些这方面的成果，但还原一个真实的卢森堡，将其思想著述与人生经历之间的互动关系进行清晰勾勒，仍然是有意义的研究工作。

第二，对卢森堡思想的历史研究。如前文所说，卢森堡的贡献与弱点都应放在她所处的时代去理解。缘于当时社会主义理论与现实的矛盾，卢森堡的思想呈现出两难困境：在西欧，资本主义自

---

① 在这个方面，如今的不少论述，可能由于外语能力的限制，似还不及20世纪80年代一批老学者的高度。

身协调能力的增强、议会改良主义力量的增长,使现实政治中暴力革命的不可避免性逐渐减弱;而在苏俄,列宁为了适应现实需要,对马克思的无产阶级革命理论进行改造,从而在策略上解决了落后国家的工人阶级不能自发地生成阶级意识,进而爆发革命的问题,但这一革命实践在成功取得政权后,最终以走向一条与马克思"自由人联合体"的设想严重偏离的道路宣告结束。卢森堡既革命又民主的思想在东西方的历史现实中同时受挫:在前者那里,卢森堡对革命的坚持被认为是对社会民主主义正统"消耗战略"的妨碍,革命被无限期地推后;而在后者那里,革命的进程变更了马克思革命理论的初始条件和相应结果,以致卢森堡对群众自发性的继续坚守无异于无力的隔空喊话。新的历史条件使历史唯物主义的分析方法与无产阶级革命的最终方向脱节,这正是卢森堡思想遭遇的,同时也是马克思学说遭遇的来自现实的严峻的考验和困境。从卢森堡的思想困境揭示世界社会主义现实历史进程中的重大矛盾,这方面的研究迄今为止还非常不够,本书的研究正致力于在这方面进行有益的推进。

第三,对于资本积累论仍需进一步重视。 卢森堡在资本积累问题上的经济观点,上承马克思的再生产理论,下启现代的世界体系论。她的理论非常具有现代性,有助于深入认识当代资本主义全球化的扩展。随着当前资本在全球扩张中越来越掌握主导权,资本的流动已突破了民族国家的疆界,资本主义失去了与非资本主义的决然对立,内部与外部的边界也变得模糊,能利用的外部市场、劳动力和廉价原料的空间越来越有限,原本用来缓解危机的方式引发了更多的冲突和矛盾,各种反抗运动和民粹主义频繁涌现。

重新发掘卢森堡的资本积累论或将为揭示当前资本主义危机的内在机理提供学理支撑。她以批判性的视角挖掘资本主义生产方式同非资本主义生产方式之间的辩证关系，强调后者是社会再生产和剩余价值得以实现的前提，并构成资本主义由危机走向社会革命的诱因。该理论蕴含了经济学方法论和历史观的视域转换，表现出系统性的危机观和总体性的历史观。已有研究对卢森堡思想虽做出深入阐释，有不少真知灼见，但对该理论的思想史价值重视不够，对其当代价值挖掘不足。在百年未有之大变局的关键时刻，重估卢森堡的资本积累论，对于反思全球化资本主义的历史影响和发展中国家的现代化道路具有重大理论意义与现实意义。

五、本书的研究进路及结构

本书所涉研究既属于历史研究，又属于思想史研究，这是由研究对象决定的。卢森堡既是社会主义思想史上重要的理论人物，也是一名政治活动家，无论后世研究者将其思想体系勾勒得多么圆融、自洽，都不能忽视她作为国际共运史上无产阶级革命家的身份。因此，本书将极力回避将卢森堡塑造成一个纯粹的理论人物或是超越的哲学家的做法，而要重申历史情境及现实政治（realpolitik）对其思想形成、发展及影响的约束条件。

为此，本书特将笔墨集中于卢森堡亲身参与的三场重要的理论论争。之所以如此，至少有以下四个考虑：

第一，通过书写卢森堡与不同社会主义者之间的理论交锋，能够呈现出卢森堡思想的整全性和丰富性，从而避免了仅单纯研究

卢森堡思想的某一面相,而失却对她思想整全面貌的认识;

第二,通过将理论论争还原到历史语境之中,能够基于历史对论争的缘由给出解释,这为实践一种历史与思想史相结合的研究方法提供了抓手,同时也避免了将人物思想研究沦为读书笔记式的观点的简单记述。

第三,以卢森堡为线索串起三场重要论争,由此进入从第二国际衰落到第三国际兴起这一欧洲社会主义运动权力中心转移(power shift)的历史时期,论争围绕的议题本身即映照出欧洲社会主义运动最关切的时代议题。

第四,研究和评析这几场理论论争,应以历史事实及其对后世的影响为尺度,本研究的目的并不在于裁决参与论争的各方孰对孰错,不以抽象价值、党派立场或对领袖个人的虔信作为评判依据,不以各种意识形态的标签作政治划线,而是力图理解历史人物的做法及其说法的来由,并试图剖析其说法与做法之间的互动关系。

国际共产主义运动史与其他史学门类有一个显著的区别,即它有着鲜明的阶级斗争和意识形态斗争色彩。政治论争作为政治斗争的表现形式,在历史叙事中极易被政治权力塑造,呈现出非黑即白的面貌,一个惯常的叙事逻辑是将政治上的成败简单归结为思想上的正误。正因如此,在列宁史观的塑造下,第二国际中的改良论者长期被扣上"修正主义"的帽子。由于我国从革命战争时期到新中国成立初期都深受苏共影响,曾一度将国际共运的经验等同于苏共的成功经验,共产国际将第二国际以"改良主义""修正主义"盖棺的倾向,也被不加批判地继承过来。而在中苏交恶、国内

"左"倾思潮占据上风后,"反修""防修"的矛头又转而指向苏联,此前一系列观点又纷纷被推翻。到了"文化大革命"时期,更为盛行的史观则是用"十条路线斗争"来讲述国际共运史,将国际共运史上曾与经典作家为敌的理论家一律以"机会主义头子"论定。这种情况在改革开放实事求是之风渐兴以后有所缓和。20 世纪 80 年代,在中央编译局、北京大学、中国人民大学等科研单位和高校的带领下,产出了一批至今仍经得起时间检验的研究成果。然而,好景不长,苏联解体、东欧剧变之后,随着新自由主义的泛滥,国际共运史的历史叙事又迎来了新的政治风向。"历史终结论""告别革命论""解构史学"以及各种文化保守派的论调都对国际共运的话语空间形成了不同程度的挤压。

如何使国际共运史研究从旧有的史观困境中突围?能否建立起不同于苏联史观和自由主义史观的中国自主的世界社会主义史观?这些问题既攸关科学社会主义与共运学科的发展,也事关中国的自主知识体系的建设,更攸关中国作为世界最大的社会主义国家,如何思考世界社会主义事业及中国在其中应扮演何种角色。对这些宏大问题的回答必须首先以客观、中立的历史研究作为基础。那么,应如何突破旧有史观的局限,获致更为全面可靠的研究成果?在笔者看来,若要重新激活国际共运史的思想资源,重建其历史科学的地位,需以社会科学的研究方法为依归。譬如,用知识社会学的研究方法,讨论关键概念的传播路径;用政治社会学的研究方法,研究工人运动与社会革命的政治动员;用比较政治学的分析框架,理解各社会主义国家和政党的特殊性与一般性;用比较历史学的研究思路,拓宽历史可能性的丰富解读;等等。

本书追踪罗莎·卢森堡参与的社会主义思想史上的三次论争,是在国际共运史领域使用新方法处理旧议题的一次尝试,意在突破诸种固有史观的历史局限,呈现论争的内在复杂性和原因所在,并将其置于东西方社会主义的不同发展进程之中,评述论争的影响与意义。

使用历史语境法解读第二国际时期的理论论争既是适宜的,也是必要的。这是因为第二国际的理论家普遍使用的是同一套马克思主义话语。不同的理论家如何解读和使用这套话语并用以理解自己所处的时代和处境,如何赋予具体概念特殊意涵,如何将概念与不同现象建立联系,都需置于历史语境中解读。否则,概念的"同一性"会模糊理论家论争时的真实意图,对论争结果的裁夺也会因政治权力对同一概念话语的垄断而遮蔽论争各方的合理性。换言之,历史语境方法的启用,可以从同一概念中开辟出多重概念使用的空间,进而在概念的使用层面理解论争的丰富性。

为了下沉到概念的使用层面理解论争,需呈现出不同理论家在进行理论争鸣时背后的现实动机,勾勒表述的变化和所面临的具体形势之间的关系。在具体的研究中,笔者将通过展现历史背景以勾勒形势;通过追溯理论背景,分析与马克思经典文本之间的关系,发掘论争者判断形势的方法及其由来;在具体叙述论争的过程中,呈现形势与理论主张之间的联系;通过对论争的评析和论述,揭示形势与理论的相互作用。这种相互作用一方面是形势对理论的作用,即理论基于怎样的形势判断,用什么方法或逻辑,推出要做什么或怎么做;另一方面是理论对形势的作用,即看理论主张是否能转换为对形势的塑造,看预期是否能够改变形势,或者考察哪些预期之外的变化也是理论主张所带来的。

从本书的主题来看,表面上,卢森堡与伯恩施坦、考茨基和列宁之间是互相攻讦——似乎都在以驳倒对方为目标,但实际上每个人都在利用论战来实现各自的政治目的。只是由于第二国际统一的组织架构,理论家们共享同样的马克思主义话语资源,以及论争者为了在国际层面上获得一定政治资源和影响力,才常常不得不进行互动和对话甚至交锋、论战。这也从相反的方向证明了,参与论争的社会主义者都是国际主义者,否则,很多超越国别的论争也就没有必要进行了。同理,在德国社会民主党内部,各个派别也不得不竞相争夺话语权,以对基层群众进行动员和获得支持。因而,党内才会出现理论上的激烈论争。与此同时,这种论争也将在路径依赖的层面上,继续强化他们各自的说法和做法。

历史语境研究方法突破了传统思想史研究从语词到语词、从概念到概念、从文本到文本、从思想家到思想家的研究路径,也并非剑桥学派意义上使用历史语境的目的仅仅是更好地解释文本。本项研究与其说是思想史研究,毋宁说是历史研究,其目的恰是消解文本作为某种独立性存在的意义,将一个人的言说内容在本质上看作一种政治行动。这种做法,使得单纯因某个人的思想表述就判定其思路正确或错误变得不再可能,也要求在理解一个人的思想表述之前,必须首先理解他的身份、处境以及制约他的诸多条件。这样的研究方法并不适用于纯粹书斋的思想家,也不适用于一些欠缺体系性和一致性的政治评论家,而对于那些思想活动和现实活动之间具有紧密互动的研究对象最为适宜。本书选取的卢森堡、伯恩施坦、考茨基、列宁等人,都是此类人物的突出范例。

第二国际时期的这些理论家们,他们的工作虽然看上去是诠释马克思学说,但是与其说他们的著述是在解释历史、解释世界,不如说是在创造历史、改造世界。因为这些文字并非引导读者去进行纯然内省的沉思生活,而是直接导向作为历史主体的人应该如何行动。这也是笔者用很大的篇幅勾勒历史背景的缘故。本书所书写的历史事实可以分成三类:其一是理论家要去解释的现象(西方的改良现实、政党与工会的关系等);其二是对理论家的思想构成约束条件的现象(政治地位、政治目的和任务、人物性格和人物关系等);其三是理论家自身当时可能未必足够重视,但在今天的研究者看来,对于理解他们所要解释的现象而言非常重要的事实。这会使得当代的研究者因明晓之后事件的发展走向,获致评价历史人物的视野和深度。

在这项研究中,思想和历史的关系变得更丰富、更复杂了,因为本研究不是为了得出历史决定思想、思想反作用于历史这种空泛、庸俗的结论,而是要把这个匣子打开,考察理论家们的思想如何被历史中的诸多条件制约,又如何基于对历史发展趋势的不同认识(卢森堡和列宁认为将要爆发世界革命;而伯恩施坦和考茨基并不这么看),针对现状给出应如何去做的不同方案。在这个过程中,他们经常不在同一个战场上战斗,而是各自为战。他们操着同一套概念系统去理解、解释这个世界并努力促成各自希望看到的历史变动。谁更抓住了所要解释的问题的关键变量?谁用对了概念?谁在概念上有新的推进?谁对概念的推进更有利于理解自己的处境,实现自己的政治目的?经过对这些问题作一番考察之后,或许才可能评估历史人物思想的局限和超越,认识她或他的能力及潜能，呈现人的历史和历史中的人，并在真实的历史互动中理解人的自由（latitude）。

罗莎·卢森堡是社会主义思想史和运动史上著名的理论家和革命者，她于巴黎公社爆发的同年出生于俄属波兰扎莫希奇一个犹太木材商人家庭。15岁中学毕业后直接参加了俄国和波兰的地下组织，投身革命活动。1890年在苏黎世大学就读，学习国民经济学，完成了论述波兰工业发展的博士论文。1898年5月，迁居柏林，到德国社会民主党工作，展开反对伯恩施坦的批判。1905年，受俄国革命的鼓舞，卢森堡思想的发展道路愈发激进，直接回到波兰参与了革命活动。1910年，她就政党罢工的方式问题与党内正统派考茨基展开针锋相对的论辩。1917年俄国革命的爆发，虽然激励了卢森堡对世界革命的信心，但也激化了早在此之前她和列宁在有关党的组织原则等相关问题上的分歧。为此，卢森堡坚持阐明马克思有关无产阶级专政等相关学说的意涵，并与列宁展开了激烈论战。在卢森堡短暂而光辉的48年人生里，她反对德国社会民主党内的改良主义和官僚主义倾向，反对德国容克贵族的军国主义，反对资本主义国家的资本积累和帝国主义战争，反对殖民主义和民族压迫，致力于实现建立在阶级解放基础上的人类解放。

本书一共分为五个部分，第一部分是导论，主要总结和评估了有关卢森堡研究的情况及其存在的问题，交代了本项研究所实践的历史语境的研究方法，并试图结合国际共运的史观问题，点明这一研究的意义。在接下来的三个章节里，笔者以罗莎·卢森堡的活动为线索，选取她所参与的三场论争进行陈述和讨论，按照时间的发展顺序，分别是和爱德华·伯恩施坦、卡尔·考茨基以及列宁。章节的标题即笔者所概括出的论争议题,分别是:改良还是革命,疲劳还是斗争,民主还是专政。这三场卢森堡亲身参与的论争,在社会主义思想史上具有重大意义,直接导致欧洲社会主义运动在西方和东方分化出两条截然不同的发展路径,见证了德国社会主义运动分裂为左、中、右三个派别,促成了第二国际到第三国际的权势转移,集中体现了马克思学说在该时代所遭遇的现实挑战。三场论争在时间上承续,涉及了马克思学说的诸多方面且彼此照应、上下贯通。

本研究所涉及的地理范围是威廉二世治下的德意志帝国、俄普奥三国占领的波兰,以及俄国革命前后的沙皇俄国。研究在时间上涵盖的重要历史节点包括第一次世界大战,1905 年、1917 年俄国革命,1918 年德国革命。各章的基本内容可概述如下。

"改良还是革命"一章主要讨论的是在德国社会民主党内,围绕伯恩施坦对资本主义的新趋势和社会民主党新任务的看法而展开的批判和反批判。几乎所有重要的第二国际理论家都被卷入了这场论争。论争的议题可概括为:辩证法在马克思学说中的地位、资本主义的灾变论、科学社会主义中的"科学"概念、阶级斗争的政治策略等。在这场论争中,卢森堡和考茨基站在一起,共同反对伯恩施坦。这场论争所讨论的问题呈现出原本主张革命的马克思学说与实行改良策略的社会民主主义之间的张力,埋下了德国社会民主党内改良派、温和派和革命派分裂的伏笔。

"疲劳还是斗争"一章主要讨论德国民主党领袖和德国工会领袖之间,围绕是否要以政治性的群众罢工作为斗争手段这一问题产生的论争。论争的实质是罢工的领导权以及储备金的问题。如果说"改良还是革命"一章讨论得更多的是有关原则层面的理论议题的话,那么这一章则切实地涉及具体的策略——做什么、怎样做、由谁做的问题。从这个层面看,这一章是前一章的延续。考茨基作为党内的理论领袖,需要考虑的是如何在维持《爱尔福特纲领》效力的同时保持党内统一。为了让改良派不至于走得过远,须不断在理论上进行新的妥协;而卢森堡受到1905年俄国革命的感召,愈加重视群众的自发性,并将其看作无产阶级革命的源头,认为这是对党内以及工会的官僚主义、改良主义倾向的有力制约。

"民主还是专政"一章,主要讨论的是卢森堡和列宁之间的论争。论争涉及的内容包括:民主集中制的组织原则、民族自决和文化自治、无产阶级专政。和前两场论争不同的地方在于,这场论争发生在德国和俄国,是经济发展阶段和政治自由程度完全不同,革命阶段也不一样的两个国家的社会主义者之间的论争。虽然卢森堡和列宁在最终推动世界革命和无产阶级解放的目的上是一致的,但是由于二者各自所面临的形势不同,任务不同,与党组织的关系不同,他们在实现革命的道路问题和策略问题上发生了龃龉。这场论争见证了欧洲社会主义运动在理论和实践道路上,自此分裂为社会民主主义和布尔什维主义。

最后一章是总结与展望,主要涵盖四个重要问题:其一是对比分析并回答1918年德国革命失败和1917年俄国革命成功的原因;其二是总结上文所论及的人物思想与其面临的政治形势之间的关系;其三是评析罗莎·卢森堡在政治上失败的原因,并进而猜想如果她没有在1919年1月被暗杀,后续的人生轨迹和命运可能会怎样;最后,本书将尝试对罗莎·卢森堡的思想遗产及其当代意义给出一个公允的评价。

第一章
改良还是革命

第一节　改良主义的兴起：论争背景

一、第二国际的改良趋势

第二国际成立于1889年，此时离《共产党宣言》的发表已过去41年，离巴黎公社的陷落已过去18年，离马克思的去世已过去6年。作为对1789年法国大革命100周年的精神传承，第二国际的成立再一次在欧洲大陆树立起平等、进步和社会主义的旗帜。

长期以来，国际共产主义运动史的历史叙事和研究，深受各种政治立场的影响。这一情况在第二国际的叙事与研究中体现得尤为显明，这不仅因为第二国际活跃于19世纪末20世纪初——各种政治、经济矛盾频繁出现的历史转折时期，它的解体本身见证了帝国主义的兴起与第一次世界大战的爆发；还因为在国际共运史的连续叙事中，第二国际处于连接马克思领导的第一国际和列宁所开创的共产国际的桥梁位置，深受来自两个方向上理论权威的影响；此外，还因为第二国际所开创的社会民主主义的改良传统，历经一个世纪依然在欧洲的社会民主党的实践中延续，并在现实政治中发挥着一定的影响。对于这一传统，历来众说不一，毁誉参半，致使以政治立场为据的各种观点，充斥于第二国际的文献研究史中，并在历史叙事及人物评价中，都存有不小的论争。在国内外已有的对第二国际的研究之中，至少存在以下四种不同的观点和立场①。

第一种是社会民主主义历史学家的官方史观。他们普遍将第二国际界定为改良性质的国际组织，将改良主义的历史逻辑看作对时代的顺应和对抽象"普世价值"的维护。在看待第二国际内的革命派时，这一立场不仅不积极肯定其革命性，反而将其界定为颠覆社会良序的政治激进分子。这种观点倾向于强调第二国际在社会进步方面的领导作用，但是，他们对后来由列宁发起和领导的共产国际则非常贬抑。

第二种是列宁关于第二国际的史观。列宁充分肯定第二国际的历史功绩，认为第二国际成立时期是"从西欧资产阶级革命和民

---

① 这种概然性的划分很难说不是粗疏的，除却本书所叙述的四种典型的史观，还有自由主义、无政府主义、工联主义等观点，每一种观点、立场对第二国际的评价和分析都各有差异，本书也会在后文中尽力呈现这些不同。如上区分并不是完备的，难免挂一漏万，其目的主要是在理想型（ideal-type）的意义上做出界分，指出不同研究中存在的政治立场因素。

族革命的完成阶段进入社会主义革命的开始阶段的过渡时代"①,也是"为这个运动在许多国家广泛的大规模的开展准备基础的时代"②,更是"给了无产阶级许多宝贵的东西,特别是在无产阶级所必需的一门艺术方面,这门艺术就是广泛而又广泛地进行缓慢的、坚持不懈的、有系统的组织工作"的阶段。③ 在共产国际成立之前,俄国社会民主工党仍在组织上归属于第二国际,甚至列宁本人也直接参与了第二国际的工作,他出席过1907和1910年两次第二国际代表大会,在反战和革命动员方面做了卓有成效的工作。只是自"一战"爆发后,列宁希冀以欧战为契机,为发动革命、推翻沙皇、重新集结欧洲工人运动的力量,才与第二国际"割席",开辟出一条革命社会主义的新路,建立共产国际,与第二国际分庭抗礼。此外,列宁从未将第二国际完全等同于机会主义,他始终支持第二国际中的革命派,这既根植于国际主义的理论立场,也出于革命的现实需要。

第三种是苏联官方的教条史观。这一史观虽然在一定程度上延续了列宁的一些结论,但主要是受斯大林的影响,并在苏联史学界以一种颇为教条的方式固定下来。1924年,斯大林曾在《论列宁主义基础》中做出"在马克思、恩格斯两人和列宁之间隔着第二国际机会主义独占统治的整个时代"④的论断。他认为,第二国际的基本工作完全是按照机会主义路线进行的,其最终覆亡恰恰佐证

---

① 《列宁选集》(第3版第2卷),人民出版社2012年版,第503页。
② 《列宁选集》(第3版第3卷),第791页。
③ 《列宁选集》(第3版第2卷),第56页。
④ 中央编译局编:《斯大林选集》(上),人民出版社1979年版,第186页。

了机会主义路线的腐朽。这种观点在1956年苏共二十大之后略微有所松动,苏联历史学界开始提出应重新审视第二国际的历史的观点,但总体上并没有根本的改变。

第四种是西方马克思主义者对第二国际的哲学批判。早期的西方马克思主义者认为,第二国际在马克思和恩格斯之后,偏离了伟大导师的思想,最终沦为庸俗的假马克思主义者,究其原因,应归咎于第二国际的理论家将马克思的学说简单地阐发为经济决定论。在这种立场看来,一方面,第二国际的正统派对马克思的诠释过于强调经济决定论的面向,在哲学上僵化为教条主义,政治上变得被动消极;另一方面,第二国际的改良派又以批判经济决定论的方式,毁损了马克思学说的声誉,抹杀了马克思学说的思辨性,抛弃了马克思学说中最重要的也是最具批判性的辩证法,致使第二国际背离了革命。这也正是西方马克思主义在后来的发展中"复活"黑格尔主义的根由,即通过重新确立青年马克思《1844年经济学哲学手稿》的精神地位,甚至制造"青年马克思"和"晚年马克思"对立论,以贬低马克思晚年著作《资本论》的思想史地位。

西方马克思主义者对第二国际的哲学批判,是以看似玄妙、实则既主观又空洞的抽象哲学思辨代替了马克思、恩格斯所主张的科学实证精神。就连西方马克思主义开创者卢卡奇本人①,后来都曾承认自己早期对马克思主义理解有错误,认为《历史与阶级意识》的写作直接受俄国革命的现实影响,检讨自己对列宁主义哲学化的努力有过度拔高主观主义之嫌。② 由此可以看出,即便是哲学批判,也难以摆脱政治性与时代性的底色。

上述几种史观产生于特定的历史背景,有着各自的政治立场,对于中国的研究者而言,在真正开展第二国际研究的过程之中,需对这些因素进行仔细地辨析。但事实却是,新中国成立初期,国内关于第二国际研究的观点曾深受已经教条化了的苏联观点的影响,改革开放之后,又受到西方马克思主义哲学立场的塑造。前者因时代所限,和政治风气相关,后者则与马克思主义学科兴建过程中西方马克思主义观点对我国的影响日益增强有关,甚至这二者之间还有相互合流、彼此强化的趋势,共同指向对第二国际的简单否定,致使对第二国际在历史叙事、事件研究和人物评价方面的独

---

① 无论是法兰克福学派、20世纪50年代法国的存在主义,还是60年代西方的新左派,都出于各自的意图解释和塑造卢卡奇的鼻祖形象。梅洛-庞蒂将写作《历史与阶级意识》时期的卢卡奇同法兰克福学派、存在主义哲学并称西方马克思主义,并将列宁的形象凝固在《唯物主义和经验批判主义》这部著作上,制出《历史与阶级意识》与马克思列宁主义相对立以及卢卡奇反对列宁主义的"神话"。这是一种有意图的歪曲。齐泽克在这一问题上的认识是十分准确的,他在《尾巴主义与辩证法》的刊后语中敏锐地指出,西方马克思主义者们的理论观点实则和卢卡奇相去甚远,前者抛弃了卢卡奇政治与革命的实践维度,出于同时反对苏联的社会主义政权和社会民主主义改良倾向的政治需要,将批判的矛头指向工具理性、异化问题等更为抽象的文化批判,试图以此重新复活马克思学说的批判效力。参见 Georg Lukács, *A Defense of "History and Class Consciousness": Tailism and the Dialectic*, Verso, 2000, p. 182。
② 更进一步的分析见马嘉鸿:《重析〈历史与阶级意识〉与列宁主义的关系》,载《中国浦东干部学院学报》2017年第6期。

立研究,久受彼此交叠的观点的禁锢,长期无法深入开展。这种现状亟待革新。

第二国际和此前第一国际成立的历史条件有所不同。在第一国际时期,大多数资本主义国家的工人群众还远没有组织起来,工人政党的议会斗争在绝大多数国家也还不存在。从第一国际解散到整个19世纪七八十年代,机器大工业的发展和城市化的进程,使大批无产者进入城市,涌现为一支新的社会力量。各政治党派和组织都试图将这一新生的社会力量纳入自己的政治影响之下,工人自发组织工会,以期更好地实行劳动保护,改善自身的基本权益。许多社会主义工人政党在马克思学说的传播和影响下纷纷成立。

时代的特点和工人运动的新情况为第二国际提出了新的历史性任务,那就是通过各种形式将工人群众在地域上、思想上和组织上团结起来,组织经济斗争和政治斗争,对他们进行社会主义教育,维护他们的切身利益,逐步引导他们投入消灭资本主义剥削的社会主义斗争中。

第二国际成立之初,正逢第二次工业革命的兴起,欧洲资本主义进入和平、快速的发展轨道。这种相对和平的社会条件也决定了工人运动和斗争形式的和平特质。大多数国家公开、合法的工人政党,通常不会以过激的、不合于当时法律的行动而使自己陷入非法地位;而对于那些没有取得合法地位的工人政党,也可以通过领导罢工或者利用其他合法的群众组织来争取和教育群众。第二国际所处时代的特点决定了工人运动和斗争的条件相对宽松,因而,不宜简单以是否"革命"或是否支持"修正主义"对其贴上政治上的标签,因为历史真实的发展走向远比基于价值、立场所做的裁决更具优先性。

合法斗争渠道的拓宽和实际物质利益的扩大,一点一滴地改善着普通工人的日常生活。工人政党和工会组织的发展使行政的、部门的逻辑逐渐超越了政治的、革命的逻辑。革命的话语变得越来越不接地气。毕竟,工会可以为工人解决大部分和日常经济生活直接相关的问题。这也在自下而上地推动着从普通工人、车间工长,到工会领袖、党的理论家的思想变化:贴合工人实际需求的"改良"开始取代作为口号的"革命"。工人政党之前用来进行群众动员的马克思学说以及由此制定的政党纲领,面临着来自现实的严峻挑战。第二国际时期的社会主义者们发现,在资本主义秩序内存在谋求社会主义的可能。在英国,合法的工人运动取得了丰硕成果;在法国,"米勒兰入阁事件"于第二国际内引发了激烈的论争及思想混乱;在德国,则表现为德国社会民主党自1898年以来围绕伯恩施坦展开的旷日持久的理论论争。

二、威廉二世治下的德国

若要考察第二国际和德国社会民主党内发生的这场论争,不得不首先进入德意志帝国的政治和社会环境。在19世纪末的德国,第二次工业革命的成果显著地作用于经济增长,德国经济卷入世界市场,参与激烈的海外竞争,推行扩张政策和贸易保护政策。这种干预性的国家和有组织的资本主义相结合的方式,带来经济上的活跃的同时,也在社会和政治层面产生了巨大的影响。对于工业领域以工资为生的劳动群体而言，他们不得不在剧烈的社会变迁中面对传统与现代、社群与个人的巨大动荡，这种令人压抑的绝望气氛，从社会心理层面而言有助于德国社会民主党的崛起。

德意志帝国在经济和社会方面取得的稳定成果，往往是以保守的政治特征实现的。从德国式现代化的发展道路中真正受益的是那些前工业社会精英、大庄园主和重工业领域的封建士绅。[1] 德意志帝国的宪法于 1871 年生效，虽然各个邦联在"统一屋顶"下都被平等地赋予了主权国家地位，但在事实上，普鲁士却在联邦议会中享有特殊权力；虽然由各邦成年男子普遍选举产生的帝国议会拥有 400 个议席，但是由于议会的解散权仍掌握在皇帝和联邦议会手中，帝国议会除了拥有预算权，几乎没有什么独立的权力。这种政治制度使得民主徒具形式上的意义，实质上它仍是为了维护容克地主和保守的统治精英的利益。

德国新兴的资产阶级不得不屈从于这种封建主义。他们一方面模仿着贵族的行为方式，另一方面，将土地贵族的统治方式与军事等级的思想移植到工业生产中。1848 年革命之后，资产阶级开始感到下层工人运动的威胁，由于害怕社会革命，转而向旧势力妥协，放弃了行使独立权力的要求。这也就是为什么马克斯·韦伯会对德国的资产阶级哀其不幸、怒其不争，呼吁德国资产阶级不要将本可以用来扩大再生产的资金去买官鬻爵，不要畏惧工人运动的威胁，而要发展出独立的政治意识。只有这样，德国才能走出一条现代化的新路，跻身于世界先进民族之林。新兴社会力量政治

---

[1] ［德］汉斯-乌尔里希·韦勒：《德意志帝国》，邢来顺译，青海人民出版社 2009 年版，第 25 页。

能力的孱弱、经济的繁荣、德意志帝国宪法的设计和国家机器的强大，都为俾斯麦铺就了施展其卓越政治才能的舞台。俾斯麦通过国内外的冒险政策与合纵连横的灵活外交，通过对普选权的操纵和对潜在革命力量的压制，维持着传统与现代的平衡，使德国走上了一条富国强兵的独特道路(Sonderweg)。

1888年，威廉二世成为德意志帝国的新君主，强迫"铁血宰相"俾斯麦于1890年辞职。随着强力人物的黯然退场，德国的历史进入一个崭新的时代。满脑子新观念的少主此时的政治权威并不稳固，德国的政治局面处于悬而未决的状态。威廉二世和俾斯麦对于社会主义的态度有巨大分歧，后者主张强力镇压，而威廉二世则采取怀柔政策。他在自传中写道："这时我主张有采取妥协的必要(妥协是我内政外交上惯用的政策)。"①威廉二世反对镇压，抛出了很多笼络人心的改革宣言，等于在宣告与前朝旧臣的某种断裂，通过施行改革、创建机构、起用新人，希望能借此打破俾斯麦治下的权力格局，重新集聚起围绕自己的政治权威。

1890年1月25日，威廉二世命令议会取消旨在限制和镇压社会民主党的《反社会党人非常法》②，通过了一个新的《劳动法》。在回应和俾斯麦的分歧时，他写道："他(俾斯麦)和我意见相抵触的地方在于，他确信用高压手段可以解决社会问题，遇到形势紧张

---

① [德]威廉二世：《前德皇威廉二世自传》，王揖唐译，商务印书馆1924年版，第4页。
② 法案原名Gesetz gegen die gemeingefährlichen Bestrebungen der Sozialdemokratie，其官方原文简写为Sozialistengesetz，译为"社会主义者法案"，但由于考虑到国内官方译名更能体现出该法案的性质，所以将其称为《反社会党人法》或《反社会党人非常法》(简称"非常法")。

的时候全仗武力,而不愿用博爱及人道主义作为缓和之计,又不愿放弃自己的主张而服从别人。"①新的总理大臣卡普里维(Leo von Caprivi)于1891年2月27日上台,发表议会演说,陈述新的施政纲领:"不再延长实施业已满期的反社会主义者法律,只是由于预想到采取一切可能的措施去削弱社会民主党的根基或从事反对社会民主党的斗争。"②

但事实上,这只是在以另一种形式延续着"鞭子加糖果"的政策:政府准允社会民主党人以合法身份,自由开展政治活动,比如兴办劳动疗养院等慈善机构,进行失业救济,颁布星期天为休息日的法令,禁止十三岁以下的儿童做工,制定产妇休假法令等福利政策等;但又要求给下级军官发放津贴,对此,卡普里维的解释是:"我们在巷战中对付社会民主党,比之和敌人作战时,需要更好的下级军官。"③换言之,威廉二世并没有放弃暴力政策,只不过是将之前俾斯麦的"鞭子加糖果"政策系统化、法令化罢了。

19世纪六七十年代时,德国社会民主党的议席不多,力量薄弱。对于这时的德国社会民主党而言,宣扬革命、采取投票形式反对一切的策略,可以提升自己的政治动员能力和政治威慑力。在"非常法"未被废除的时间里,因政治活动被判刑的所有德国社会民主党人,监禁时间总计达750年,苦役85年,罚金数为27.7万马

---

① [德]威廉二世:《前德皇威廉二世自传》,第27页。
② 转引自[德]卡尔·李卜克内西:《军国主义和反军国主义:特别就国际青年工人运动加以考察》,易廷镇译,生活·读书·新知三联书店1962年版,第48页。
③ 转引自[德]卡尔·李卜克内西:《军国主义和反军国主义:特别就国际青年工人运动加以考察》,第48页。

克,政府努力利用一切手段限制社会民主党在建立协会方面的活动。①

"非常法"被废除后,政治形势只是有所和缓,并未根本好转。即便如此,有了合法的准许,德国社会民主党人的行动空间也极大地扩大了:工会会员从1878年的50 000名,到1900年增至680 427人;报刊从1876年仅有的23种,到"非常法"废除后增长为104种;德国社会民主党在国会中的议席,从1884年的24个,到1898年上升为56个,再到1903年取得了选举的极大胜利,增至81个议席。② 这些数字直接反映出德国社会民主党在经济和政治上日益增长的影响力,且该党已经从口头上反对现存秩序的革命宣传,转为开始在合法轨道上稳健地开展实际的日常工作。

斗争的合法化意味着政治行动空间的拓宽,虽然德国社会民主党仍然受到一定程度的限制,但无论在经济斗争还是政治斗争方面都有切实的、日益增长的成果。而在此之前,德国社会民主党一直处于"政治孤岛"状态,这不仅由于它的理论学说——仅是当前社会中某个利益集团的代言人,而未能代表历史的前进方向,即超越和推翻整个现存秩序,也由于外在条件的限制。当外在的约束条件发生变化后,限于客观现实,德国社会民主党是否需要调整政治策略?是否需要重新调整原有的理论与实践之间的关系?这是德国社会民主党内改良主义兴起的背景。

---

① 张世鹏:《德国社会民主党的议会活动》,北京大学1982年硕士学位论文。
② 参见彭树智《修正主义的鼻祖——伯恩施坦》,陕西人民出版社1982年版,第77页。

三、马克思学说的正统性及其捍卫者

所谓改良派是针对正统派而言的,除了回顾改良主义产生的历史背景,还有必要从理论上考察它是如何从正统中剥离出来的,这样才能充分理解它和正统派的理论主张之间的延续性,以及在此基础上有何发展与变化。

德国社会民主党在理论上归属为马克思主义政党,但是,社会主义学说有诸多流派,为何马克思主义一派被独尊为正统的意识形态而非其他社会主义流派?事实上,1898年正式爆发改良主义论争之时,相距马克思主义被确立为党内的指导思想并没有十分久远。"非常法"的推行证伪了拉萨尔学说的合理性,也反证了马克思更为激进的理论符合时势;1887年,德国社会民主党在组织上逐渐清除拉萨尔主义的影响,在19世纪80年代末确立了马克思学说的正统地位,这背后有着政治形势和组织变动等诸多原因。

马克思的学说被确立为正统意味着什么?首先,出于政治的需要,日渐强大的政党呼唤一种自成体系的理论,既要求从叙述的层面给出政党目标与纲领,也要求从论证的层面给出这种目标与纲领的合理性。马克思理论作为一种历史理论,为政党提供了基于无产阶级发动革命、实现人类解放的极具感召力和政治动员力的历史叙事。这也正契合工人提升社会地位、改善经济状况的现实斗争需要。

其次,论证严谨、文字艰深的《资本论》很难给普通的工人留下深刻的印象,从思辨性的研究语言转变为宣传性的话语,马克思理论势必需要被简化,以服务于宣传的效果,马克思学说将不可避免地遭遇被庸俗化的命运。这是由马克思学说的特性决定的。马克思学说从认识世界的哲学论述到成为改变世界的现实政治力量,不得不经历使理论不断适应于现实的过程,而这个转译的工作需要依靠第二代马克思理论家完成。

最后,正统一经形成,理论的不变和现实的变化之间就形成了一种张力,话语不是僵死的,概念内涵需具备一定程度的伸缩性。话语的内涵需适于各种不同集团及个人利益的需要,但这些不同的需要却被嵌套在同一套术语内部。利益与观念千差万别,但术语和政治权威却要统一于政党。因而,当个人与集团,或者个人与个人之间发生利益冲突或竞争时,就会出现对同一话语的不同使用方式,这也就是理论论争产生的原因。更何况,党内诸多负责宣传的知识分子之间所发生的对理论阐释权的争夺,其解释力令人信服的程度,与他们在党内或在群众中的个人政治影响力是息息相关的。

确立马克思主义正统地位的文件是《爱尔福特纲领》,用来取代过时了的拉萨尔主义的《哥达纲领》[①]。《爱尔福特纲领》分成两部分,前一部分是理论,由考茨基撰写;后一部分是实践,由伯恩施坦起草。前一部分重申了垄断的趋势、中产阶级的衰落、无产阶级的贫困化以及生产资料社会化的必然性等传统学说;后一部分在策略方面则界定了政党近期的目标,包括实行含妇女在内的普选权、秘密投票和比例代表制、言论自由、免费教育、为议员付薪、公

[①] 马克思曾经尖锐批判《哥达纲领》的保守性,对《哥达纲领》的评价应该置于爱森纳赫派和拉萨尔派合并的特定历史时期,进而理解其在政治妥协上的意义。

职官员由民众直接选举等激进的宪法改革要求。这两个并不统一且充满张力的部分就这样被嫁接在了一起,埋下了日后党在理论与实践之间出现分裂的种子。

应恩格斯对草案的建议①,该纲领在修改后加入了"社会民主党还必须长期为加强人民代议机关而斗争""应当铲除的东西首先是旧的封建国家和专制制度的残余""任何机关都不得凌驾于人民主权机关之上"②等内容,但是鉴于当时德国的政治形势,并未直接将"建立民主共和国"的要求写入党纲。此外,有关国家的阶级性以及国家必须用武力推翻之类的问题,纲领也语焉不详,即最后的革命是否必须采取武装暴力的形式,还是可以将帝国议会当作某种工具,通过占据议会多数、利用群众运动施加舆论压力和改良政策的成果等,使社会从资本主义移至社会主义的土壤之上,从而达至革命的实质内容,这些问题在该纲领中均没有得到明确的说明。

正统一经确立,就需有人去做维护正统的工作。有关改良主义的论战爆发后,形成了正统派和改良派两个相对立的集团。分别领衔两派的理论家,恰是一直以来在党内享誉最高的考茨基和伯恩施坦,而这两个派别的形成本身,也可以看作正统的延续。卡尔·考茨基和爱德华·伯恩施坦长期以来被称为党内理论权威的"双星座",二人曾并肩战斗,共同反对曾经存在于党内的空想社会主义和自然法社会主义的残余,以及用马克思主义的口号文饰这种偏向产生的思想混乱。二人还曾合力完成了马克思反对蒲鲁东(Pierre-Joseph Proudhon)的论战性著作《哲学的贫困》德文版的翻

---

① 《马克思恩格斯全集》(第22卷),人民出版社1965年版,第265和272—276页。
② 王学东:《伯恩施坦与爱尔福特纲领》,载《国际共运史研究资料》,1986年第2期。

译。在共同战斗的那些日子里,结下了深厚的友谊。① 他们二人也曾被恩格斯美誉为德社党内马克思主义的两颗"真珠子",这也是《爱尔福特纲领》会由这两个人一起撰写的原因。

考茨基自1883年于斯图加特创立《新时代——精神和公共生活评论》杂志(*Die Neue Zeit*,以下简称《新时代》)以来,担任该杂志主编长达35年。该刊物是德国社会民主党和第二国际的最高理论刊物,代表着德社党官方意识形态的动向,也是上演诸多思想论争的舞台。考茨基在1887年出版了《马克思的经济学说》,该书旨在解释马克思,并不掺杂任何个人的批判或研究。它作为《资本论》的某种通俗类、普及性读物,全面系统地介绍了马克思的经济思想,该书涵盖了剩余价值学说、危机理论和阶级斗争理论,奠定了考茨基在党内的学术地位。这之后,他的《爱尔福特纲领解说》也受到欢迎,成为了解德国社会民主党纲领的指南。此外,他还编辑出版了包括《资本论》第四卷在内等诸多马克思的著作。

在有关改良主义的论争中,考茨基和他的《新时代》杂志以马克思遗产正统继承人的身份,对改良派持批判立场。考茨基相信,资本主义最终将因劳动和资本之间的矛盾对立而自我葬送,他深信根植于历史中的规律的支配作用。他和伯恩施坦不同的地方在于,他认为,对立面之间的斗争是历史前进的动力,这在党的策略上表现为阶级斗争;而对后者来说,无论在理论还是实践中,政党需放弃的恰恰是阶级斗争的属性。抛开二人之间的差别,从思想

---

① 伯恩施坦:《一个社会主义者的发展过程》(1924),见殷叙彝编《伯恩施坦文选》,人民出版社2008年版,第496页。

方法上看,无论是考茨基还是伯恩施坦,都没能针对世纪之交出现的新的社会现实,从辩证法的立场上给出融贯的理论解释。这使得他们各自在或修正或维护马克思理论的不同进路中,都面临着哲学基础的不一致性(inconsistency)。有关这一点,后文将详加论述。这也是马克思学说在第二国际时期面临的挑战。

除了考茨基,正统派中还值得提及的是弗兰茨·梅林。他是党内公认的博学鸿儒,不仅是出色的历史学家,在文学批评方面还有很深的造诣,这从他的代表著作就可见一斑。其于1893年出版的《莱辛传奇》是第一部以马克思主义视角撰写的莱辛的个人传记,1897—1898年出版的《德国社会民主党史》(两卷)和1910年出版的《中世纪末期以来的德国史》都是极有分量的历史著作。由于梅林是一名正统的马克思主义者,他的宏观历史唯物主义和阶级分析方法,在进入具体的文学批评时常常使他受到限制。譬如他对莱辛的评价是,莱辛反映出腓特烈大帝时期德国资产阶级逐渐兴起的志业和抱负,这种评价显得过于表面。此外,他还将整个德国古典文学的历史看作资产阶级不断追求解放的历史。梅林将审美的基础建立在进步主义历史叙事和阶级分析法之上,从对无产阶级的同情和道德理想出发,试图建立某种对艺术作品进行科学评价的标准。虽然他对于伟大作品与平庸作品之间的差别有极敏锐的鉴赏力,但是将一切艺术作品无一例外地、用阶级分析法加以看待,难免会毁损其"超历史"和纯粹的审美意义,这样的文学批评离艺术更远,离政治更近。

考茨基和梅林都是正统派的代表人物,二人之后走向了完全不同的政治道路,考茨基一直在党内处于调和的居中位置,梅林则在时势的推动下"左转",成为斯巴达克团中的一员。此时,虽然党内的激进派还没有显现,但一些人在针对改良主义的论战中言辞辛辣,冲锋陷阵,包括一些新来者和外乡人,很快崛起为党内知识分子中的明星。其中表现最为突出并在此后相当长一段时间里与考茨基站在一起,成为维护马克思学说正统性的得力干将及理论领袖的就是罗莎·卢森堡。

同样属于正统派,并在党内极有影响力的人物还有奥古斯特·倍倍尔(August Bebel)和威廉·李卜克内西。他们是爱森纳赫派的创始人,虽然不是党内的理论家和知识分子,却是德国社会民主党的实际领袖,在这场改良主义论争中的地位举足轻重。特别是倍倍尔,作为帝国议会的议员,是一个拥有实践智慧和组织奇才的政治家,兼具灵活性和原则性。和倍倍尔相比,老迈的李卜克内西则是一个道德论调浓重的人。倍倍尔会超越个人好恶,从政治目的出发与人结盟,而李卜克内西则很难和自己不喜欢的人共事。从1875年以来,倍倍尔就在相当程度上主导了德国社会民主党的政策,党的组织风格也是倍倍尔个人特性的某种体现。他倡导民主的党内氛围,即任何人都享有自由批评的权利。但对于一个新近合并的政党而言,在并不乐观的政治环境下孤立地谋求发展,维护党的统一和强调组织性、纪律性,不能不说是其首要的政治考量。如果对于党内的知识分子来说,维护正统性和批判改良派还有观念层面的考虑的话,那么对于倍倍尔而言,则首要是出于政治层面的考虑。

德国社会民主党的组织统一性在制度上的体现就是一年一度的德国社会民主党代表大会,这既是行政性的日常,也是各派论争发声的现场。会上会报告政党的组织状态、财政收支、党的官方报纸的发行状况和订阅人数的变化、议会党团的选举进展等。来自各级党组织的各项提案都会在会议上获得充分讨论和表决，并最终由倍倍尔宣读大会决议。德国社会民主党代表大会的参加者主要包括政党的领袖、党内有话语权的理论家，还有议会党团的代表。随着政党规模的扩张，参加党代表大会的人数也在增加，但无论如何，对于党内的新人来讲，都有一个准入的门槛。党代会的决议对党员有约束力，但没有剥夺党员资格的权力。在这场论争中，党代表大会从性质上可以说是维护党的正统性的执行机关。为了能够达成决议，出于政治上的考虑，也势必要对改良派有所妥协。

四、论争前的改良主义潜流

1896—1898年，伯恩施坦那一组"石破天惊"的文章发表以前，改良主义的潜流已经在事实上存在于党内多年。观念立场的差别主要来自德国社会民主党内部利益的不一致，这种差别首先鲜明地表现在地域的差异上。北德的产业类型以工业为主，南德如巴伐利亚则是一个以小农经济为主、农民占据多数、由天主教掌控的邦联。巴伐利亚社会民主党人在实际选举工作中遭遇的困境是：作为一个无产阶级政党，如何对农民选民进行选举宣传并和德国天主教中央党进行竞争，如何将农民争取到社会民主党的路线中来的同时又不丧失党的原则。

正统马克思学说处理农民问题的基本观点是：生产的社会化将最终消灭农民、手工业者和小工厂主，土地所有权将逐渐集中，社会将日益分立为两大阶层。从马克思的理论解释看,政党似乎能采取的策略就是安静等待,因为农民并非先进的阶级,且终将被历史淘汰。但是出于现实政治行动的需要,特别在斗争逐渐合法化,外部环境逐步让渡了更多的行动空间和可能性之后,如何动员农民的问题就变得更加迫切了。这时一个可能的策略呈现出来,那就是与天主教中央党结成选举联盟。然而,这在正统派看来是大逆不道的。

以格奥尔格·冯·福尔马尔(George von Vollmar)为首的巴伐利亚德社党人倡导这样一种理论:"比较贫困的农民依靠自己家庭的劳动力,即使是耕种自己的土地,无论如何在本质上应该算作无产者。社会党人绝对不能等待小农农业和其他小规模生产形式消亡之后才动手搞自己的事业。帮助小农,争取他们充当无产阶级的同盟军,非但不会削弱社会主义事业,在推翻资本主义社会的时刻到来的时候反而会有极大的好处。它会减轻新社会秩序分娩时的阵痛。"[1]

福尔马尔出生于慕尼黑一个贵族官僚家庭,他从1890年第二次入选帝国议会以来,在此后的历届选举中一直蝉联帝国议会议员,直到1918年彻底退出政治生活为止。自从《反社会党人非常法》废除后,福尔马尔积极为在巴伐利亚建立党组织进行活动,在1892年举办的巴伐利亚第一次邦联党代会上通过了由其起草的1893年议会选举纲领。在随后的那次选举中,巴伐利亚社会民主党前所未有地一举获得了5个议席,福尔马尔本人也担任了邦联

---

[1] [英] G. D. H. 柯尔:《社会主义思想史》第三卷(上),宋宁等译,商务印书馆1981年版,第275页。

议会党团的主席,并在之后一直连任。

改良主义运动的第一枪就是由福尔马尔打响的。1891年6月1日,在慕尼黑的"黄金国大厅"举行的党员大会和同年7月6日在同一地点举办的选举协会答辩会上,福尔马尔先后发表了两篇重要的演说。他在演说中提出,如今的政党不能再像"非常法"时期一样了,党的政治态度和政治策略都应该发生变化,应该把力量从面向未来的、一般性的理论,转移到眼前的、迫切的任务上,并且特别提到了"取消农业税"的建议,使改良的积极成果首先在工人中共享,并在此基础上超越这个范围,惠及全社会。① 在后一篇演说中,他有力地回应了诸多批评他的改良主义的声音,他说道:

> 现在柏林有人斩钉截铁地断定:一切劳工保护法都是完全没有价值的,对工人毫无益处,只能危害和阻碍人民的解放。谁搞点滴的、眼前的改良,谁就"背离了革命"……主张这种观点的人无疑认为这是特别忠于原则的。但是从根本上来说,它不过是没有结果的和悲观的政策,这个政策的原则是无政府主义者的一句话:人们的境况越糟越好!②

福尔马尔从常识出发,否定新形势下革命的可能性:

> 只有当一个人的生活水平下降到一定程度时,他恐怕才有力量凭一时的激愤参加一场街头骚乱、一场暴动,去砸碎窗

---

① 《福尔马尔文选》,人民出版社1984年版,第132—146页。
② 《福尔马尔文选》,第148—149页。

户,或者去打破脑袋……因此,我们历来主张,要努力工作以求逐步地、不断地改善工人的境遇。

他指出,之前自我孤立、无所作为的策略是难以为继的,"我们之所以当选……是因为人民知道,他们的一切控诉是可以通过我们生效的。如果我们采取偏狭的党派政策,即我们只是一而再、再而三地提出原则性的要求,此外什么事情都不做,那么我们将很少能满足人们的要求并且把他们争取过来"。[①]

对于这种现在和过去所造成的某种断裂以及实践工作和理论工作之间的区隔,福尔马尔说了如下一段话:

> 社会生活和国家生活不是由一连串翻筋斗式的跳跃组成,而是由各种力量对比的一系列变化不定的转移和一系列局部成功组成。我们党和其他任何政党一样,都受这个规律的支配。如果我们想成为一个宗教派别或一个科学派别,我们当然不需要关心令人不快的现实,却可以心安理得地建造我们的空中楼阁。宗派和学院做事都是绝对化的,它们提出要求而不顾这些要求是否可行。一个从事实际工作的政党却不能这么干。它不能用绝缘体把自己隔开,而必须根据日常生活来行动,执行实际的政策。社会主义过去曾经是一个宗派,一个学派。但是今天在德国,尤其是最近几次选举以来,社会主义成了一个大党,这个大党再也不能仅仅提些轻松的、

[①]《福尔马尔文选》,第149页。

一般的要求和只限于抱否定的态度。①

这段话与伯恩施坦此后的文字可以说简直如出一辙。翌年，福尔马尔又发表了讨论"国家社会主义"政策的文章，建议国家将私人企业收归国有，扩大国家的公共活动范围，从所有制上进行社会改良。他的这些想法在1892年柏林党代会上提出时被威廉·李卜克内西猛烈抨击，说他从根本上无视国家的阶级性。在农业方面，福尔马尔的提议也类似，他主张国家接管农业保险事业，用国家权力组织农业合作社。该项提议被德国南方的符腾堡、黑森和巴登的社会民主党人采纳。在1894年美因河畔法兰克福党代会上，虽然有来自东德的大庄园主的党代表反对这样的议案，但是大会对此置之不理，仍然在帮助农业劳动者方面达成了决议。到了1895年布雷斯劳党代会上，李卜克内西改变之前的看法，赞成由国家成立农业委员会的提案，他说："国家的权力会扩大，但是不会加强。这就像军队的情况一样，军队越扩大，参加到里面去的人民大众就越多，作为一种反人民的工具而言，军队的力量就越削弱。同样的道理，依靠国家过活的人越多，国家的责任就越重，容克地主主宰国家的力量也就越减少。"②回顾李卜克内西立场的变化和党的执行委员会的决议，可以看出，在伯恩施坦公开提出挑战之前，党的最高领导人与之后被界定的改良派并没有发生非常激烈的冲突。相反，德国社会民主党恰是在渐进改良的道路上一点点推进

---

① 《福尔马尔文选》，第150页。
② 转引自[英]G.D.H.柯尔《社会主义思想史》第三卷（上），第288页。

着实践工作。

回顾改良派在"前伯恩施坦"阶段的历史是为了说明,伯恩施坦很多观点的提出,对于德国社会民主党来说并不是什么新鲜的事情,而是一个自然而然发展的结果。新的实践在挑战既有的理论,并呼唤理论的进一步更新,而伯恩施坦一系列文章的抛出则恰逢其时地完成了这一历史任务。

以上是对改良派论争前的背景回顾。书写这一章,有以下几个问题需要说明:

第一,在这场论争中,改良派和正统派看似相互对立,但是这一对立并不十分明显。倍倍尔作为正统派的维护者多次重申马克思主义信念,在对伯恩施坦等改良派的批评中坚定地表明立场,在党代会上正式否决改良派的说法,但在卢森堡和帕尔乌斯(Alexander Lvovich Parvus)[1]激烈笔伐时,他也会注意照顾为数众多的党内改良派的情绪,党的执委会在政治调和与维护党内统一方面所发挥的作用不容忽视。

第二,该论争在时间上旷日持久。从1896年伯恩施坦发表系

---

[1] 亚历山大·洛夫维奇·帕尔乌斯,原姓格尔方德,俄国犹太人,19世纪90年代开始参加德国社会民主党的工作,属于党内左翼。他鼓励卢森堡加入对修正主义的论战之中;曾预言日俄将爆发战争;于1900年在慕尼黑初见列宁,鼓励后者发行革命刊物《火星报》,并积极为其撰稿;之后他又参加了1905年俄国革命,并和托洛茨基一起提出了"不断革命论";曾短暂担任过地下彼得堡苏维埃主席;"一战"之后,他依靠粮食投机和军火生意大发其财。著有《世界市场与农业危机》《实践中的机会主义》等,是一个具有超然见解和敏锐头脑,能够看清整个国际社会主义运动形势并安排自己活动的人,更是一个在国际共运史上作为社会组织的边缘人物的典型。见 Z. A. B Zeman, W. B. Scharlau, *The Merchant of Revolution*:*the Life of Alexander Israel Helphan*(*Parvus*)(*1867–1924*), Oxford University Press, 1965.

列文章开始,论争一直持续到1903年德国社会民主党德累斯顿代表大会,历届党代会决议都有相关的内容,这还不包括在此之前福尔马尔等人对改良问题的讨论。之所以延续这么长时间,恰恰反映出德国社会民主党处在相对宽松的国内政治环境中,从一个侧面佐证了他们并没有更新更紧迫的现实议题亟待讨论。政党在1903年获得了空前的选举胜利,改良实践在选举上的成功在事实上宣告了理论论争的完结。

第三,这场论争更多地停留在理论层面。参与论争者多是党内的知识分子,工会主义者对此毫无兴趣,后者是天然的实践派,对理论问题缺乏关怀的动机和能力。虽然他们对于改良派提出的某些说法有亲近感,但是,工会方面自始至终都没有参与其中,也没有任何证据显示,他们对论争施加过影响。这一点和之后有关群众罢工议题的论争形成了鲜明对比[1]。

第四,关于对伯恩施坦的批判,党内形成了一个暂时的联盟,成员包括考茨基、卢森堡、帕尔乌斯等。但是这个联盟内部的成员之间有很大的差异性。虽然他们对改良主义都持批判态度,但是他们批判的理由各不相同,批判的方式彼此相异,加入批判的时间也不一致,这和他们各自所希求达成的政治目标,各自在党内所处的位置,以及在这场批判中各自的政治利益都密切相关,这也是在进入对这场论争的考察之前需要明晰的事实。

---

[1] 紧随其后,1905年德社党开启了有关群众罢工问题的论争,有关理论的论争改换了新的面目,将在下一章详述。

第二节　罗莎·卢森堡的首演

罗莎·卢森堡1898年5月12日来到柏林,这一年她27岁,普列汉诺夫42岁,考茨基44岁,倍倍尔58岁,伯恩施坦和福尔马尔同为48岁。卢森堡以一个朝气蓬勃的年轻人的状态来到德国社会民主党工作,而在此之前,她已经参加革命工作近十年了。

卢森堡早在十六七岁时,就参加了波兰的地下组织,为了避免被逮捕的危险,她流亡瑞士并顺利就读于苏黎世大学,以博士论文《波兰工业的发展》于1897年获得国民经济学博士学位。在瑞士期间,她结识了很多当时著名的流亡革命者,包括普列汉诺夫、帕尔乌斯、马尔赫列夫斯基(Julian Marchlewski)[1]等,以及对她生命有着重要意义的革命伴侣列奥·约吉希斯(Leo Jogiches)。她在读期间和约吉希斯共同创立了波兰社会民主党及其机关刊物《工人事业》(*Рабочее Дело*),逐渐成为活跃于国际工人运动舞台上的冉冉新星。毕业后的卢森堡面临一个重要抉择:是冒着随时可能被捕的危险回到波兰狭窄的革命活动空间中,还是去当时欧洲最大、组织最好的德国社会民主党,施展一番拳脚? 在德国,上西里西亚

---

[1] 朱里安·马尔赫列夫斯基,波兰和国际工人运动活动家,为躲避沙皇政府追捕而流亡国外。1889年回到罗兹,创建波兰工人联合会,1892年出狱后流亡瑞士,进苏黎世大学学习。1893年,同卢森堡、约吉希斯共同创建了波兰王国和立陶宛社会民主党。1905年俄国革命爆发后回到华沙,创办《红旗》杂志。1916年加入斯巴达克团,1916被德国政府逮捕。1919年以波兰共产党代表的身份参加共产国际的创建工作。

地区有很多来自波兰的煤矿工人,"非常法"解禁后,德国社会民主党在选举宣传方面的人才稀缺,而且此时帕尔乌斯和马尔赫列夫斯基也在德国,也极力劝说她前去。

卢森堡来到德国后被派往上西里西亚帮助文克尔(August Winkel)①开展选举工作,她所有的工作都得在文克尔的手下开展,没有机会独立负责工作。卢森堡也注意到,在德国,没有人真正关心波兰事务,而她急切地渴望在一个更大的平台上施展才能,而不是待在"西里西亚荒凉的洞穴"里无人问津。② 但她也清楚,如果她拒绝去做波兰选民的宣传,那就意味着和执委会作对。此外,摆脱文克尔的掣肘,独立负责柏林、波兹南或上西里西亚的工作,对当时的卢森堡来说仍是不现实的,毕竟她还没有任何进身之阶。她虽然抱怨,但也严肃认真地对待这份工作,并充满自信和希望,她在给约吉希斯的信中说:

> 你一定对我到现在为止的工作很不满意,而我自己却充满了最美好的希望。我并不是一时冲动,感情用事,恰恰相反,我十分镇静。对未来满怀信心。你难以想象,以前像我在大会上露面的尝试对我有多好的影响,但我没有丝毫把握,如履薄冰。现在我确信,半年之后我就会成为党内最好的演说家。嗓音、从容不迫的风度、语言,所有这些我都占有优势,最

---

① 奥古斯特·文克尔,德国社会民主党人,1897 年在上西里西亚建立社会民主党组织。
② *Comrade and Lover*: *Rosa Luxemburg's Letters to Leo Jogiches*, edited by Elzbieta Ettinger, MIT Press, 1981, p. 37.

重要的是,我登上讲坛时就像至少有 20 年演讲经验那样镇静,没有一点儿怯场。①

卢森堡非常清楚自己想要什么。约吉希斯建议她应该首先在社会民主党领导下从事一份妇女杂志的编辑工作,因为她曾经参加过苏黎世普拉特公园举行的女权主义集会,但卢森堡并不觉得这是一个好主意。她并不想如克拉拉·蔡特金一样,仅仅因为性别的缘故,就将自己局限于女性方面的工作。因为在她看来,所谓女性的解放从属于工人阶级的解放。卢森堡不满足于偏安一隅,当一个政治正确的点缀,而希望从一开始就以一种鲜明的姿态被全党注意到。

1898 年 6 月 16 日,德国社会民主党在西里西亚区域的选举中获得的选票超过了 25 000 张,而在 8 年以前,这个数字还不超过 5000,其中当然有罗莎·卢森堡的功劳。在颠簸劳碌的旅途中,卢森堡还在火车上结识了肖恩朗克(Bruno Schönlank)②,此人是《莱比锡人民报》(*Lepzig Volkszeitung*)的主编,曾将该报从一个地方性期刊打造为全德范围内政治和文学评论类水平最高的出版物之一。肖恩朗克惜才,希望卢森堡能够成为《莱比锡人民报》的固定撰稿人。同样向卢森堡伸出橄榄枝的还有帕尔乌斯,他此时是《萨克森工人报》(*Sächsischer Arbeiter-Zeitung*)的主编。帕尔乌斯本人

---

① *Comrade and Lover: Rosa Luxemburg's Letters to Leo Jogiches*, edited by Elzbieta Ettinger, p. 44.
② 布鲁诺·肖恩朗克从 1894 至 1901 年去世前,一直担任德国社会民主党机关刊物《前进报》(*Vorwärts*)的联合编辑,同时他也是《莱比锡人民报》的主编。

精力充沛,自由洒脱,但缺乏耐心。他敏锐地捕捉到伯恩施坦发表改良文章的有利时机,打算发动一场革命。他于1898年1月28日发表的《伯恩施坦对社会主义的抛弃》系列文章,打响了德国社会民主党内批判伯恩施坦的第一枪。帕尔乌斯本人也和他的报纸声名鹊起。但是他是那种一旦达成目标便很快失去兴趣的人。对伯恩施坦进行系统性批判并非他所长,再加上他此时和马尔赫列夫斯基正遭到萨克森的驱逐,所以他顺势将交接棒移送给卢森堡。而这对于卢森堡来说,则是天赐良机。因为除却考茨基和梅林两位公认的党内理论权威之外,还没有人能像她那样写出文采斐然且理论性强的文章,她在《萨克森工人报》和《莱比锡人民报》上的每一篇文章都使她越来越接近党内的核心政治舞台。

1898年10月,即将召开党内的斯图加特代表大会。由于卢森堡是新人,需要在大会召开之前,发表有分量的文章以获得一份委托书。她在写给约吉希斯的信中说:"如果我关于伯恩施坦的文章获得成功,那就是我最好的委托书,那时我就可以大胆地前往斯图加特。"[1]为此,卢森堡对这篇批判伯恩施坦的文章高度重视,她在写作中苦思冥想,用尽心力:

> 最要紧的事情是伯恩施坦。尽管我对整篇文章有了很好的想法,但是存在许许多多的困难,我感觉并不好。我写完了出色的大纲,但是有两个难题,第一是有关灾变的问题;第二是要证明资本主义必将解体,这是必需要去证明的,但这也意

---

[1] *The Letters of Rosa Luxemburg*, edited by Gerog Adler, Peter Hudis, and Annelies Laschitza, Verso, 2011, p. 83.

味着要写就一篇出色而精炼的科学社会主义的论文。看在上帝的份上,帮帮我吧! 速度是最重要的,因为一是,如果任何人抢在我之先,那所有的工作都白费力气了;二是,润色文章还需要大量的时间……一旦我知道我要写什么,它就必然会在彼时彼地成形,我能在我的骨子里感知到它,我太渴求它了,我愿意为这篇文章交上半条性命。①

终于,卢森堡完成了这篇《社会改良还是革命——谈谈伯恩施坦的一组文章:社会主义问题》,于 1898 年 9 月 21 日—28 日连载于《莱比锡人民报》上。这篇文章被主编肖恩朗克称作"辩证法的杰作",帕尔乌斯也发电报给她表达他的祝贺,蔡特金更是写信给肖恩朗克热情地称赞说:"勇敢的罗莎,她狠狠地敲了面口袋伯恩施坦一顿,敲得厚厚的粉末满天飞,伯恩施坦学派的假发都一根根从头上竖了起来,因为他们没粉可敷了。"②

卢森堡在大会召开之前,写了一篇《关于斯图加特党代表大会》。她在文章中说:"有一些人害怕在党代表大会上就原则问题展开论争,认为论争有害,这种看法是不对的。恰恰相反,论争是必要的和有利的。重新探讨党的纲领基础将使我们党的队伍在坚持目标、加强胜利信心、提高战斗乐趣方面获得新鲜的、强大的动

---

① *Comrade and Lover*: *Rosa Luxemburg's Letters to Leo Jogiches*, edited by Elzbieta Ettinger, p. 53–54.

② *Comrade and Lover*: *Rosa Luxemburg's Letters to Leo Jogiches*, edited by Elzbieta Ettinger, p. 66.

力。"①她的这篇文章与其说是为了敦促党的领导将伯恩施坦问题端到会上辩论,不如说是为了她首次在党代会上的亮相而预热。

最终,从上西里西亚两个选区获得委托书的卢森堡来到了斯图加特代表大会。她做了两次公开发言。针对伯恩施坦那句被公式化了的"最终的目的是微不足道的,运动就是一切",她针锋相对地指出:"不,恰恰相反:同最终目的没有关系的运动本身、作为目的本身的运动对我来说是微不足道的,最终目的对我们来说就是一切。"②卢森堡用标准的辩证法思维论证道:如果眼前的实际斗争——工会斗争、争取社会改良的斗争和争取资本主义国家民主化的斗争,不是阶级斗争、不是服务于夺取政权的最终目标的话,那将无从厘定德国社会民主党的革命属性和阶级属性。

福尔马尔在会上特别讽刺道:"卢森堡小姐看来是表面上用马克思主义的武器装备起来并借此给人以科学的印象。"③着眼于开展实际工作的福尔马尔,将卢森堡所说的当前行动应服务于未来目标的话,看作主张暴力行动的布朗基主义,并调侃卢森堡是"新兵竟想教训老兵"。与福尔马尔一道维护伯恩施坦观点的还有爱

---

① 中央编译局国际共运史研究室编:《德国社会民主党关于伯恩施坦问题的争论》,生活·读书·新知三联书店1981年版,第13页。
② 中央编译局国际共运史研究室编:《德国社会民主党关于伯恩施坦问题的争论》,第38页。
③ 中央编译局国际共运史研究室编:《德国社会民主党关于伯恩施坦问题的争论》,第28页。

德华·大卫(Eduard David)①,他说卢森堡谈的并不是什么新东西,"却给自己蒙上了一种新的真理的灵光"②。

对此,卢森堡回应道:"福尔马尔说我这个运动中的新兵教训老兵。不是那么回事。本来用不着我这样做,因为我坚信,老兵和我都站在一个立场上。这里的问题根本不在于要教训某一个人,而在于要明确地毫不含糊地表述一种确定的策略。我在德国的运动中还必须先获得一副肩章,这我知道。但是,我愿意站在同敌人作斗争的左翼,而不愿意站在同敌人做妥协的右翼。"③这是罗莎·卢森堡第一次公开表明自己的政治立场。

从1898年10月底到11月初,考茨基主张暂停在《新时代》上刊登有关伯恩施坦的论争文章,考虑到文章的篇幅没有办法令伯恩施坦全面地阐释其全部想法,而提出让伯恩施坦写一部系统阐释其观点的著作。此外,在党报上反复就语词进行争执,不仅无法深入,而且这种党内论争的公开化和延续性产生了很不好的政治影响,在阶级敌人面前暴露了党内的不团结、不统一。卢森堡得知此事后,开始做准备工作,一俟伯恩施坦的书问世,届时就可立即发表她的反驳主张。1899年3月,伯恩施坦出版了《社会主义的前

---

① 爱德华·海因里希·鲁道夫·大卫,德国社会民主党右翼领袖之一,经济学家,德国机会主义杂志《社会主义月刊》(*Sozialistische Monatshefte*)创办人之一;修正马克思主义关于土地问题的学说,否认资本主义经济规律在农业中的作用;第一次世界大战期间是社会沙文主义者。德国十一月革命后,在1919年6月21日至1919年10月3日担任过魏玛共和国的内务部长。
② 中央编译局国际共运史研究室编:《德国社会民主党关于伯恩施坦问题的争论》,第31页。
③ 中央编译局国际共运史研究室编:《德国社会民主党关于伯恩施坦问题的争论》,第35页。

提和社会民主党的任务》,卢森堡神速地完成了她的第二轮批判——《社会改良还是社会革命?》,并分节刊登在4月4日至4月8日的《莱比锡人民报》上。而后,该文以小册子的形式出版。对于这本小册子,梅林写信称赞道:"在反击伯恩施坦的人中,您站在最前列。"1899年10月的汉诺威代表大会上,对伯恩施坦的批判比前一年在斯图加特代表大会时更为激烈。倍倍尔为了遏制党内的改良主义倾向,前期做了充分准备,并在会上发表了长达六个小时的报告。他将伯恩施坦问题列为专门的议程并起草相关决议,试图对改良主义给出一个官方的裁决和定见。从1898年5月到1899年底,卢森堡的冲锋陷阵也帮助党的执委会在相当程度上达成了其政治目的。

与伯恩施坦的论争恰逢其时地为卢森堡铺就了从党的边缘迅速走向台前的快车道。她在批判伯恩施坦最猛烈的形势之中,适时地为党的执委会贡献了最有力的武器。虽然她在所有反对伯恩施坦的人之中政治资历最浅、年纪最轻,但她逻辑自洽、分析力强、文采卓著的文章足以使她跻身党内第一流的理论家之列,从此卢森堡也找到了她自我价值的实现方式。

卢森堡作为一个外来者,想要分参德国社会民主党内的政治资源,不依靠褫夺既有的资源,而依靠新价值的创设,这似乎是一条无可指摘的成长之路。但即便如此,她以一个新来者(newcomer),一个来自东欧的犹太人,特别是一个女性的身份直接涉入男性主导的德国社会民主党政治,在第一时间还是理所当然地招致了堵截。

1898年9月25日,帕尔乌斯和马尔赫列夫斯基被萨克森当局驱逐,卢森堡接任了《萨克森工人报》的主编位置。她试图仿效帕尔乌斯的行事风格,对编辑部进行严格管理,用一致的政策统筹调度各个部门。但是她政治资历不足,政治权威尚有待建立,之前所有对帕尔乌斯的不满统统向她涌来,并集中体现在格拉德瑙尔(Georg Gradnauer)事件上。

1898年10月16日,格拉德瑙尔在《前进报》上发表文章,为改良派辩护,他又将该文投给了《萨克森工人报》。该文发表后,卢森堡继续在报上回复并批判了他。二人论争了几个回合之后,卢森堡认为继续论争已没有新内容了。她仿效考茨基暂停刊登伯恩施坦文章的做法,也拒不发表格拉德瑙尔的文章。对此,格拉德瑙尔在《前进报》上批判道,卢森堡本来是主张党内言论自由的,可是如今却不发表他的文章,试图在德累斯顿封锁他的声音。要知道,格拉德瑙尔本来在德累斯顿颇有影响力,他还是该选区的帝国议会议员。《萨克森工人报》的另外三个编辑为了推卸责任,立即在《前进报》上发表联合声明,说他们对卢森堡不接受格拉德瑙尔文章一事毫不知情,提出让卢森堡为此承担责任。最后,卢森堡在压力之下,于11月2日发表辞职声明,结束了她在《萨克森工人报》短暂的主编任期。卢森堡本来希望将《萨克森工人报》打造为自己的阵地,借此实现其政治理想,但这一愿望很快就破灭了。这之后,卢森堡回到柏林,只能在《新时代》和《莱比锡人民报》上发表文章。卢森堡这次辞职平息了不少人对她的愤懑,她也因此感受到了来自党内官僚的某种抵制。

这一事件给走在成名快车道的卢森堡泼了一盆冷水。她在此后没有继续追求政党官僚体系内的政治前途——与其说她不追求,不如说她追求不到。尽管她后来获得愈来愈大的政治影响力,但她始终未能真正成为核心权力阶层的一员,而是一个孤独的外来者,只能尽力寻求其他途径获致政治影响,且将矛头一直指向党内的官僚主义。她所面对的结构性的障碍和她政治立场上的愈加激进不能说毫无干系。她自己对于这一遭遇和命运也十分清醒,在给约吉希斯的信中,她如是说:

> 他们为什么要去相信一个仅靠几篇文章立足的人,尽管文章是一流的,又能怎样,一个并不属于统治阶层的人,不依靠任何人的帮助仅靠她自己的人,一个不仅担忧未来,不仅担忧像奥艾尔一样的明显的敌人,更加担心自己同盟的倍倍尔、考茨基、辛格尔的人……我非常冷静。①

以上是对卢森堡这一阶段人生履历的简要回顾。卢森堡文章中的锋芒毕露既有背后党内大佬的支持和政治考量,也与她自己求胜心切息息相关。之所以用"首演"这一词,是考虑到她渴望"一战成名天下知"的事业进取心。

第三节 其他批评者:帕尔乌斯、普列汉诺夫和考茨基

写卢森堡和伯恩施坦的论战,为什么要写其他批评者? 这是

---

① *Comrade and Lover: Rosa Luxemburg's Letters to Leo Jogiches*, edited by Elzbieta Ettinger, p. 139.

因为,社会主义思想流派经常是在论争中形成和推进的,通过引入一种共时性的分析,将卢森堡与其他批评者并置,呈现他们各自批判的特点,不仅有助于明晰卢森堡的思想文字形成时她周边的智识环境,也可以将她放置在一个比较视域之下,使其思想特点更加显明。毕竟这些批评者,甚至被批评的伯恩施坦本人在论争爆发时,都仍以马克思主义者自居,仅凭意识形态的思想标签,往往无法真正进入历史。他们各自参与论战的政治目的和政治背景不同,思想方法、论证表达和性格特征各异,而凝结成论战文章中的文字,只不过是这一切的最终展现和结果。所以,需要从文字追溯论争背后的事实,以人和人之间的关系作为叙述入口,并以此在时间和空间中厘定各自在论争中所处的相对位置。

伯恩施坦议题在整个第二国际内造成了广泛的影响,对这一议题的讨论是超越国别的。参与这场讨论的有英国人恩斯特·巴克斯(Ernst Blofort Bax)、亨利·海德门(H. M. Hyndman),法国人饶勒斯,荷兰人安东·潘涅库克,奥地利人马克斯·阿德勒(Max Adler),还有俄国人格奥尔吉·普列汉诺夫、列宁,以及在德国社会民主党内第一个开启批判的帕尔乌斯。批判伯恩施坦的人那么多,和卢森堡有互动关系的也很多,为什么要选择帕尔乌斯、普列汉诺夫和考茨基这三个批评者?因为这几个人都是在卢森堡前后加入论争之中的,他们的文章集中发表于《新时代》和《萨克森工人报》上,都参加了1898年斯图加特代表大会(普列汉诺夫列席)并目睹了德国社会民主党内第一次集中、公开批判伯恩施坦的过程,在时间和空间上都更为接近罗莎·卢森堡。

选取这三个人,也是从比较的视角厘定卢森堡批判的特点的一次尝试:帕尔乌斯和卢森堡都站在促成革命的立场上批判伯恩施坦,但是对于前者而言,革命更多是一种必须促成的政治实践,而对后者来说,革命有深刻的马克思主义理论支撑;普列汉诺夫和卢森堡都在理论基础上批判伯恩施坦,但是前者从哲学基础出发,后者则偏重政治经济学;考茨基和卢森堡都在理论与策略之间的关系问题上批判伯恩施坦,但前者是站在维护《爱尔福特纲领》和既有理论权威的立场上,指出伯恩施坦分析方法和论证的肤浅、片面,但是回避了纲领中真实存在的理论和实践部分之间的鸿沟,而卢森堡则在严格遵从历史唯物主义方法论的基础之上,强调当前的政治策略、马克思经济发展理论和作为政治目标的革命之间的一致性。

一、帕尔乌斯

帕尔乌斯和卢森堡都是犹太人,都以异乡人的身份来到德国社会民主党内工作,性情上有很多相似之处,都充满激情、执拗而坚决。帕尔乌斯和他主编的《萨克森工人报》首先发起了对伯恩施坦的批判,使得他个人和报刊迅速获得了声誉。帕尔乌斯在和马尔赫列夫斯基一起被驱逐出萨克森之后,安排卢森堡接任他主编的位置,不能不说是寄希望于卢森堡将批判进行到底。帕尔乌斯开启了大批判的序幕。为了更好地了解卢森堡加入论争之前处于何种状况,以及她的批判和帕尔乌斯相比各有何特点,有必要回顾一下帕尔乌斯在《萨克森工人报》上发表的系列文章。①

帕尔乌斯在1898年1月28日发表的《工业的集中》一文中,针对伯恩施坦将中小企业数量的增长看作对资本集中的反驳,认为面包店主、屠夫、鞋匠、裁缝、制表匠等小资产阶级将成为革命的抑制性因素。他指出,伯恩施坦所计算的中小企业的数量,很多是在轻工业部门的,不像煤铁工业等,是技术密集型和资本密集型的部门,后者在社会资本的流向方面具有真正的代表性。正如棉纺织业在考察英国经济方面具有代表性一样,考察德国经济则应该重点看煤铁行业。此外,这些小商贩和小工厂主的生存仍需要依赖工人群体的购买力,所以,他们与工人群体在利益上具有一致性,并不像伯恩施坦所认为的那样,具有完全独立的社会利益。

同年2月1日,帕尔乌斯在《对专业数据的进一步攻击》一文中,解构了伯恩施坦所说的存在人数庞大的"自我雇佣的经营者"。他说,这些贸易从业者不过是工厂的批发代表,他认为伯恩施坦对于数字的解释是肤浅的,是在承认既有产权的基础之上对经济事实的分析,而且将社会问题的解决完全建立在算术的方法上。"虽然他使用的数据是可贵的,但是首先应该被其他事实相互补充彼此纠正,只有放置于资本主义发展规律的整体图景中,这些材料才

---

① 有关帕尔乌斯对伯恩施坦的批判,最早的中文介绍性文字是郑异凡老师发表在1984年2月出版的《国际共运史研究资料》第12辑上的《帕尔乌斯对伯恩施坦主义的批判》。他在文章中说:"我所掌握的材料不全,特别是缺《萨克森工人报》上的帕尔乌斯的文章,但根据以上几方面的材料可以看出,最早起来写文章批判伯恩施坦的是帕尔乌斯。"本书使用的材料来自 H. Tudor 和 J. M. Tudor 编译的 *Marxism and Social Democracy: The Revisionist Debate 1896–1898*, Cambridge University Press, 1988.

能被理解和界定。"①

紧接着,在2月6日《社会革命的队伍》一文中,帕尔乌斯延续之前的判断,将伯恩施坦认为的对社会革命持冷漠态度的人,即那些没有固定雇佣关系、有独立利益的手工业者、领取固定工资的劳动者、工厂中技术管理人员等工人贵族看作不过是一些实用主义者。帕尔乌斯坚信,一旦社会革命爆发,这些仅仅关注所得利益者,将把施行无产阶级专政的人民政府看作他们的新雇主,只要能够满足他们的要求、改善他们的生活状况,他们就将是革命政府的坚定支持者。②

帕尔乌斯说,伯恩施坦试图以唯一的原则理解一切事情,并将这一原则的实践过程看作目标本身。但是,正因为原则无所不包,也就意味着什么原则也没有。伯恩施坦说:"运动本身蕴藏着其目的。"帕尔乌斯认为这是学究式的推断,不具备任何政治价值,对此,本也无必要花费笔墨讨论。但不幸的是,伯恩施坦不仅评论最终目标,而且用整篇文章讨论实践政治中最重要的议题,并旨在修正党的所有策略的科学基础,以此达成一个消极的、不革命的结论。对此,帕尔乌斯说,"政党的全部目标就在于尽快夺取政权,并用无产阶级专政的权力去剥夺资本家,将已经社会化的生产单元置于公共调节和控制之下,并建立社会主义社会发展的法制基础"③。

在2月12日发表的《农民和社会革命》一文中,帕尔乌斯继续

---

① *Marxism and Social Democracy: The Revisionist Debate 1896–1898*, p. 181.
② *Marxism and Social Democracy: The Revisionist Debate 1896–1898*, p. 187.
③ *Marxism and Social Democracy: The Revisionist Debate 1896–1898*, p. 194.

回应伯恩施坦,回答了自我雇佣的农民在多大程度上阻碍了革命这个问题。他说,农民在政治上的保守是显然的、普遍的,如果想要充分了解农民这一特点,去看中国和俄国就可以了。帕尔乌斯认为,农民和前文分析的手工业者等群体一样,也不过是担忧他们自己的利益是否会在革命中受到损害。然而,社会革命非但不会损害农民利益,反而将为农民创造收益:革命可以把农民从抵押债款的束缚中解放出来,废除债务,把土地所有权收归国家所有,这将彻底改变抵押人和被抵押人之间的关系;革命还可以为农民提供大规模的机器,将农业纳入社会化大生产中,显著提高生产效率。他进而得出结论:560万的农业人口不平均地分散在我们的国土上,我们应该将已经混杂着工业人口的农民群体看作我们社会革命队伍的一部分。①

帕尔乌斯打响了批判伯恩施坦的第一枪,他的论证特点可以归纳如下:第一,用数字说话,这一点和伯恩施坦一样——用经济学中的统计数字来研究社会问题。但是,帕尔乌斯所引用的数据只是数量层面上的枚举,缺乏对数据的系统处理。他的研究缺乏理论深度,只停留在经验事实层面。这些对经验事实的枚举是零散、未被理论化、有待进一步和其他事实进行联系的。虽然帕尔乌斯有理论化的意识,但其理论化的能力不得不说是有所欠缺的。

第二,他的分析是有实用主义特点的,即将工人群体内部的利益集团的分化、农民阶层的政治保守,仅看作当前经济利益的某种政治反映,并认为这种局面将在社会革命爆发后被立即打破。他

---

① *Marxism and Social Democracy: The Revisionist Debate 1896–1898*, pp. 196–204.

一方面反驳伯恩施坦,认为革命之后,这些人都将出于个人利益考量转而支持革命,另一方面又未能说明的是,革命爆发之前,这些人将如何达成共同一致的阶级行动。虽然帕尔乌斯对于人的理解是从常识和人性出发,但是他并没有基于常识对革命爆发的必然性进行论证,没有对资本主义体系是否注定难以为继进行经济学上的解释。于是,对于帕尔乌斯而言,革命的爆发只能沦为基于阶级信仰的某种空想,或者说,革命的爆发已经成为一个绝对命令(imperative),一个注定会发生的事件,这和他迫切想要促成实现的政治目标密切相关。然而,在他的论证之中,应然与实然之间的关系是模糊不清的。

第三,他准确而敏锐地看到了伯恩施坦的理论讨论的政治寓意——直接否弃德国社会民主党作为一个革命政党的政治价值——所谓"将目标寓于过程之中",实际上是消解了目标本身,同时也消解了在这面旗帜之下集聚的工人阶级政治动员的效力。从政治目标上来看,伯恩施坦暗示从革命政党到选举政党的转型,这意味着将彻底放弃夺取政权和无产阶级专政,对此帕尔乌斯是十分敏感并坚决予以回击的。

帕尔乌斯最早在德国社会民主党内掀起反对伯恩施坦的批判之风,他在相当程度上引领了党内的政治风向。但受制于理论修养,他接下来的批判如何展开遇到了瓶颈,而罗莎·卢森堡恰逢其时地出现,这既为《萨克森工人报》找到了继任者,又为卢森堡本人提供了千载难逢的时机,由立场批判向着理论批判的方向深化。

二、普列汉诺夫

从时间顺序上看,在卢森堡开启批判之前,还有一个人不容忽视,他在理论深度上与帕尔乌斯形成鲜明对比,如果说帕尔乌斯更多地看到了伯恩施坦在政治上的危害性的话,那么他则从哲学基础上针对当时盛行的新康德主义,将伯恩施坦和康拉德·施密特(Conrad Schmidt)等一并放在审判的席位上,这个人就是普列汉诺夫。普列汉诺夫1898年5月加入对伯恩施坦的批判中,在《新时代》上发表第一篇文章——《伯恩施坦与唯物主义》,这之后他接连发表多篇文章,并在公开场合作报告,对伯恩施坦进行批判。

普列汉诺夫是第二国际内正统派的理论权威,其学识尤为渊博,在哲学、美学、文艺批评、历史、宗教、社会政治等诸多领域都有建树。[1] 恩格斯曾经给普列汉诺夫以极高的评价,读过并且赞扬过他的许多著作,鼓励过他的写作计划。他曾对查苏利奇(Вера Засулич)[2]说,他知道只有两个人懂得和掌握了马克思主义,这两

---

[1] 普列汉诺夫的《论一元论历史观之发展》一书,被翻译成若干种文字,他在1891年用德文为《新时代》所写的《黑格尔逝世六十周年》以及德文本的《车尔尼雪夫斯基》(1894)和《唯物史观论丛》(1896)也令他获得了很大名声。
[2] 维拉·伊万诺夫娜·查苏利奇,俄国早期社会主义运动女活动家。1869年加入民粹派,是"土地和自由社"成员,1880年代初与民粹派决裂并转向马克思主义,1883年末参加创建"劳动解放社",是该社最活跃成员之一。曾把马克思和恩格斯的许多重要著作译成俄文,对马克思主义在俄国的传播起了推动作用。1900年后,加入《火星报》和《曙光》杂志编辑部,1903年后成为孟什维克首领之一。1905年返回俄国,斯托雷平反动时期,她是取消派的首领之一。第一次世界大战期间,持社会沙文主义立场。1917年俄国二月革命后,参加孟什维克统一派,对十月社会主义革命持反对态度。主要著作有《国际工人协会史纲》《论让-雅克·卢梭》等。

个人就是梅林和普列汉诺夫。普列汉诺夫在瑞士、法国和其他很多国家公开做过辩证法和唯物史观的报告。他常年旅居苏黎世,在"非常法"时期和考茨基等德国社会民主党人交游甚深,罗莎·卢森堡在苏黎世求学期间曾经近距离接触过普列汉诺夫,并在给友人的信中写道"他(普列汉诺夫)对我而言,太过有教养了"。①

在伯恩施坦的文章发表之初,第二国际和德国社会民主党内的一些正统派并没有十分激烈的反应:拉法格(Paul Lafargue)认为,伯恩施坦对马克思主义的批判是"理智上疲劳过度"的结果;威廉·李卜克内西说伯恩施坦主义是其个人智识的发展过程,可以不去理会它;而按照梅林的意见,修正主义绝不是工人运动发展的社会历史环境下所产生的,"除了修正主义的情绪外,在德国从来没有存在过修正主义"②。

相反,在理论上最先识别出伯恩施坦危害的却是一个外国人,为什么呢?普列汉诺夫曾在给考茨基的信中写道:"我绝对不想干预德国社会民主党的内部事务,不想决定您在《新时代》上刊载伯恩施坦的文章是否应该。在我自己的心里从没有出现过这样的问题。但是最敬爱的同志,您自己也知道,在斯图加特所论争的问题是对于全世界的社会民主党有巨大意义的问题。"③1898年2月12

---

① *The Letters of Rosa Luxemburg*, edited by Gerog Adler, Peter Hudis, and Annelies Laschitza, p. 2.
② [德]弗兰茨·梅林:《德国社会民主党史》(第4卷),青载繁译,生活·读书·新知三联书店1996年版,第347页。
③ 《普列汉诺夫哲学著作选集》(第2卷),汝信等译,生活·读书·新知三联书店1961年版,第417页。

日,在给阿克雪里罗得(Павел Аксельрод)的信中,普列汉诺夫谈到他对于德国社会民主党和第二国际政党领袖对唯物主义哲学漠不关心的态度表示十分不理解。他说,他"对考茨基这样的行为表示惊讶,即考茨基不但默不作声,而且容许在《新时代》上刊登修正主义者们反马克思主义的文章"。他着重点出伯恩施坦的论文已经完全放弃了革命策略和共产主义,写道:"我想究问考茨基,关于这一切他是怎样想的。"①他在给考茨基的信中也追问:"难道您同意伯恩施坦么?要是相信这一点,我是会太难过的。但假如您不同意,为什么您又不答复呢?"②考茨基在舆论空间的缄默,客观上呼唤着理论界正统派的人站出来发声。

普列汉诺夫加入这场批判还有一个重要原因,那就是此时他和俄国国内合法马克思主义者以及经济主义者们的斗争。俄国合法马克思主义者和经济主义者们认为,建立一个统一、集中的工人阶级政党对俄国来说是一个不必要的、凭空捏造的任务,当前工人应当集中力量进行经济斗争,拒绝革命和无产阶级专政。他们认为,实现民主纲领的任务应该让给资产阶级,否认社会主义意识对工人的作用。普列汉诺夫和经济主义者谢·尼·普罗柯波维奇(Sergei Prokopovich)等人发生了冲突,批判他们低估了群众自觉活动的意义,使工人阶级脱离了反对资本主义制度这一根本的政治任务。从物质基础的角度而言,普列汉诺夫虽然不认为当前俄国有充足的条件爆发无产阶级革命,但是,却认为无产阶级必须建立

---

① 转引自《普列汉诺夫哲学著作选集》(第2卷)序言,第16页。
② 中央编译局国际共运史研究室编:《德国社会民主党关于伯恩施坦问题的争论》,第6页。

101

自己的政党，工人群众应该参与政党活动并进行自我教育，逐渐形成统一的阶级意识，从而为未来的社会主义革命做好准备；而当前经济主义者的看法在普列汉诺夫看来，恰恰是与这条道路背道而驰的。

1900年，双方的分歧加深，经济主义者在组织上退出了旅外"俄国社会民主主义者同盟"。这些经济主义者竟援引伯恩施坦，以此作为和普列汉诺夫论战的依据。比如，司徒卢威（Peter Struve）就在《马克思的社会发展理论》一文中对自己修正马克思学说做了最后的总结。他坦承自己的文章就是在伯恩施坦小册子的影响下写成的。这种做法也在智识上触怒了普列汉诺夫，他说："我们运动中的狭隘而卑陋的经济主义者的代表们在欧洲这些马克思主义'批评者'的观点中找到了自己的理论支柱，它的旗手和喉舌就是伯恩施坦。"[1]

综上，对于普列汉诺夫而言，一定要介入德国社会民主党批判伯恩施坦，不仅因为伯恩施坦的理论缺乏原创性，这在一向以学问精深著称的普列汉诺夫看来不能容忍，还因为普列汉诺夫作为第二国际正统理论家和"俄国马克思主义之父"，他必须对伯恩施坦挑战正统理论给出评估，以回击俄国合法马克思主义者和经济派。考茨基迟迟不发表言论的态度也促使普列汉诺夫不得不走向台前。他说："我的意图是替恩格斯的思想辩护，这些思想被我们的'哲学家们'类似施密特之流，认为是陈旧和经不起批评的思想。我必须承认，哲学家们的文章使我深为愤慨，所以我的回答也将是

---

[1] 转引自 B. A. 伏明娜：《普列汉诺夫在九十年代和二十世纪初在反对修正主义斗争中的作用》，载《文史哲》1957年第6期。

102

不客气的……施密特和伯恩施坦先生的哲学的思想正是我的导师们所始终反对的那些新康德主义者的思想。"①

普列汉诺夫的批判也触动了卢森堡。普列汉诺夫稍早在《新时代》上刊登批判文章时,约吉希斯就和卢森堡有过讨论,二人对普列汉诺夫此举都表示惊讶,并不清楚他的意图。卢森堡在1898年9月给约吉希斯的信中写道:"我们这位好人儿到底想要做什么呢?"他们二人评论道,此举会将"他(普列汉诺夫)置于一个十分尴尬的位置"②。虽然在苏黎世期间,这对情侣曾经和这位俄国工人运动的"理论教父"就如何进行波俄合作的具体策略产生过龃龉,但是二人在理论和立场上与普列汉诺夫仍十分接近,这也和卢森堡在德国的处境有着密切关联。

当卢森堡得知《前进报》对刊登有关俄国工人运动的材料非常勉强,且大量删节了之后,她就尽力设法将这些文章安排在《莱比锡人民报》上发表。这既延续了卢森堡在民族问题上一贯的国际主义立场,也逐渐奠定了她日后在党内俄国问题专家的地位。卢森堡曾在书信中表示,她不赞成经济派和合法马克思主义者的观点,打算利用为《工人小报》撰稿的提议,"故意窘辱他们,写一篇《论俄国社会民主运动之弱点》的文章",并以"阶级的观点温文尔雅地痛骂他们一顿"。当俄国的合法马克思主义者司徒卢威为伯恩施坦辩护时,她又打算在俄国报刊上发表文章批判伯恩施坦主

---

① 中央编译局国际共运史研究室编:《德国社会民主党关于伯恩施坦问题的争论》,第6页。

② *The Letters of Rosa Luxemburg*, edited by Gerog Adler, Peter Hudis and Annelies Laschitza, p. 86.

义。1899年12月21日,她在写给约吉希斯的信中指出:"非常有必要把司徒卢威吃掉……至少我要尽力把他烤熟,叫他脱掉一层皮。"①后来,俄国社会民主工党杂志《曙光》(Заря)编辑部同她取得联系,卢森堡十分清楚这一刊物的政治目的,高兴地称之为"俄国的反伯恩施坦主义的杂志"。②

1898年10月30日、11月2日和3日,《萨克森工人报》以《关于策略的讨论:我们为什么要感谢他?》为题,刊登了普列汉诺夫给考茨基的公开信。在这封信中,普列汉诺夫激烈评论了考茨基在斯图加特党代会上的观点,考茨基曾说:因为伯恩施坦提出了一些问题,激发了党内同志对相关问题的思考,所以我们应该感谢伯恩施坦。对此,普列汉诺夫提出激烈反驳。此文9月份就寄给了时任《萨克森工人报》主编的卢森堡。普列汉诺夫请卢森堡将其译成德文,尽管卢森堡本人并未亲自翻译,但她答应要在这件事情上尽力,"我现在非常忙碌,很遗憾,我不能够翻译你的文章。如果你的译者可以迅速翻译完毕,你可以放心让他去做,我会仔细检查编译的语言。出于这个原因,你有必要给我发一份俄文版,我好检查一下翻译"③。工人运动的国际主义立场和批判伯恩施坦立场上的一致性,使卢森堡和普列汉诺夫二人此前的关系获得了很大改善。

卢森堡后来介入俄国马克思主义者的批判和普列汉诺夫介入德国伯恩施坦的批判,有着十分类似的结构:他们都在第二国际的

---

① [苏]罗·叶夫泽罗夫、英·亚日鲍罗夫斯卡娅:《罗莎·卢森堡传》,第80—81页。
② [苏]罗·叶夫泽罗夫、英·亚日鲍罗夫斯卡娅:《罗莎·卢森堡传》,第81页。
③ *The Letters of Rosa Luxemburg*, edited by Gerog Adler, Peter Hudis, and Annelies Laschitza, pp. 88-89.

国际舞台活动,都是国际人物;因为马克思主义理论的跨国界性质,理论家的声音因而也具有跨国界的权威;对于同样强调马克思主义系统性和一致性(coherence)的二人来说,伯恩施坦的"修正",都激发了他们维护马克思"原教旨"的真诚;最后,无论是普列汉诺夫介入德国,还是卢森堡介入俄国,实际上都有和本国人进行斗争的政治意图。有关普列汉诺夫对伯恩施坦的哲学批判的具体内容及特点,将在下一节"围绕伯恩施坦主义的论争"展开。

三、考茨基

考茨基不同于帕尔乌斯、普列汉诺夫和卢森堡在事件之后立即对伯恩施坦展开批判,他在这场论争中是后来者。因此,考茨基招致了很多人的不理解和责怪。为什么他的"出场顺序"落后于其他人?决定他加入这场批判的动因是什么?和前几个人相比,为什么他的政治态度更温和?写考茨基对伯恩施坦的批判不是本节的核心目的,通过书写考茨基,笔者想折射出的是卢森堡在对伯恩施坦的批判中缺乏的政治维度,而这种匮乏,和她在党内所处的位置不无关系。

普列汉诺夫在《关于策略的讨论:我们为什么要感谢他?》一文中,指责考茨基"预先就对伯恩施坦怀有好感","是很不对的"[1]。对于考茨基在会议上并不直接批评伯恩施坦的态度,普列汉诺夫指责其"不彻底",因为"我们的党的力量的削弱是和拥护伯恩施坦

---

[1] 《普列汉诺夫哲学著作选集》(第2卷),第416页。

的人的增加成正比例的……如果您是彻底的话,就一定会更严厉地斥责那一直接影响这些人的人"①。普列汉诺夫意识到,伯恩施坦事件意义重大,事关德国社会民主党的生死:"今天的问题就是谁埋葬谁的问题:是伯恩施坦埋葬社会民主党,还是社会民主党埋葬伯恩施坦?"②就连普列汉诺夫都有这样敏锐的政治洞察,作为党内官方理论家,难道考茨基看不到这个危险吗?

对于考茨基迟迟不加入这场论争同样感到困惑不解的,不仅有普列汉诺夫,还有蔡特金,她在斯图加特代表大会上发言说:"我感到奇怪……在这种不同意见发表时,编辑部方面却没有至少加一个脚注来表示态度,这往往使人产生这样的看法,即伯恩施坦文章里的观点是代表编辑部和全党的。"③有关策略问题的讨论本来并没有列入议案,然而,大会自开始以来,整整两天所有的论争都离不开伯恩施坦。当倍倍尔在大会上宣读了伯恩施坦的声明后,在压力之下考茨基被迫走上前台,第一次公开表明对伯恩施坦事件及其影响的态度。

对此,在代表大会结束之后的总结文章中,卢森堡更是尖刻地批判道:

> 针对我们的"老人们"在这一论争中的态度。如果党的老战士从论争一开始就投入战斗,而不是相反地试图通过否决

---

① 《普列汉诺夫哲学著作选集》(第2卷),第417页。
② 《普列汉诺夫哲学著作选集》(第2卷),第418页。
③ 中央编译局国际共运史研究室编:《德国社会民主党关于伯恩施坦问题的争论》,第34页。

唯一合理的提案(根据这项提案,将以一项专门的议程开始关于策略的讨论,那么我就会更加高兴得多)……他们错误地估计了党的情绪,他们非常缺乏决心,不能不惜任何代价和全力以赴地抵制有害的倾向。首先听任论争自然发展,用两天时间沉着地观望"动向",在机会主义的代言人已经被迫明确发表意见时才参加进来,这时还对一些人的"过分尖锐的语调"指责一下,然后就全盘支持这些人的观点,如果党的领导人在一个如此重要的问题上采取这种策略,那是很糟糕的……考茨基解释说,他之所以直到现在都没有对伯恩施坦的理论发表意见,是因为他要给自己保留在可能发生的辩论中作出结论的权利,但我们认为这也起不了什么辩解作用。二月,他在《新时代》上发表了伯恩施坦的文章,连最起码的编者脚注都没有加,以后,沉默了四个月;六月,他在讨论开始时对伯恩施坦的新观点即老的讲坛社会主义的这一新翻版恭维了几句,以后又沉默了四个月,等着党代表大会召开;最后,他在论争过程中说他想作出结论。我们希望,我们的专职理论家在重要的事情上总是出来发言而不是作结论,并且不要给人造成错误的和迷惑不解的印象……①

考茨基如何回应有关他在这场批判中迟到了的苛责,和他如何理解伯恩施坦这件事的性质是分不开的,他之所以迟迟不做回应,因为这件事不仅是单纯的观念层面的事情,对考茨基而言,它

---

① 中央编译局国际共运史研究室编:《德国社会民主党关于伯恩施坦问题的争论》,第57—58页。

还具有非常重要的政治意义和个人意义。伯恩施坦是著名的国际社会主义者,是恩格斯的学生,也是受人尊敬的《社会民主党人报》(*Der Socialdemokrat*)的编辑,曾经在"非常法"时期为党建立功勋。这样一个考茨基曾经与之亲密工作18年的同志和战友,他的思想变动已绝非仅关乎个人。作为《爱尔福特纲领》的撰稿人之一,伯恩施坦对基本原则的倾覆,无疑是在动摇党的意识形态和一贯坚持的理论基础,而纲领的另一位撰稿人考茨基,不能不说被置于了十分为难的处境。在相当长一段时间里,考茨基一直处于一种向伯恩施坦求证到底发生了什么,并一度试图将伯恩施坦挽救回来的状态。不仅如此,伯恩施坦及其改良主义主张,绝非仅仅是党内思想倾向的一股潜流,事实上其背后汇集了一支日渐强大的政治力量,这些人里有福尔马尔、海涅、大卫,有《前进报》《社会主义月刊》这些改良派控制的编辑部,还有看似保持沉默、政治中立,实则致力于改善工人经济状况的工会主义者们,后者在实践中和改良派有天然的亲近感。所以,如何处理伯恩施坦所带来的论争,更牵涉党内统一的问题。

考茨基是党内政治理论的最高阐释权威,他的观点不仅代表他个人,还代表全党对待这一事件的声音。他的政治地位使得他不可能像帕尔乌斯、卢森堡和普列汉诺夫等人那样,将批判的尖锐程度置于不可挽回的境地。以上所有这些,都是作为外来者的卢森堡不能想到也不必想到的,她只要将批判进行到底,凸显出她卓越的理论与思辨才能就好。这也就是为什么当考茨基决定在《新时代》上叫停论争时,她会非常不理解。对一个人的思想和行动的理解,不能够抽离他所处的政治情势和政治地位进行研究和评判。

从恩格斯1895年去世,直到改良主义的论争开始之前,考茨基的思想一直在发生变化,他在《一个马克思主义者的成长》(1923)中回忆说,"在这以前,我也有了这样的信念:民主制度会使我们的活动形式有某些改变","我诚然也曾对我们策略和宣传上的某些具体问题进行批判;而且我也发现马克思的预测至少对于农业来说是不完全正确的"①。考茨基出版的《土地问题》(1898)就是该领域的研究成果。考茨基和伯恩施坦一样,也认为马克思学说在一些问题的判断上已经不再适用、不再准确了。

当伯恩施坦对海德门和巴克斯等英国非马克思主义者的观点进行批判时,考茨基和伯恩施坦还是站在一起的。然而,随着批判的加深,伯恩施坦开始发觉,费边主义相比于社会民主联盟(Social Democratic Federation)更接近马克思主义,直到他最终认定,马克思和恩格斯在方法和结论上都错了,考茨基才开始不同意他。1898年1月,考茨基向伯恩施坦提出了有关他文章的悲观论调;2月,考茨基批评伯恩施坦对于任何革命的拒绝;从3月开始,考茨基增加伯恩施坦在《新时代》的任务量,并试图说服伯恩施坦从伦敦搬到苏黎世;4月,考茨基在给阿德勒的信中写道,"我们必须努力把他从伦敦搞回来……他必须重新和党进行接触,这样恐怕他就不会像今天这样乱想乱说"。②但是到1898年9月,考茨基终于

---

① 卡尔·考茨基:《一个马克思主义者的成长》,叶至译,生活·读书·新知三联书店1973年版,第21页。

② 参见 *Kautsky to Adler*, April 9, 1898, in Victor Adler, *Briefwechsel mit August Bebel und Karl Kautsky*, Friedrich Adler, ed. (Vienna, 1954), S. 245; Thomas Meyer, *Bernsteins konstruktiver Sozialismus. Eduard Bernsteins Beitrag zur Theorie des Sozialismus* (Berlin, 1977), S. 19。

放弃了这一计划,因为他相信伯恩施坦真的已经彻底抛弃马克思主义了。

与曾经的战友从思想上长期亲近到骤然疏离,这一变化眼睁睁地发生在考茨基面前。与此同时,伯恩施坦不断招致来自诸多党内外知识分子的尖锐批判,包括帕尔乌斯、普列汉诺夫和罗莎·卢森堡等等。如果说,原先考茨基还认为这些左翼理论家们对伯恩施坦的观点有所误解的话,那么,随着伯恩施坦为了回应这些批判所写的文字逐渐问世,考茨基终于没有理由再相信自己还如先前一样,与伯恩施坦在很多问题上保持一致了。

和其他几位批评者不同的是,考茨基对伯恩施坦的批判于他而言还具有很重要的个人意义。他在斯图加特代表大会上说:"如果不是我的职务受到了攻击并且我的沉默因此会引起误解的话,我本来是不会发言的……我很不情愿发言,因为我必须同一个我曾经与之处于亲密的战友关系达十八年之久的人论争,这个人在党的最艰难的时期站在斗争的最前列……我只不过在努力避免任何伤感情的话,并且不再加重讨论的不必要的尖锐性。"[1]在会后,在给伯恩施坦的私人信件中他更是表露了他不得不在思想上与之分手的坚决和痛苦,考茨基清醒地认识到,党性对于他而言要比对伯恩施坦更具有支配性。出于《新时代》的立场考量,考茨基说:"我编辑它一天,它就一天是马克思主义的机关报,不是《社会主义月刊》或《社会主义评论》之类的折中主义的机关报。"[2]虽然考茨基曾经甚至犹豫是否要为了伯恩施坦牺牲该刊物的马克思主义属

---

[1] 殷叙彝编:《伯恩施坦文选》,人民出版社2008年版,第44—45页。
[2] 殷叙彝编:《伯恩施坦文选》,第78页。

性和自己的主编地位,但他在"和自己斗争了半年之久","试过了所有别的出路"之后,终于痛下决心,认为"除了结束合作没有更好的办法"。考茨基说:"我们的共同战斗是完结了,我不能跟着你,我的信念和你同样深,同样坚定。"①为了避免在《新时代》无休止地继续论争下去,应考茨基和倍倍尔的要求,伯恩施坦出版了《社会主义的前提和社会民主党的任务》。针对这本书,考茨基开始在《前进报》《新时代》发表文章进行批判②。之后考茨基也将他更为系统的反驳以书的形式出版:《伯恩施坦和社会民主的纲领》(1899)。

1898—1903年,伯恩施坦及改良主义思潮在历次党代会上都难免被批判的命运。终于,1903年德累斯顿代表大会通过决议,改良主义派别已被彻底战胜成了定局,又一次通过举手表决,在白纸黑字上达成了观念上的统一。对倍倍尔和考茨基来说,通过在意识形态上打击改良主义,以此维持党在理论和实践层面上不至于变成"两张皮",始终是他们首要的政治考虑。然而,党内诸多重视实际的人之所以支持考茨基,未见得是因为他们在理念上有多信奉正统的马克思主义,相反,他们更多是担忧理论上的不确定性和论争所带来的不可预见的后果。从政治后果来看,伯恩施坦既没

---

① 殷叙彝编:《伯恩施坦文选》,第79、83页。
② 考茨基反对伯恩施坦的文章包括:"Taktik und Grundsaatz", *Vorwarts*, Oct 13, 1898; "Bernsteins Streitschrift," *Vorwarts*, Mar 16, 17 and 18, 1899; "Nochmals Bernsteins Streitschrift", *Vorwarts*, April 8, 11 and 12, 1899; "Prinzipieller Gegensatz oder Voreingenommenheit? Noch ein Wort zur Diskussion mit Bernstein", *Vorwarts*, April 26, 1899; "Bernstsin und die Materialistische Geschichtsauffassung", *Neue Zeit*, XVIIb (1899); "Bernstein und die Dialektik", *Neue Zeit*, XVIIb (1899); "Bernstein ueber die Werttheorie und die Klassen", *Neue Zeit*, XVIIb (1899)。

有被开除出党,也没有被噤声。虽然改良主义作为一种思想倾向在政治上被否决,但它作为一种实践,却是德国社会民主党自此之后越来越稳步发展的真正方向。改良主义在实践中的巨大成功恰恰反证了其理论上被清算的宿命,毕竟对于一个革命政党而言,粗暴地反对原有的信条和纲领的做法在短时间内不可能被接受,而这种形式上的统一也注定不会维持太久。

同是批判伯恩施坦,与卢森堡等人相比,考茨基出于个人与政治上的原因,他在加入这场批判之前有更多顾虑和犹疑。倍倍尔和考茨基在这场论争中的主导地位,也决定了卢森堡在这场批判中所处的位置:一方面,党此时需要有人站出来对伯恩施坦进行批判,而卢森堡的理论修养和激进态度使她能够迅速在这场论争中崭露头角;另一方面,卢森堡的批判会被控制在一定范围和限度之内,否则将威胁到党内的统一。

以上是对卢森堡展开这场批判前后所做的环顾,卢森堡正是在这样的情势之下开始她对改良主义的猛攻和在德国社会民主党的政治生涯的。

第四节 围绕伯恩施坦主义的论争

在勾勒了伯恩施坦这一论争发生的历史场景之后,下面进入论争的具体内容。正如考茨基在写给伯恩施坦的信中质问:"你宣称价值理论、辩证法、唯物主义、阶级斗争、我们运动的无产阶级性质、资本论关于原始积累的结论都是错误的,那么,马克思主义还剩下什么？"①伯恩施坦的确是反对整个马克思主义，但因其能力所限，他并没有用一套成体系的新理论取代马克思学说，也没有对马克思没能看到的新情况和出现的新问题给出更令人信服的解释，而是零散地逐个攻击马克思学说的诸多方面。他在《社会主义的前提与社会民主党的任务》一书的法文版导言中坦承："这本书与其说是没有完成，不如说是正在形成中，而作者的意图与其说是解决问题，不如说是提出问题。"②

伯恩施坦对马克思的分析方法和结论进行普遍质疑，其改良主义的意图是将构成马克思学说的各个不可分割的部分之间咬合严密的逻辑性和体系性打散：消解历史唯物主义的分析方法和资本主义必然灭亡的最终结论之间的必然联系，从而否定必然灭亡的假定；拒绝仅仅将政党当前改良的工作内容作为实现革命目标的手段，而主张将其看作目标本身；用价格理论的概念范畴批判剩余价值学说，削弱马克思对资本主义进行政治经济学批判的力度，而将重点放在承认和解释当前资本主义秩序的延续上；通过强调个人主义基础上的社会共同利益，使阶级斗争的策略毫无用武之地。

以上就是伯恩施坦对马克思学说所谓的"修正"。值得注意的是，本书尽量避免使用"修正"和"修正主义"的说法，因为"修正"这一表述被过度政治化地滥用，本书使用"修正"一词时，仅取最原初的意义，指伯恩施坦对于马克思学说的怀疑和挑战。

---

① 中央编译局国际共运史研究室编：《德国社会民主党关于伯恩施坦问题的争论》，第77页。
② 殷叙彝编：《伯恩施坦文选》，第123页。

所谓"修正",乃是因为有树立正统的需要,才会将被"修正"者视作异端,即"修正"是站在正统派立场上贴出的标签。如果单就伯恩施坦自身来说,这则更像是一场"出逃",他对现实的敏锐度和急于给出一套新说法的需要,战胜了既有的理论信仰。他并不是真的有能力对马克思学说进行修改和补充,并建立起一套自己的完整理论体系;充其量只能尽力对马克思学说进行解构,而他解构所用的工具,则来源于对自由主义等思想资源的化用和对现实的敏锐觉察。

伯恩施坦用以挑战马克思学说的思想资源也并非他的原创,他的理论学说在概念与概念之间的关系构筑上深受新康德主义、实证主义等当时学界流行思潮的影响;在处理现象层面,因为久居伦敦,他更多地受英国的影响,较少受德社党日常宣传工作的影响,以至于考茨基一度认为,伯恩施坦只要回国就会放弃改良主义观点;而在概念和现象之间的关系层面,则较多地受到当时英国费边主义和现实取得的改良成就的影响。如上是促成伯恩施坦思想转变和对马克思主义进行重新诠释的思想动因及理论资源。

以伯恩施坦在欧洲社会主义运动中的身份、地位,他放弃了自己为之奋斗半生的理论信仰,与自己之前的人生决裂,是一件十分需要勇气的事情。他冒犯了正统派奉为圭臬的分析方法,否弃以革命作为意识形态和纲领的无产阶级政党属性,不仅是一个知识分子追求自我说服和不断自我更新的个人行为。他作为一个党员和功勋卓著的党的理论家,应该知道从思想方法到政治策略对马克思学说的全然摈弃,会产生怎样重要的政治影响,而后来围绕改良主义展开的一系列批判正是这一政治影响最直接的体现。

由于本书主题的限制，本节将重点选择由改良主义激起热烈争议的四个话题进行详述，它们分别是辩证法在马克思学说中的位置、灾变论及其局限性、"科学社会主义"中的"科学"概念和阶级斗争的政治策略，意在呈现伯恩施坦与正统派在这些问题上不同看法的交锋。卢森堡将是这场论争中被持续追光的重要人物，而前文论及的其他理论家，则被放置在与卢森堡相比对的位置上进行考察。通过细致的文本分析，笔者试图达成的结论是：这场伯恩施坦所代表的改良派和正统派之间的论争，虽然论争各方使用的都是马克思学说的概念范畴和话语，却是一次基于不同原则、立场、彼此互不相容（incompatible）的意识形态之间的冲突。

但是，这并不等于说改良主义就是和马克思主义决然相异的独立理论；它是一套借用自由主义概念范畴，为了从马克思理论的掣肘中松开手脚，并为了给现实的改良实践提供更多理论上的自由度而发展出来的一套说法。这套说法以把握现实见长，但和马克思学说相比却有失系统性。换言之，理论的系统性本身正是改良主义"攻击"的对象，因为后者立足于鲜活的政治实践本身。这套说法意在指出，马克思的部分判断已不再适用于现实，党的宣传话语不过是通过拉长马克思的学说，而使它同实践相一致。改良主义站在截然不同的理论基础上对马克思主义进行全盘否定，这么做很难说是完全公允的。接下来，笔者通过展现论争的具体内容，进入文本，梳理二者在具体问题上的分歧和各自的理路，客观评估改良主义在理论上缘何以对现象的把握见长，用呈现论争的方式来理解现实对马克思学说的挑战。毕竟，分析论争和文本只是抓手，本书的真正目的是接近历史的复杂性，并通过理解历史上

115

的争论,为我们理解现实中的争论提供某种方法上的借鉴。

一、辩证法在马克思学说中的地位

在伯恩施坦否定的马克思学说的诸多内容中,他首先将批判的矛头指向马克思学说的方法论。他说:"黑格尔的辩证法是马克思学说中的贩卖性因素,是妨碍对事物进行任何正确推理的考察的陷阱。"①他认为,马克思是从先验的辩证法图示来推导社会发展状况,这使得马克思相信历史单一因素的决定论,从辩证法的二元性和斗争性出发对历史给出解释,而罔顾事实。有关马克思学说的构建,伯恩施坦有过这样一段非常有名的比喻:

> 说得形象一些,他(马克思)在一个现成的脚手架的框框里建造一座巨大的建筑物,在建筑过程中,只要科学建筑法的规律同脚手架的构造与他规定的条件不发生冲突,他是严格地遵守这些规律的。但是在脚手架太窄以至不容许遵守规律时,他就忽视规律或者避开规律。在脚手架限制了建筑物,从而使它不能自由发展的地方,他不去拆毁脚手架,却不惜牺牲比例而在建筑物本身上作了改变,从而使建筑物更加从属脚手架。他不去完成这一著作,却一再就细节作修改,是否因为意识到这一不合理的比例呢?无论如何,我的信念是,不管那种二元论表现在什么地方,为了使建筑物得到自己的权利,都

---

① 殷叙彝编:《伯恩施坦文选》,第163页。

必须摧毁脚手架。马克思永垂不朽的地方在于建筑物,而不在于脚手架。没有什么比还不能摆脱这一著作的辩证法公式——这就是上述的脚手架——的那些马克思主义者中受束缚较深的人的拘泥态度更使我坚持这一见解了。①

为什么伯恩施坦要将辩证法之于马克思学说比作脚手架之于建筑物呢?我们至少可以从以下三个层面,从伯恩施坦的角度理解他的这一比喻:

第一,辩证法是高度抽象的理论分析方法。伯恩施坦认为,它是一个先验的抽象结构,这将影响对具体事实的观察和研究。伯恩施坦说:"任何研究方法和叙述方法都不像辩证法那么容易做出这样的结构,都不像辩证法那么任意加给这些结构一件似乎可信的外装,因而都不像辩证法那么危险。"②伯恩施坦认为,辩证法对于事物性质的抽象受到"是—否""否—是"公式的影响。虽然马克思将黑格尔的辩证法颠倒,但是"用脚站立"的辩证法,在考察事物特殊性的时候,依然会离开确凿的经验事实而掉入一个派生概念的世界中,并不知不觉地受到观念的自我发展这一辩证规律的钳制。伯恩施坦说:"辩证的观察方法的陷阱在于:它的公式使人们对事物的特殊性进行这样的抽象,这种抽象对阐述和研究的一定目的来说,是完全可以容许的,甚至是不可缺少的,但是有些时候,由于对象的性质或研究目的的性质,根本不可能或者只容许在一定限度内进行这种抽象……对我来说,问题从来也不是要贬低这

---

① 殷叙彝编:《伯恩施坦文选》,第325页。
② 殷叙彝编:《伯恩施坦文选》,第358页。

位思想家,而是指明他的辩证法的危险性。"①

第二,辩证法是富于斗争性的世界观,忽视了事物发展的渐进性。伯恩施坦拒不承认矛盾的斗争性是事物变动的原因,他说:"我并不认为对立面的斗争是一切发展的动力,相似的力量的合作也是发展的一个巨大动力。"②他认为,《共产党宣言》等关于暴力革命及革命前景的论述"是历史的自我欺骗的产物,对一个认识并且从理论上了解马克思的人来说,这种自我欺骗只有从他重新陷入一种辩证法可以得到解释"。此外,伯恩施坦还认为,马克思把资本主义的历史运动进程夸大了,过低地估计了资本主义的生命力,这一过度估计也应归咎于辩证法的影响。为了削弱辩证法在马克思学说中的地位,他以进化论取而代之,并在评价其导师的思想遗产时说道:"如果我们回过来看马克思和恩格斯本身,我们就会发现,他们在科学知识方面给他们的社会主义先驱的成绩上所加添的东西,归结于斯宾塞学派为进化论所提出的精密公式的,远比归结于著名的'否定的否定'的要多。"③

第三,辩证法是行动的哲学,强调主客体在实践层面的统一、过程与目标的统一。伯恩斯坦认为,在辩证法的指导下,"政治行动始终指向指日可待的革命性灾变"④,这将使眼前的合法行动沦为权宜之计,而遥遥无期的革命则变成了毫无意义的空话。伯恩施坦说:"我实际上并不认为社会主义的胜利要取决于它的'内在

---

① 殷叙彝编:《伯恩施坦文选》,第353—354页。
② 殷叙彝编:《伯恩施坦文选》,第359页。
③ 殷叙彝编:《伯恩施坦文选》,第361页。
④ 殷叙彝编:《伯恩施坦文选》,第329页。

的经济必然性',不如说我认为给社会主义提供纯粹唯物主义的论证,既是不可能的,也是不必要的。"①在伯恩施坦看来,因为脚手架的捆绑,马克思的整个论证都服务于革命的目标,这使得《资本论》成为一个有倾向性的研究作品,而削弱了它无偏的科学性。以上是对伯恩施坦这一比喻内容的描述,接下来需要解释伯恩施坦这一说法的缘由并评估它的影响。

首先,是关于辩证法这一结构的认识问题。伯恩施坦为什么将黑格尔的辩证法概括为"是—否"和"否—是"的结构呢?辩证法是一个本体论的原则,对于所有主体而言,概念都是暂时的。"A是B"的意义应该被加以历史性地理解:它的意思是A成为B,而且B会将A否定,这个A成为B的过程和B将否定A的将来就是A实现其本质的过程。正如一颗橡树籽不断长成参天大树,橡树成长过程的每一个阶段都是橡树籽自我认识的展开,每一个主体都通过变成自身的对立,否定自身的有限性,不断引入其他范畴去规定,从而达成对自我的认识和对自我的超越,最终实现自我的本质。通过不断超越自身,并再次发现自身,这一"否定之否定"历经的是一个自为存在(Fürsichsein)的过程。次要的、不充分的生活和思想形式在更高一级被废除且得到保留,即扬弃(Aufhebung)。所扬弃了的,只是表现的直接性,而非化为乌有。对立和融合基础上的"统一"和抽象静止的"同一"不是一回事。换句话说,在融合的过程中所展现的对立面之间的关系有其客观性和必然性,因而"真理的所在地不是命题而是反思批判的动力体系(the dynamic

---

① 殷叙彝编:《伯恩施坦文选》,第326页。

system),只有整个过程才能表明真理"。① 如上简述试图粗略勾勒黑格尔辩证法的结构,意在说明为什么伯恩施坦将其简单地概括为"是—否""否—是"。

那么,伯恩施坦为什么说辩证法的危险是用上述公式取代"是—是"和"否—否"呢?这是因为辩证逻辑和传统的形式逻辑不同。形式逻辑是在给定的现成性中,以普遍概念为出发点,进行概念的逻辑演绎;而辩证法则直接涉及概念的创生、起源和在不同逻辑层次之中的发展。事物及概念既是静止的,更是变动的。黑格尔的辩证法不是不肯定形式逻辑考察静止状态下事物和概念的有效性,但它意在揭示的恰恰是形式逻辑无法覆盖和解释的东西。因为概念的所指每时每刻都在发生变化,所以传统的形式逻辑是"伪"的。形式逻辑中的同一律不过是思想中的律,而不是现实中的律,但辩证法则意在揭示这个真实的、变动不居的世界。形式逻辑是哲学思考中无差别的基本原则,是在承认"是"就是"是"和"否"就是"否"的基础上进行的逻辑推演;辩证法则不然,它和形式逻辑不是一个层次上的思维工具,意在追问"是"缘何为"是","否"为何为"否"。辩证法的价值就是进入给定的陈述和概念框架内部,揭示概念范畴的变化规律。但问题在于,伯恩施坦用形式逻辑否定辩证法,而且他并没有找到和辩证法处于同一个逻辑层次上的对抗工具。

其次,是用进化论取代辩证法地位的问题。伯恩施坦认为自

---

① [德]赫伯特·马尔库塞:《理性与革命:黑格尔和社会理论的兴起》,程志民等译,上海人民出版社 2007 年版,第 98 页。

己并没有彻底背弃马克思的历史观点和基本概念,不过是对理论的阐释及其应用持有不同意见。既然他已否弃了辩证法对于马克思学说的支配地位,那么,是什么原因使他仍然自诩为马克思主义者呢？这是因为伯恩施坦将马克思的理论归结为进化论。但是马克思毕竟和达尔文有所区别,前者强调历史是通过矛盾的方式辩证前进的,而矛盾的现实对应物就是阶级斗争。无产阶级的胜利作为历史进步的必然结果,是以阶级斗争或加速或延缓历史进程的形式体现的。伯恩施坦消解了辩证法的斗争性,并以进化论取而代之,强调相似力量之间的合作和发展,意在肯定既存秩序的合理性,同时也消解了马克思学说对现存秩序的批判性和超越性。

最后,是辩证法作为现实和理念之间,当下改良实践和革命目标之间的链条问题。在辩证法中,理念和现实的同一是先验的,生命力进入概念的内部,用认识来厘定概念,于是概念呈现出变化性、暂时性以及不完全性。任何僵死的概念都既是事物自我认识的阶段性标志,也是束缚主体潜能去进一步推进认识的障碍。概念是一个锚,将主体对自己的认识固定在当下。概念范畴的思维力量、范畴与范畴之间的联系也可以帮助主体去把握事物的潜在性。正如卢卡奇所说,"辩证法是由一个规定转变为另一个规定的连续不断的过程,是矛盾的不断扬弃,不断相互转换"[①]。在这个过程中,理念体现为知行合一,以及矛盾在发展的每一个阶段不断自我认识并实现其自我本质的过程。然而,伯恩施坦认为,马克思对辩证法的颠倒,就是用社会生产过程取代思维过程,将前者作为主

---

① [匈]卢卡奇:《历史与阶级意识》,商务印书馆2012年版,第51页。

体,将满足人的自然需求的物质生产过程当作了本体论意义上的活动。事实上,马克思并不仅在认识论或知识论的视域中颠倒了黑格尔的辩证法,而且将其应用于对唯物史观的解释中。他通过对商品对象和对资本主义生产过程的研究,得出资本主义经济秩序必然崩溃的历史判断。无产阶级革命的政治行动和社会主义胜利的坚实基础都建立在对资本主义本质的这一认识之上。

伯恩施坦对马克思的解读,削弱了政治行动纲领与其科学论证之间的必然联系。在马克思的学说中,革命本来是由历史发展推导而来的结论,但伯恩施坦将最终的革命看作一个抽象的理想,将革命与整个资本主义体系的矛盾和对矛盾的认识分离,与现实斗争的每一个具体环节以及环节与环节之间的联系分离。于是,他宣称,"经常重提'革命权',这在大多数情况下是一种权宜之计,是至少在形式上还培植一件人们事实上已经束之高阁的事情,是一种给假花浇水的做法"[①]。伯恩施坦将改良的具体工作从导向革命目标的辩证法结构中松绑。他虽致力于对每一项改良工作进行具体的、单独的、直接的考察,却拒绝为它们提供一个目的论的方向。而这样做的结果就是"远离了具体的批判的活动,重陷主体和客体、理论和实践的空想的二重性中"[②],使得一切活动和著述只能服务于论证当下的合理性。正如卢森堡所说,"我们用以战胜危难的道义力量、我们在斗争中的策略直至各个细节、我们对敌人进行的批评、我们争取群众的日常鼓动、我们的全部所作所为直至最细微的地方,这一切都贯穿了马克思创造的学说并在这一学说的光

[①] 殷叙彝编:《伯恩施坦文选》,第 373 页。
[②] [匈]卢卡奇:《历史与阶级意识》,第 76 页。

辉照耀下得到透彻的理解"①;而一旦没有这个"客观必然性,即出于物质的社会发展进程的论据",那么"社会主义就不再是一种历史的必然性,它就成为人们愿意它怎样就怎样的东西,唯独不是社会物质发展的结果"②。伯恩施坦在否定辩证法在马克思学说中的地位的同时,也在宣告着马克思学说作为一个整体结构的瓦解。

辩证法作为一个思想工具,其独特的地方在于它的目的论导向,因此也能在政治上服务于下一步的行动目标。伯恩施坦用十分粗浅的比喻,将辩证法放在了对马克思学说不重要,甚至有害的位置上。他的理论"手术"不仅与正统派对学说的阐释不一致,也违背了既定的政治纲领。伯恩施坦在改造马克思学说的同时,也在树立自己对马克思学说新的解释权威,这将使他不仅面临与激进派为敌的处境,也将同样不可避免地遭到正统派理论家的围攻。

在陈述其他人对该问题的看法之前,需要首先明晰一个情况,那就是除却普列汉诺夫和拉布里奥拉(Antonio Labriola)③之外,包括伯恩施坦在内的很多第二国际理论家对马克思学说在哲学内涵上的理解普遍较为薄弱,或者说,理论家的哲学素养在他们进行政治宣传时并不是最重要的。就连考茨基也曾经在给普列汉诺夫的信中坦承,"在哲学上我从来都不是一个强者"④。所以,针对普列

---

① 李宗禹编:《卢森堡文选》,第110—111页。
② 李宗禹编:《卢森堡文选》,第9页。
③ 安东尼·拉布里奥拉,意大利哲学家、政治家,意大利最早的马克思主义宣传者之一。他不仅利用大学讲台公开宣传马克思主义,而且积极参加国际工人运动。1892年协助创立意大利社会党,1893年出席第二国际苏黎世代表大会。
④ [苏]斯·布赖奥维奇:《卡尔·考茨基及其观点的演变》,李兴汉等译,东方出版社1986年版,第44页。

汉诺夫在《新时代》上发表的对伯恩施坦的哲学批判，考茨基借口《新时代》杂志的读者对哲学不感兴趣，阻挠普列汉诺夫继续在该刊物上发表哲学类的文章，并建议道："我认为最好是不论及哲学问题。"①

这种情况和第二国际时期对马克思学说的普及化有关。当马克思主义被使用为一种政治宣传话语时，党的理论家更在意的是如何通过朴实的话语，从选民那里获取更多的认同和支持。伯恩施坦的比喻虽是简单通俗的，但这种形象的表述更易被它的受众接受。所以，关注知识分子之间的论争时，需要时刻注意的是，这不仅仅是个人意义上信仰和观念之间的论辩，更是对马克思学说解释权威的挑战，在这一论争中，受众的在场性(presence)和理论家所面临的现实处境是其进行政治言说时的前置场景。

罗莎·卢森堡对于辩证法问题的看法和伯恩施坦截然不同。首先，她认为辩证法非但不是马克思学说中应该被祛除的因素，相反，它是一种思想方法，是理解马克思学说整体性的钥匙。她在《马克思主义的停滞和进步》(1903)一文中这样估价辩证法在马克思学说中的地位：

> 他的理论中最有价值的唯物主义的辩证的历史观却只表现为一种研究方法、一些天才的指导思想，它们使人有可能展望一个崭新的世界，开辟独立活动的无限远景，激励我们的思想大胆地飞进尚未研究的领域。②

---

① ［苏］斯·布赖奥维奇：《卡尔·考茨基及其观点的演变》，第44页。
② 李宗禹编：《卢森堡文选》，第101页。

其次,卢森堡不认同将马克思学说看作限定在固定框架内的学说,她不希望从单纯的经验和实用层面来评估马克思学说——仅因为它不能解释当前的社会状况,就认为它过时了、不适用了——而主张用历史哲学的视野和辩证的方法来看待它。她批判两种思想倾向,一种是"为了在思想上'保持马克思主义的立场'而小心翼翼唯恐偏离马克思思想方法的态度";另一种是"为了不顾一切地证明'自己思想的独立性'而拼命设法完全摆脱马克思思想方法的态度",她认为二者"是同样有害的"[1]。因为无论是努力维护,还是全然抛弃,它们的共同点都是将其看作已完成了的、僵死了的学说。对此,卢森堡回应道:"如果说马克思的学说体系没有继续扩展,那么原因并不在于这一学说已经固定不变和完成了"[2],"并不是由于我们在实际斗争中'超越'了马克思"[3];相反,是因为"他的历史研究方法及其无限的应用范围……都大大超出了实际阶级斗争的直接需要"[4]。也就是说,马克思的经济学说和阶级观点只有从历史发展趋势和大势的角度才能被看作现实的,也只有在这个意义上才能理解马克思学说的整体性及其说服力。她在为评论梅林编的《卡尔·马克思、弗里德里希·恩格斯和斐迪南·拉萨尔遗著》和为评论《马克思恩格斯文集》而写的《我们的导师的遗著》(1901)中也如是说道:

---

[1] 李宗禹编:《卢森堡文选》,第101页。
[2] 李宗禹编:《卢森堡文选》,第101页。
[3] 李宗禹编:《卢森堡文选》,第105页。
[4] 李宗禹编:《卢森堡文选》,第104—105页。

马克思的思想作品之所以具有这种不寻常的作用,不仅是他本人的天才,而且也因为他始终按他所论述的一切问题之间的最重要的辩证关系,从最全面的历史观点去阐明它们。①

卢森堡和伯恩施坦对于辩证法问题的不同观点,根植于二人截然不同的理论立场:前者从维护马克思学说的完整性出发,将唯物主义辩证法看作贯穿一切问题的线索,而后者将马克思学说看作诸多彼此分离的理论,将辩证法视为该学说中的"恶疾",试图将它清除出去;前者用马克思辩证的方法来看待马克思学说本身,是来自学说内部的估价,后者则站在学说外部,以经验和实用的态度否认其适用性;前者从历史发展趋势的观点来看待这一问题,指出资本主义只是一个特定时期的社会关系,且终将通过一切局部努力的总和而将其超越和扬弃,后者则从资产阶级现存秩序出发,从物质层面得出革命是非现实的这一结论;前者将辩证法置于马克思学说的核心位置,以此维护学说的批判性和革命性,后者则意在解释当前改良工作的合理性,将马克思学说中的辩证法看作最重要的障碍。

如前文所述,在对伯恩施坦的批判中,普列汉诺夫是一个十分重要的角色,作为正统派的代表人物,相比于卢森堡更集中于政治经济学方面,普列汉诺夫则侧重于哲学。他的观点可以作为卢森

---

① 中央编译局国际共运史研究室编:《卢森堡文选》(上),人民出版社1984年版,第403页。

堡的对照和补充，以更丰富地呈现正统派在这一问题上的看法。

针对伯恩施坦认为辩证法陷入了概念的自我发展，并将其概括为"是—否""否—是"的结构，同时认为黑格尔使用的是一种形而上学的分析方法，远离了具体的经验世界这一观点，普列汉诺夫认为，这是伯恩施坦对黑格尔的肤浅之见。他引用黑格尔本人的话来嘲讽伯恩施坦，"青年人总喜欢驰骛于抽象的概念之中，而有生活阅历的人则避开抽象的'要么就是这—要么就是那'的公式，而把问题放在具体的基础之上"，并指出"这一句简单的话可以说很满意地说明了辩证法和伯恩施坦先生所喜爱的'是—是和否—否'这一公式的思维之间的差别"①。普列汉诺夫认为，辩证法非但不是抽象的，即那种不去研究现象产生的原因，而用一般而空泛的概念和词句进行论辩的方法；恰恰相反，辩证法就是要打破任何具体概念的牢笼，拒绝仅就其当下而言当下，而是要进入对现象世界的研究，研究现象发生的原因及其演变规律。他引用车尔尼雪夫斯基评论辩证法的话："抽象的真理是没有的，真理总是具体的。"②

针对伯恩施坦称辩证法为马克思学说中的遗毒，并认为片面地强调阶级斗争和革命主义只是一种空想，普列汉诺夫则进一步回应道：马克思学说的科学性和对空想社会主义的克服恰恰体现在对辩证法的运用上："他们（马克思和恩格斯）之能完成它（对空想社会主义的克服），只是因为他们在事先学过了黑格尔的哲

---

① 《普列汉诺夫哲学著作选集》（第2卷），生活·读书·新知三联书店1961年版，第423页。
② 《普列汉诺夫哲学著作选集》（第2卷），第424页。

学……但是伯恩施坦先生希望最好不是这样。他向我们宣告,社会主义由空想变成科学是由于撇开了辩证法,而不是得力于辩证法。"①

此外,针对伯恩施坦说马克思把历史运动的进程夸大了,将马克思这一失误归咎为辩证法,普列汉诺夫指出,虽然马克思的确低估了资本主义社会的生命力,但是这不能埋怨辩证法,因为根据黑格尔的看法,逻辑的否定过程是超越时间的;辩证法对于这个过程的进展的影响是微不足道的,历史地看,马克思认为自己的辩证法和蒲鲁东的抽象思维是相对立的,这里没有任何夸大,也是和辩证法毫不相干的;"如果辩证法的某一拥护者真是夸大了这一速度,那么应当用别的什么原因来解释,而完全不应当用辩证法的影响来加以解释。"②

相较于卢森堡,普列汉诺夫对伯恩施坦的哲学批判更具体,也更为深刻,前者的论述更多是在对马克思学说的"应用"层面展开的;而后者,则意在从"原典"层面阐释经典马克思主义。二者都站在维护马克思学说的正统性立场上对伯恩施坦做出了有力的回击。

综上,伯恩施坦与普列汉诺夫和卢森堡在哲学观点上的根本差异在于,他并不是从学说传统内部,站在唯物史观的角度去评估马克思学说的合理性,而是立足于对当下现实的敏感把握,依据对改良趋势的判断来评估马克思学说。他说道:

---

① 《普列汉诺夫哲学著作选集》(第 2 卷),第 426 页。
② 《普列汉诺夫哲学著作选集》(第 2 卷),第 430 页。

> 我们已在大踏步地接近社会民主党必须修改它今天仍然采取的主要是批评的立场的时代,修改的精神是:它必须突破关于工资、劳动保护之类的要求的范围,而提出积极的改良建议。我们在最先进的国家里,已处在虽然不是"专政"的前夕,但毕竟也是工人阶级或代表工人阶级的政党获得重大影响的前夕。①

对于正统派理论家的做法,他这样批评道:

> 人们胆怯地逃避一切对未来社会组织的深入研究……在资本主义社会发生的事,一切都不过是缝补伎俩和姑息手段,是"资本主义的"。社会主义社会将带来解决的办法,即使不是在旦夕之间,毕竟也是在很短时间内。人们不相信奇迹,却要假定有奇迹。他们画了一条界线:这边是资本主义社会,那边是社会主义社会。根本不谈在资本主义社会里的有系统的工作……他们认为,援引设想得很片面的阶级斗争和经济发展就一定会帮助他们克服一切理论上的困难。②

对于伯恩施坦来说,就新出现的社会现象和党的任务给出理论解释并加以指导是他的工作职责。从资本主义的当下到社会主义的前夜,在这个过渡阶段,工人运动应该如何实践,需要有一个行动意义上的理论阐释,这一理论应该是具体的、对日常工作有指

---

① 殷叙彝编:《伯恩施坦文选》,第16页。
② 殷叙彝编:《伯恩施坦文选》,第16页。

导性的,而不是宏观的、脱离当前工作实际的。革命的辩证法和唯物主义学说虽然内在是自洽圆融的,但它毕竟指向对当前秩序的超越,对于政党的选举工作和工会的日常斗争没有直接的指导性。因为从辩证法的观点和大历史的视野来看,资本主义是迟早要被超越的历史阶段,眼前微小的工作在即将到来的时代,都将是必然被抛弃的东西。这就使得当前改良工作的重要性、必要性和可操作性,在理论上都是空白的,而这正是伯恩施坦不同于正统派所立足的时空维度。这一时空是相对稳定的,虽然从马克思辩证历史唯物主义的角度来看甚至是"片面的""孤立的""静止的",但也正是因为伯恩斯坦对资本主义历史阶段生命力更持久的判断,使得他不得不在这个相对"狭窄"的时空下,重新认识马克思学说对当下实践的意义。伯恩施坦也只有抛弃了辩证法,才能为自己理论阐释的展开争取一个相对稳定的历史时空。

二、灾变论及其局限性

(一)对资本主义现状的重新认识

出于对改良现实的敏感和对资本主义生命力的预判,伯恩施坦发展出他的学说,但这并不意味着卢森堡、普列汉诺夫等人就是不切实际、不注重现实的人。概念是对现象的提炼,第二国际的马克思主义者们虽然使用同样的概念,但是他们用以指涉的现象却是不同的;概念和理论是认识现象以及建立现象之间联系的工具,由于对现象的认知存在差异,不同的人对理论的阐释和运用呈现出不同的面向。伯恩施坦和卢森堡等人对待马克思学说的不同态度不是关切现实与不关切现实的问题,而是关切哪部分现实的问题。针对资本主义当前的经济社会状况和发展趋势,伯恩施坦和正统派马克思主义者的基本差异体现在对资本主义生命力的不同判断上。伯恩施坦在《社会主义的前提和社会民主党的任务》的序言中开宗明义地说:

  我反对这样的见解:我们面临着指日可待的资产阶级社会的崩溃,社会民主党应当根据对这种即将到来的巨大社会灾变的指望来确定自己的策略或使自己的策略以它为转移。我不折不扣地坚持我的意见。灾变论的信徒基本上是以《共产党宣言》的论述为根据的。无论从哪一方面来看,他们都没有道理……既然经济发展所需时间远比原来假定的要长得多,那么,发展所采取的形式和它将达到的形态,也必然是《共产党宣言》所没有预见到而且也不可能预见到的。①

伯恩施坦认为,马克思在《资本论》中对资本主义经济发展的预言大多是不奏效的,比如说:中小企业逐渐消失并被大企业取而代之,资本的垄断逐渐增强;工人阶级的贫困化,社会逐渐出现两大阶级的对抗;利润率的逐渐降低和资本再生产的无政府状态将加剧劳动和资本的二元对立,使资本主义秩序无法应对其经济危机的频繁发生;随着无产阶级的组织性和革命意识的增强,最终将

---

① 殷叙彝编:《伯恩施坦文选》,第101页。

通过大灾变的形式发生社会主义革命,扬弃生产社会化和资本私有制之间不可调节的根本矛盾。伯恩施坦通过发现社会改良的积极因素,对以上的结论一一否定,针对资本主义灾变论提出资本主义适应论,而卢森堡则几乎在每一个问题上都对他的"修正"做出了回应。

伯恩施坦认为,资本主义有诸多现象都走向了马克思预言的反面。他指出,因为股份公司的出现,涌现出越来越多的小股东,纳税人数增加,有产者的绝对数增多[1],社会非但没有出现马克思所说的日益分裂为两大阶级的对峙,相反,中产阶级的大量存在使得"社会结构同以前比起来远没有简单化,反而高度分级和分化了"[2]。伯恩施坦不仅从收入上进行考察,还进入了生产领域,他列举中小企业近些年来在绝对数量上的增加,对比大企业的增加数量并不显著,用以否定生产日趋集中的趋势。

对此,卢森堡进行一一反驳。首先,她认为伯恩施坦对数据的处理是粗糙的,这种累计、机械地去计算公司的数量的方式,并没有控制变量,即没有限定在相同的生产部门进行考察。在伯恩施坦统计和对比不同资本主义国家的公司数量,并试图证明公司数量的增加和资本的分散是资本主义之为一种世界经济秩序的普遍趋势时,是将不同企业形式和不同行业之间进行绝对数量的对比,因而数据本身也不具备任何可比性。

其次,卢森堡指出这种对数据处理的方法背后潜藏的思维方式的弊病。伯恩施坦仅仅孤立地统计数量,却迷失了数量背后的

---

[1] 殷叙彝编:《伯恩施坦文选》,第189页。
[2] 殷叙彝编:《伯恩施坦文选》,第190页。

性质。这鲜明地体现出二人对"资本"和"资本家"概念的不同理解。卢森堡说,股票发行的意义是把许多小的货币资本联合成一个生产资本,从而使生产同资本所有权脱离,但"这只不过说明,现在一个资本主义企业不像过去那样相当于一个资本所有者,而是相当于大批的、人数不断增加的资本所有者",只不过"今天的资本家是一个集体,是由几百甚至几千人组成的,'资本家'这个范畴本身在资本主义经济的框框里变成社会范畴了,它社会化了"。① 卢森堡论证,马克思在谈及"资本家"时,所指代的是资本的人格化概念,而不是一种数量上的类概念,即他指代的不是一群人;然而,"伯恩施坦理解的资本家不是一个生产的范畴,而是一个所有权的范畴,不是一个经济单位,而是一个纳税单位,他理解的资本,不是一个生产整体,而是一个简单的货币财产"②。卢森堡进而指出,伯恩施坦这种做法不过是庸俗经济学家看待世界的方式,"当伯恩施坦把资本家这个概念从生产关系搬进财产关系中去,'不谈企业主而谈人们'的时候,他也就把社会主义从生产范围搬进了财产关系范围,从资本和劳动的关系搬进了贫与富的关系中去了"③。

卢森堡再度使用马克思的阶级分析方法,从生产关系的角度厘定资本和资本家,从定性的角度使用马克思的概念;而伯恩施坦放弃了阶级分析法,单纯以收入的多少来划定贫富,从定量的角度计算资本家的数量,进而抹杀阶级的差别。为什么这二人使用概念的方式如此不同?那就要回到二人对马克思劳动价值论截然不

---

① 李宗禹编:《卢森堡文选》,第41页。
② 李宗禹编:《卢森堡文选》,第41页。
③ 李宗禹编:《卢森堡文选》,第42页。

同的看法上。

(二)对劳动价值论的不同看法

伯恩施坦认为,劳动价值论在考察具体的个别的商品时"缺乏任何可衡量性",因为"每一个别商品品种的价值是通过在正常生产条件下按照市场在各个时期能容纳的量来生产这一商品时所需要的劳动时间确定的。不过对于这里所考察的商品来说,在现实中恰恰没有任何衡量各个时期的总需要的尺度",因此马克思意义上的价值和边际效用的概念一样,都属于"纯粹思维的事实","都建筑在抽象上面"。然而,这种抽象"仅仅对于论证的一定目的来说才可以容许,以抽象为基础而发现的原理仅仅在一定限度以内才能够生效"。[①]

没错,马克思的确没有将重点放在个别商品价值量的测量上,因为劳动价值论并不在于回答价值量多少,而在于揭示价值的社会本质。价值不是一个物,而是一种社会关系。价值不是一种商品本身的属性,而是一种社会属性。古典经济学家都忙着从单个产品的意义上计算价值量的形成,从供需和效用的进路给出解释,但是这条道路无法发现变动价格背后的必然性,即马克思称之为"幽灵般的客观性"(Spectral Objectivity)的东西,这就是价值实现的社会基础。马克思反复使用"A = B"的公式,就是为了证明价值只有依靠另外一个对象与其对立、相等,才能存在,这个等号连接

---

① 殷叙彝编:《伯恩施坦文选》,第179—180页。

的两端是社会必要劳动时间,是抽象的无差别的社会劳动。于是,所有货币意义上的价格、效用、工资,全都是抽象价值的具体表现形式。商品价值量的多少,不能在个体的商品生产中单独被测定,个体生产者的劳动价格也不是由单个企业主决定的,这背后起支配作用的是铁的定律,是在一切具体的、可观察的商品交换背后被隐匿起来的生产关系和社会基础。所以,卢森堡正是从这个意义上批判伯恩施坦:"伯恩施坦忘记了,马克思的抽象不是一种发明,而是一种发现,它不存在于马克思的头脑中,而存在于商品经济中,它不是想象的东西,而是一种现实的社会存在。"[1]

当伯恩施坦强调劳动价值"抽象"时,强调的是"价值"作为一个经验事实不具备可观察性;而卢森堡否认马克思学说"抽象",否认的是"劳动价值"这一概念并非没有实体,它恰恰是有实体的,实体指向特定历史时空下特定的社会生产关系。卢森堡从肯定劳动价值论出发,指出只要资本主义生产关系不发生改变,剩余价值的生产就不会停止,资本家和无产阶级之间的剥削关系就仍然是表面暂时的社会缓和背后在本质上起决定作用的东西,资本主义生产的无政府状态就仍然具有必然性。而伯恩施坦则直接否定劳动价值论和剩余价值学说,"当劳动价值还只能作为思维的公式或科学的假说而要求得到承认的时候,剩余价值更加不过成了单纯的公式,成了一个以假说为根据的公式"[2],从而得出结论:"价值学说不能为劳动产品分配的正当性和不正当性提供规范。"[3]他将商

---

[1] 李宗禹编:《卢森堡文选》,第44页。
[2] 殷叙彝编:《伯恩施坦文选》,第176页。
[3] 殷叙彝编:《伯恩施坦文选》,第183页。

品交换本身从特定社会的生产关系中剥离出来，进行单独考察，且不认同前者以后者为转移。在他之后，古典经济学及其后继者如庞巴维克等人批判马克思学说时，用西方经济学家的价格、效用的概念框架重置了马克思所提出的问题，从肯定资本主义当前生产关系的前提出发，消解劳动价值学说的意义。然而，马克思的立论恰恰在于对古典经济学这一范畴的超越，因为价格本身已经是某种社会关系下的产物了，而马克思要解释的恰恰是价格形成之前的社会基础。他将资本主义的生产过程和交换过程作为一个整体纳入考察，并发现了价值规律的支配作用。对于这一分歧，卢森堡总结道：

> 伯恩施坦对于马克思的价值规律一窍不通……凡是对于马克思的经济学说体系有几分了解的人，不用多说就会明白，如果没有价值规律，整个体系就完全不可理解，或者具体些说，如果不了解商品和商品交换的本质，整个资本主义经济以及它的种种联系就必然是一个谜。马克思有一把有魔力的钥匙，这把钥匙使他解开了一切资本主义现象最深奥的秘密，使他能够轻易地解决了连斯密和李嘉图这样的资产阶级古典经济学大师都没有料到其存在的问题，但是，这把钥匙是什么呢？这不是别的，就是要把整个资本主义经济当做一个历史现象来理解，并且不仅是往后看，像古典经济学在最好的情况下也懂得的那样，而且还往前看，不仅看到自然经济的过去，

尤其看到社会主义的未来。①

当伯恩施坦把劳动价值论作为客观性基础从马克思经济学说中拿掉之后，社会民主党和无产阶级实践能从《资本论》中汲取的智慧还剩下什么？伯恩施坦用道德动机论解构剩余价值论，认为"谁也无法否认，《资本论》中充满以道德判断为基础的用语。把雇佣关系称作一种剥削关系，就假定了道德判断……剥削这个概念总是包含着不正当的侵占的污点、榨取的污点。但是在公认的通俗化作品中，顺手就给剩余价值打上欺诈、盗窃或掠夺的烙印"②。

伯恩施坦将理论的研究与运用区分为两个截然不同的范畴。他指出，"剩余价值学说的经济客观性毕竟只是对抽象研究才存在的。这个学说只要一付诸应用，它反倒立刻就显出是一个伦理问题，而群众也始终是从道德上去理解它的"③。理论一旦从理论家的思辨变为工人手中的武器，就会发生性质上的变化，因为对于后者而言，他们并不关心作为客观基础的论证是否严谨，他们仅仅关心理论是否能为他们提供造反的合理性："如果工人知道了他们从工资中决得不到他的工作量的价值，随之就会直接激起他的天生的正义感，因为在价值概念中包含着一种道德因素，一种平等的观念和公平的观念。"④

伯恩施坦将作为客观性基础的劳动价值论否定后，用人道主

---

① 李宗禹编：《卢森堡文选》，第45页。
② 殷叙彝编：《伯恩施坦文选》，第84—85页。
③ 殷叙彝编：《伯恩施坦文选》，第85页。
④ 殷叙彝编：《伯恩施坦文选》，第86页。

义和伦理主义的基础重铸马克思学说,他肯定马克思在反对空想社会主义上的理论贡献:"马克思主义使社会主义学说的基础离开了从先入为主的观念得到的推论,从而也离开了任意的构想,而把它奠定在现实主义的历史观的坚实基础上,这种历史观的主要特征始终未被驳倒。"但与此同时,他也指出宏观理论对于当下具体实践的指导性不足,即"它的创始者们从来没有主张过,他们已经从这种历史观推出了那些唯一可以容许的结论的全部细节,从来没有主张过他们所得出的推论对一切时代都绝对地正确"。作为补救,伯恩施坦重新肯定抽象意义上道德的积极作用,"他们在跟当时流行的无限制地夸大道德观念的做法作斗争时不得不贬低道德观念,这原是很自然的事。事实上,道德是一个能起创造作用的力量"。①

对此,卢森堡则坚持阶级的观点,尖锐地反驳道:"伯恩施坦不愿意听到什么阶级的自由主义,阶级的道德,他想代表的是一般人类的、抽象的科学,抽象的自由主义,抽象的道德。但是,因为现实社会是由阶级组成的,这些阶级有截然相反的利益、意图和观点,所以在社会问题上的一般人类科学、抽象的自由主义、抽象的道德暂时是一种幻想,一种自我欺骗。伯恩施坦所谓的一般人类的科学、民主和道德,只不过是统治者的东西,也就是说,是资产阶级科学、资产阶级民主和资产阶级道德。"②

卢森堡讽刺伯恩施坦放弃了劳动价值论基础之后,重新启用的理论资源,正是马克思学说早就批判过的空想社会主义:"令人

---

① 殷叙彝编:《伯恩施坦文选》,第90页。
② 李宗禹编:《卢森堡文选》,第67页。

吃惊的不是竟有机会主义思潮产生,倒不如说这个思潮竟如此虚弱。当机会主义只是党的实际工作的个别场合被冲破的时候,人们还以为在它后面总有一个多少是认真的理论基础。可是现在它在伯恩施坦的书里已经完整地表达出来,每一个人都会奇怪地喊道:怎么,你要说的就这些吗?连一点一滴的新思想都没有!没有哪个思想不是早在几十年前就被马克思主义驳倒过、踩踏过、嘲笑过、摧毁过!"①

对于当前的改良实践,伯恩施坦要寻求新的理论诠释,就不得不将其从原有的理论基础上松绑。但当他放弃了辩证唯物主义的历史观点,又放弃了劳动价值论作为政党革命性的客观基础后,他仍必须基于资本主义当前秩序,为社会民主党及无产阶级的行动寻找方向,因而,抽象意义上的道德优越性就是他唯一的依据了。

(三) 适应论的工具及驳斥

为了否弃资本主义灾变论,伯恩施坦用资本主义适应论取而代之。他从现实中"概括"出一些有利于社会改良的积极要素:信用制度、企业主联盟、交通的便利以及世界市场的扩展。对于每一个要素,卢森堡都基于马克思学说内在的一致性和资本主义生产的无政府状态给出反驳,指出这些看似缓和阶级矛盾的杠杆和工具,无不是暂时的和表面的,并不能掩盖劳动与资本之间的根本矛盾,无法证伪资本主义灾变的必然历史方向。

---

① 李宗禹编:《卢森堡文选》,第74页。

基于概念推演的理论和基于经验实证的概括,是两种截然不同的思维进路,伯恩施坦和卢森堡在分析具体问题的时候,抽象层次是不一样的。通常伯恩施坦会在可观察的经验层面处理和分析现象,而卢森堡则会将经验层面的事实先进行抽象,再进入概念关系和理论层面的讨论之中。这在伯恩施坦和卢森堡关于一系列相关问题的论述中体现得十分显明,下面分别详述。

首先是信用制度。伯恩施坦认为信用制度不仅有破坏性的一面,还有创造性的一面。信用使得市场均衡化的可能性增加,并减少了货币市场的紧缩,能够提高整个社会的生产效率,延缓经济危机的爆发[1];而卢森堡则认为,信用制度并不能消除危机,相反,它是将危机推向极端的手段。因为只有信用才能使生产无节制地扩展、商品交换和生产过程循环加速变为可能,它强力剥夺小资本家并将更多的生产力集中在少数人手里,将进行最冒险的投机的权利交给少数资本家,这将加剧生产方式和交换方式的矛盾。一旦资本出现停滞,信用必然通过自己的紧缩而使危机尖锐化,进而加剧财产关系和生产关系的矛盾。[2]

二人对于信用的创造性和破坏性各执一词,伯恩施坦仅看到经验性的事实,而卢森堡更多地看到经验事实抽象后的概念逻辑。伯恩施坦将信用作为一种独立的经济现象,一种和生产关系、所有制关系无涉的货币形式与结算形式,分析其对当前经济秩序的调节作用;而卢森堡则认为,信用不过是借贷资本的一种运动形式,虽然有的时候能够起到平衡资本主义经济某些对立关系、消除和

---

[1] 殷叙彝编译:《伯恩施坦文选》,第214—216页。
[2] 李宗禹编:《卢森堡文选》,第12页。

缓和它的某种矛盾的作用①,但是丝毫不能改变生产关系的根本性质。因为经济危机的爆发不在信用本身和它的调节能力上,信用的作用机制和商品的价格、利润这些可观察的经济现象一样,与其背后起决定性作用的价值规律不属于同一个抽象层次。伯恩施坦认为,现代工业的秩序性和国家总财富的日渐积累将减少投机现象,减少单个行业的生产过剩和普遍危机的可能性;而卢森堡则绕过伯恩施坦所讨论的这些现象,重申在资本主义私有制不变更的前提下,劳动和资本之间的根本矛盾。马克思在《资本论》第三卷中的阐述最好地印证了卢森堡的这一立场:

> 如果说信用制度表现为生产过剩和商业过度投机的主要杠杆,那只是因为按性质来说可以伸缩的再生产程度,在这里被强化到了极限。它所以会被强化,是因为很大一部分社会资本为社会资本的非所有者所使用,这种人办起事来和那种亲自执行职能,小心谨慎地权衡其私人资本的界限的所有者完全不同。……信用加速了这种矛盾的暴力的爆发,即危机,因而加强了旧生产方式解体的各样要素。②
>
> 决不要忘记……信用制度以社会生产资料……在私人手里的垄断为前提,所以,一方面,它本身是资本主义生产方式固有的形式,另一方面,它又是促使资本主义生产方式发展到它所能达到的最高和最后形式的动力。③

---

① 李宗禹编:《卢森堡文选》,第 11 页。
② 马克思:《资本论》(第 3 卷),人民出版社 1975 年版,第 498—499 页。
③ 马克思:《资本论》(第 3 卷),第 685 页。

其次是卡特尔组织和企业主联盟。伯恩施坦认为垄断组织可以使得相同行业的企业主共同调节生产,这样可以减少生产过剩、经济危机发生的频率及其破坏程度。实际上这和之后希法亭等人"有组织的资本主义"的观点类似。卢森堡则对此进行反驳,她认为这种企业主联盟不是普遍的,只是某一个特定的生产部门为了阻止生产率的下降、提高国内市场的利润率,而进行的暂时的市场调节。这种做法最终将通过一个部门来牺牲其他部门,通过有组织的国内市场进而造成世界市场的无政府状态。她认为伯恩施坦治疗疾病的方法和疾病本身相比半斤八两,因为通常如果能够用那部分可满足国内需求但还用不上的闲置资本为国外生产,所要求的利润率则低得多,而这种"经过组织化了的资本回过头来转化成私人资本",将使得这些组织在新的垄断的基础上,在更广阔的国际范围内重新进行自由竞争。卡特尔组织非但没有改变资本无政府状态的本质,反而变成"资本主义自己造成的加剧它固有的无政府状态,暴露它内含的矛盾、加速它灭亡的一个手段"[1]。列宁在同样的意义上也如此评价过垄断组织:"用卡特尔消除危机是拼命为资本主义涂脂抹粉的资产阶级经济学家的无稽之谈。"[2]

在这个问题上,伯恩施坦从单个企业主、单个行业出发,在承认资本私有制的前提下,论证资本持有者数量的减少将有助于减轻资本生产的无政府状态。卢森堡虽然也看到了这一系列现象,但她在逻辑上再向前推进一层,即资本持有者数量的增减不会改

---

[1] 李宗禹编:《卢森堡文选》,第15页。
[2] 《列宁全集》(第27卷),人民出版社1990年版,第344页。

变资本的属性。单个企业主之间、单个行业之间的生产调节,仍然无助于解决社会总生产的内在矛盾,而且只会使国内市场被缓解的冲突在国际范围中被更加激化。正如马克思早在1868年7月11日给路德维希·库格曼(Ludwig Kugelmann)的信中曾经写的:"资产阶级社会的症结正是在于,对生产自始就不存在有意识的社会调节。"①伯恩施坦所看到的这种对生产的调节,在卢森堡的眼中,只是程度和范围都有限的对资本主义秩序的小修小补,无助于根本矛盾的解决。她将对现象的分析推演至极致,仍然是在马克思学说的既有理论范围内,消解了伯恩施坦这种"无意义"的挣扎。

最后则是交通工具的便利和世界市场的扩展。伯恩施坦认为,完善的交通工具可以缩短国家之间的距离,扩大世界市场的范围,从而使得更多的产品找到销路,有助于缓解生产过剩的危机。但是,卢森堡则看到,世界市场的扩展只是一种虚假繁荣,因为这将使生产的盲目性在程度上加剧,在范围上扩大,从而使生产和交换的矛盾更加尖锐。世界市场的扩大只能使危机在世界范围内普遍化,却并不能消除经济危机。和前文所述类似的是,伯恩施坦从可观察的单个现象中归纳出的结论,在卢森堡看来,是迷失在了现象中。用熊彼特(Joseph Schumpeter)在《经济分析史》中的话说,二者的差别在于:前者是方法论的个人主义,而后者是方法论的整体主义。但这当然只是两种抽象层次的外在描述,重要的是在具体的分析中,两种分析方法各自应用在什么研究范围。方法论的个人主义将问题还原、具化到对个体可观察现象的描述,并以此作为

---

① 《马克思恩格斯选集》(第4卷),人民出版社1995年版,第581页。

出发点进行逻辑演绎,将社会整体看作个体的累加和扩展。但在涉及个体与社会的一般关系,以及社会作为一个系统的内在规定性的考察上则明显不足。方法论的个人主义是西方经济学家和马克思经济学说的批评者们惯常使用的经济分析方法。而方法论的整体主义则从相反的方向研究问题,意在揭示一个事物的全部性质和诸方面的总和,以及各个部分之间全部关系的总和。从这个意义上可以进一步肯定的是,伯恩施坦所代表的改良主义和卢森堡所代表的正统派马克思主义存在根本的认识论上的差异。

三、科学社会主义中的"科学"概念

伯恩施坦从未质疑过科学社会主义相较于空想社会主义的进步意义。事实上,科学主义和历史主义的融合,使得19世纪欧洲哲学社会科学普遍笼罩着达尔文主义的"影子",以尽可能使研究向着客观化和确实性的方向发展。孔德、斯宾塞等人都将社会看成一个演进的有机体,马克思的学说虽在思想上独树一帜,但是在用实证方法探究社会有机体的内在秘密,并揭示其演化规律的意义上,马克思也并无例外地属于19世纪的人。"科学"标注着19世纪的某种时代精神,也代表着进步主义的历史方向。

"科学"在德文中对应的单词是Wissenschaft,这是一个比它的英文对应词Science外延更加广阔的词。这一德文词指的是,运用明确的方法所建立的系统性学说;而Science则更加侧重于在物理学、化学等自然科学中使用的一套经验主义的研究方法。康德的伦理学因为其严密的逻辑性和系统的知识结构,可以被称为

Wissenschaft,但是其使用的方法和讨论的对象则与 Science 相去甚远。了解这两个词在表意上的区别对于理解论争是非常重要的。

恩格斯早在 1877 年《卡尔·马克思》一文中就说:"马克思是第一个给社会主义因而也给现代整个工人运动提供了科学基础的人。"这之后,恩格斯更是出版了《社会主义从空想到科学的发展》一书。恩格斯将马克思的科学性概括为对唯物主义历史观和剩余价值两大规律的发现和对"两个必然"的揭示(资产阶级的灭亡和无产阶级的胜利)。但马克思本人从未明确自诩是科学的社会主义。恩格斯等后人将马克思的学说确定为"科学"(Wissenschaft)的目的也仅在于,揭示马克思学说是用实证的方法建立起来的体系性的、确定性的社会主义学说,他为实现社会主义的经济条件和形式给出了合于客观规律的解释,从而区别于仅仅从道义和理想出发的空想社会主义。

这种 19 世纪德语语境下的"科学"和中国五四运动以来崇尚"民主"与"科学"的语境下的"科学"并不全然一致;和基于"假设和证伪"确定公理定理的作为自然科学研究的"科学"也不一致;当然,"科学"社会主义中的"科学"更不等同于不可置疑的"真理",后者更容易被各种意识形态利用,以谁更"科学"作为排除异己的工具。

在马克思的科学社会主义学说中,对必然性的论证内在于一个先验的、整体的知识结构。但因为伯恩施坦将辩证法从马克思学说的中心位置移到了边缘,从而解构了学说的整体性,将知识的确定性建立在可观察的个体经验上。所以,他才在批判卢森堡的文章中说:"罗莎·卢森堡在前面提到过的那些文章(就方法论一般说来,在反对我的文章中这些是写得最好的)中也根据同样的见解反对我说,按照我的解释方式,社会主义将不再是客观的历史必然性……我实际上并不认为社会主义的胜利要取决于它的经济必然性,不如说我认为给社会主义提供纯粹唯物主义的论证,既是不可能的,也是不必要的。"①

伯恩施坦放弃了"科学"(Wissenschaft)在"系统论"层面上的释义,转而从经验的可观察性、可证伪性上去定义科学,他将科学更多地看作知识论意义上的一种方法,这让我们联想到后来波普尔对马克思学说的类似批判。波普尔就是根据个体无从把握事实的复杂与变化,社会科学的不精确,定量研究的不完备,以及进行历史和社会实验的不可能,来认定马克思的学说是一种"历史决定论的贫困"。与之类似的,伯恩施坦也如是评价马克思学说:"它带有一种思辨的理想主义的因素,包含着一部分科学上没有得到证实的东西或者科学上无法证实的东西。"②

在将辩证法从马克思学说中驱逐出去之后,伯恩施坦将实证性和价值的"无偏"作为衡量科学性的唯一标准。在法译本的序言"对我的社会主义批评家们的回答"中,他曾明确指出,这一学说是对科学性的最大威胁恰恰因为,社会主义学说有政治的维度,因而带有应然性和目的论的倾向。伯恩施坦认为,"只要一种学说体系的前提和目的包含着超出无倾向性认识之外的因素,那么科学的形式就还不能使它成为科学,而社会政治的理论恰恰通常是这

---

① 殷叙彝编:《伯恩施坦文选》,第 326 页。
② 殷叙彝编:《伯恩施坦文选》,第 387 页。

样的,社会政治的学说则始终是这样的"①。正因如此,伯恩施坦将科学社会主义与空想社会主义等而视之,虽指明"后者的科学成分尽管比前者的科学成分有更加扎实的基础并且得到更加充分的阐述,但是后者和前者一样,并不全部都是科学"②,声称"马克思和上述他的先驱者们在这一方面的区别与其说是观点上的完全对立,不如说是程度的不同"。③

作为一种政治学说和政治运动的"社会主义"能否是"科学"的?或者能否接近科学?伯恩施坦从根本上否认这一可能,因为政治是有倾向性的,而科学是无偏的。与其说这是他对实证主义在价值可欲性上的捍卫,不如说他是为了抛弃"革命"之为科学社会主义系统学说的重要结论而做的努力。

1901年5月,受柏林大学生社会科学学会的邀请,伯恩施坦做了一篇题为"科学社会主义如何才是可能的?"的演讲,深入地阐发了这一观点。他认为,马克思将资本主义生产方式的必然崩溃作为社会主义实现的基础,却没能论证前者将以怎样的形式,在可望的时间表上哪一个确定的时刻崩溃,以及崩溃的结果是否必然导致社会主义的生成。正是由于这些内容都没能够也不可能被论证,因而这是一种注定与科学无关的学说。

> 无论是把它理解为状态、学说还是理解为运动,社会主义在这里总是同一种理想主义的因素连接在一起的,或者是这

---

① 殷叙彝编:《伯恩施坦文选》,第316页。
② 殷叙彝编:《伯恩施坦文选》,第391页。
③ 殷叙彝编:《伯恩施坦文选》,第392页。

一理想本身，或者是朝着这样一种理想发展的运动，因此，它是一种彼岸的东西……它是一种应当发生的东西，或者是朝着应当发生的东西前进的运动。①

伯恩施坦认为，当提及"科学社会主义"时，"科学"一词只能就这一理论的论据而言是有效的，即马克思和空想社会主义者相比，仅仅在论证的形式上具有一定科学性。但不能"仅仅因为一种理论或学说的结构在形式上符合科学推理的要求就把它称为科学"。由于社会和政治学说必然服务于一种目的甚或一种理想，所以，不能将"社会主义"和"科学"连接起来。

伯恩施坦将"科学"从社会主义学说中"抢救"出来，使作为理论纯粹性的"科学"和作为一种社会运动和政治实践的社会主义分离，其目的就是破除社会民主党所受制的既有纲领，将改良的实践从导向实现政治目标的进程中解缚，用方法性的"科学"取代体系性的"科学"。看上去，伯恩施坦在倡导一种价值中立的研究方法，事实上他却在削弱正统性的政治权威，因为他将"方法"科学树立为新的第一性原则。由此，一点一滴的改良实践需实证地加以考察，在他看来，一切从实践的需要出发，并纳入理论的自我更新，远比作为体系终点的"革命"更加科学。正是在这个意义上，伯恩施坦说出了他的那句名言："最终的目的是微不足道的，运动就是一切。"

然而，革命的最终目的是历史唯物主义哲学体系的应有特征。

---

① 殷叙彝编：《伯恩施坦文选》，第385—386页。

一个正统马克思主义者能够了解,意义是在历史中生成的,学说的"体系性"在于它的研究对象是总体的社会历史。伯恩施坦将革命从历史内在的发展进程中割裂,革命于是沦为不必要的暴力和空谈。卢森堡运用马克思学说的方法,是在经验事实的基础上所进行的抽象和演绎,马克思学说的基础并不是简单的"剩余产品"及"社会不公"等道德凭据,而是在掌握了历史唯物主义这根阿里阿德涅线(Ariadne's thread)后,用理论之光照射经验事实,从而在日常经验事实的迷宫中探索出一条符合社会发展与灭亡的科学规律的道路。

一个正统马克思主义者相信,历史是可知的,它有一个确定无疑的前进方向。这个方向包含着无产阶级对经济和权力机关的控制,对资本主义当前生产关系的超越和如兄弟般国际关系愿景的最终实现。伯恩施坦则认为,现实的改良实践本身就有意义,不能因为它是革命的手段,才肯定它的价值。如果革命在可预期的未来不会降临,那么在通往革命的漫长"前夜"里的改良实践,也理应获得自身的价值和理论论证。伯恩施坦将改良的实践从指向必然革命的历史车轮和逻辑链条上卸载,就不得不对马克思学说整体进行人为割裂。然而,卢森堡则认为,马克思的学说需以其整体性的面貌而被肯定,无论是他对资本主义的政治经济学批判,还是他的历史研究方法,都内在于学说的整体性之中,也因此赋予了它解释长线历史和批判现实的力量。虽然该学说对眼前相对稳定的改良实践可能缺乏直接的指导性,但这绝不意味着该理论已经过时,而是因为该理论的贡献大大超前于当前实际阶级斗争的需要。所以,应该做的不是砸碎、抛弃马克思理论,而是随着运动的逐步发展和新问题的提出，不断从马克思的思想武库里探索、更新他学说的各个部分。

马克思学说在政治行动上的导向建立在对历史发展方向的政治经济学分析之上，但这也只是一种趋势化、哲学化的揭示，并非如伯恩施坦所说，是对某一个确定时间点资本主义崩溃的预言，更不意味着社会主义的自动实现。因为倾向性不是历史本身，历史归根结底还是由人的行动和选择造就的。辩证的唯物主义思想对历史的解释并非仅仅建立在生产过程之上，它提出的是一整套创造性的社会方案，主张将政治、经济、意识形态等诸因素纳入总体的社会结构之中，主张人类意识就是要在世界中、在人群中实现自我，而作为自由主义前提的绝对个体化的意识，实际上从未存在过。当伯恩施坦抛弃了辩证法，抛弃了对世界作为一个总体性解释的尝试，重新退回个体经验时，恰恰与马克思理论的初衷背道而驰。因为在正统派马克思主义者看来，建立在个人主义立场上的任何真理，皆是分裂自由主义之为一个共同体的迷思，因为它缺乏对社会中人与人之间客观关系的揭示。

正统派马克思主义者服膺的是一种历史哲学：历史由偶然性组成，但并不是以任意的方式敞开；历史有总体的方向，但并非封闭到我们无法理解其征兆，也并非机械到我们不必承担它所赋予的责任。未来并不是僵死于现在，过去也无法决定现在，在过去与未来之间才是我们的存在，这是我们所能拥有的测试自我限度的宝贵契机。如果非要在作为知识的历史哲学和作为实践的政治行动之间做出决然区分，那么，伯恩施坦和他的怀疑主义恐将是滑落的方向。伯恩施坦主张用"批判的社会主义"取代"科学的社会主义",希冀将康德作为新哲学的代言人引入德国社会民主党,拿来反对黑格尔和马克思,进而重建他对当前改良实践的理论解释。这一做法可能出于良好的动机,但是从改良的后世发展看来,这种"重建"将如何避免沦为一种被动应对、毫无远见且富于功利和算计的资产阶级议会民主学说呢?

四、阶级斗争的政治策略

(一)合法过渡社会主义的路径

理论上的奠基最终要导向政治实践中如何去做的问题。罗莎·卢森堡对伯恩施坦的批判集中在两个方面,其一是理论基础薄弱,这一点前文已经论述过了;其二是改良策略的无效,本节主要集中呈现二者在这一点上的分歧。伯恩施坦反对阶级斗争与革命,提供了三种合法过渡到社会主义的路径,它们分别是工会、生产合作社和民主制度。这些改良手段的使用将使得革命并非不可避免,而卢森堡则对这三者的有效性进行逐一否决。其中,伯恩施坦还对"阶级"概念进行了重新诠释,这构成了他改良策略的重要理论假设,对"阶级"问题的理解也使得他与所有主张革命的正统马克思主义者区分开来。

在工会方面,伯恩施坦认为它是工业中的民主因素,可以使工人对工厂的管理产生直接的作用,无论是在生产规模方面还是在技术方面①。通过对劳动过程进行更加合理的控制,对劳动收益更加平均地分配,工会可以向工业利润率发起进攻,并将其融解在工资率之中。但卢森堡则直接指出工会的限度:由于中间阶层的无产阶级化,新的劳动力不断涌入市场,而工会的组织不可能无限扩展;此外,工会的目的是"扩大工人阶级享受社会财富的份额,但是由于劳动生产率的提高,这个份额就像自然过程的必然性一样,注定要不断下降"②。所以,如果人们要把工会变成逐步减少利润、增加工资的手段,那么首先要以两个社会条件为前提:第一是中间阶层停止无产阶级化和工人阶级人数停止增长;第二是劳动生产率停止提高。而这两个条件不可能获得满足,因而卢森堡认为,社会民主党的斗争目标不能仅仅指向资本主义生产框架内部的分配方式,因为特定的分配方式只是生产方式的自然结果。在她看来,社会民主党应该把消灭资本主义生产方式、建立社会主义制度作为奋斗目标,而伯恩施坦则仅仅满足于"同资本主义的分配做斗争,并且希望通过这条道路逐步带来社会主义生产方式"③,只能是在错误的道路上愈走愈远。

在生产合作社方面,伯恩施坦认为生产合作社为工人提供了一种可能性:"一方面对抗通过商业的剥削,另一方面,带来在其他许多方面使得它们的解放工作容易进行的手段。"④对此,卢森堡反驳道,只要在资本主义的经济下,工人的生产合作社无论怎样通过

---

① 殷叙彝编:《伯恩施坦文选》,第 265 页。
② 李宗禹编:《卢森堡文选》,第 49 页。
③ 李宗禹编:《卢森堡文选》,第 51 页。
④ 殷叙彝编:《伯恩施坦文选》,第 261 页。

互助合作去抵抗利润率降低的铁律,都不得不面临和资本主义企业一同竞争的局面,这样一来就要求工人必须自己"行使某种资本主义企业家的作用"。生产合作社如果想要存活下去,就只能进行少量的地方销售和少量的直接必需品的生产,而资本主义生产的一切重要部门,则"一开始就排斥在消费合作社,从而也是生产合作社之外",并最终得出结论:生产合作社"根本不可能具有普遍的社会改良的性质,因为如果生产合作社普遍实行起来,它的先决条件首先是取消世界市场","要从大规模的资本主义经济退回到中世纪的商品经济中去"①。

在民主方面,伯恩施坦将民主看作是与阶级统治无涉的一种制度安排,民主即多数人的统治,是各个党派和其背后的阶级相互妥协的艺术,民主制度的建立和发展本身是社会历史运动的基本规律。他说,社会民主党并不想"解散这一社会和把他的成员全部无产阶级化,他们宁可坚持不懈地致力于使工人从一个无产者的社会地位上升到一个市民的社会地位,从而使得市民地位或市民生活普遍化"。在抛弃了辩证法和灾变论之后,伯恩施坦用社会演进的视角,将资本主义和社会主义之间在经济所有制根本性质上的差别消解掉,并从精神内容的发展上认为社会主义是资本主义的继承者,社会主义的目的在于"提高社会中的自由的总和",社会主义是"有组织的自由主义"。② 伯恩施坦说:"在社会民主党的代表在一切可能的地方实践上都已站在议会工作、比例人民代表制和人民立法的立场上的这一时代,坚持无产阶级专政这一词句究

---

① 李宗禹编:《卢森堡文选》,第 48 页。
② 殷叙彝编:《伯恩施坦文选》,第 274、276 页。

竟有什么意思呢？"①他认为，无产阶级专政只是"政治形态上的返祖现象"，并不能"促成和保证现代社会制度在不发生痉挛性爆发的情况下，转移为一个更高级的制度"。②

然而，卢森堡对此的驳斥是，在封建势力仍然占据统治地位的德国，并不能够抽象地讨论普选权，任何时候"政治形势都是国内外政治因素的总和的结果"。在德国，所谓的民主"只是在政治上把各个小邦焊接起来的工具"③。而资产阶级民主制就"形式说是民主组织，就内容说变成了统治阶级利益的工具……只要民主制一有否定阶级性质，变成事实上的人民利益工具的倾向，民主形式本身就会被资产阶级和它的国家代表所牺牲。在这种情况下，社会民主党在议会中取得多数的思想就是一种盘算，只考虑到民主的形式上的一面，而完全忽视了它的另一面即它的实在内容。民主制整个说来不像伯恩施坦所设想的那样是逐渐渗透到资本主义社会中的直接的社会主义因素，相反，它是使资本主义的对立趋于成熟和发展起来的资本主义的特殊手段"④。

综上，卢森堡概括说，伯恩施坦寄希望于"只有在能够创造一个链条般的连续不断的、日益发展的社会改良把今天的制度直接引向社会主义（制度）的条件下，由此得出的结论才是正确的。然而，这是一种空想，这个链条按照事物的本质很快就要断了"⑤。因

---

① 殷叙彝编：《伯恩施坦文选》，第271页。
② 殷叙彝编：《伯恩施坦文选》，第272页。
③ 李宗禹编：《卢森堡文选》，第53页。
④ 李宗禹编：《卢森堡文选》，第30页。
⑤ 李宗禹编：《卢森堡文选》，第33页。

为对劳动过程的社会监督将以资本利益为界,民主的发展将以统治阶级的利益为限,最后,"资本主义社会的生产关系越来越走向社会主义,而它的政治关系和权利关系则相反,它们在资本主义社会和社会主义社会之间筑起了一堵越来越高的墙。这堵墙靠社会改良和民主的发展是打不通的,它会因此更高更坚固。要打垮这堵墙,只有靠革命的铁锤即无产阶级夺取政权"[1]。

卢森堡一针见血地攻击了改良主义最脆弱的方面,即伯恩施坦无法回避的问题:既然伯恩施坦如此强调资本主义改良的有效性,又何必去追求社会主义呢?与同样批判伯恩施坦的考茨基相比,她极具辩证法精神的分析和辛辣的嘲讽使得她的批判在党内更加令人印象深刻。相比之下,考茨基对伯恩施坦的批判则多从语词出发,譬如考茨基认为"崩溃论"只是马克思的推断,并不是马克思的原话,这一词语只是伯恩施坦的杜撰;再譬如,考茨基说中产阶级虽然在增长,但仍然不得不在两大阶级之间做出选择。但考茨基和卢森堡相似的地方是,在谈及民主问题时,考茨基也认为,在容克地主贵族和银行家广泛存在的德国,对个体权益的保障很难不沦为一句空话,民主只能流于一种形式。

卢森堡和考茨基都批判改良主义的理论框架,但二人却无法回避工人阶级生活水平普遍提升的事实,而改良主义的解释却能够覆盖到,且能进一步为工人阶级给出无限繁荣的愿景。该学说在把握现实的意义上是足够敏锐的,虽然就其本质而言,改良主义高度的实践性很难严格称得上是一套理论,用卢森堡的话说是"一

---

[1] 李宗禹编:《卢森堡文选》,第31页。

切思想体系的碎片,一切大小思想家的片段思想,在这里找到了一个公墓地"①。

(二)对"阶级"概念的全新理解

伯恩施坦不认同仅从阶级斗争的观点看待政治,在他看来,阶级更多的是学者为了进行政治观察而在头脑中人为构筑的抽象概念。在现实中,工作方式和收入水平的差异使得所谓的"工人阶级内部"有着极大的分化。② 他认为,马克思在使用"阶级"这一概念的时候,虽然有其经验基础,但任何一个阶级都不存在确凿无疑的独立的利益,因为在所有阶级之上共享一个追求,那就是文明生活方式的建立。正统马克思主义学者使用阶级分析法时,其背后有经济所有制关系作为理论奠基;一旦伯恩施坦抽掉这一基础后,他也理所当然地认为阶级分析法归于溃败。这背后潜藏着他截然不同的理论出发点,即社会是个体基于对普遍原则的共同接纳所组成的。这也是为什么卢森堡会批判说:"在他看来,工人阶级是一群不仅在政治上和思想上,而且在经济上都是四分五裂的个人。"③这种思想是非常有害的,因为"如果没有阶级斗争的经济基础,并且根本没有阶级,那么,不仅不可能有无产阶级同资产阶级未来的斗争,而且也不可能有它们到现在为止的斗争,那么,社会

---

① 李宗禹编:《卢森堡文选》,第67页。
② 殷叙彝编:《伯恩施坦文选》,第232页。
③ 李宗禹编:《卢森堡文选》,第66页。

民主党本身及其成果就是不可理解的"①。考茨基也批判伯恩施坦和他的改良主义威胁了工人阶级内部的团结,削弱了无产阶级和资产阶级之间的紧张矛盾。卢森堡和考茨基的说法都没错,和阶级斗争相比,改良主义者的确更强调阶级之间的合作,并且不认为任何阶级的内部团结有何意义,甚至否弃"阶级"概念本身。

为此,伯恩施坦重新阐释了"Bürger"这个词,认为这一词不仅有资产阶级的意涵,而且是社会中一般公民的意义。卢森堡对此进行批判,伯恩施坦认为"'资产阶级'一词也不是阶级表现,而是一般的社会概念。这只不过说明,他已经用资产阶级的语言代替了无产阶级的语言,代替了无产阶级的科学、政治、道德和思想方法。当伯恩施坦把资产者理解为既是资产阶级又是无产阶级,即毫无区别地理解为一般的人的时候,他实际上是把一般的人同资产者,把人类社会同资产阶级社会等同起来了"。②

伯恩施坦之所以把"Bürger"抬到这么高的地位,是因为他所要推广的渐进的社会主义所依赖的群体就是新兴的中产阶级。但他放弃了阶级分析法,却在回答这一群体的具体性质时模糊不清。他既强调这个新兴的中产阶级与资产阶级合作在策略上是可行的,又坚信在关键时刻前者会和无产阶级站在一起,共同对付反动势力,促进资本主义向社会主义的转变。与之相对,卢森堡、考茨基和伯恩施坦一样,虽然也承认中产阶级会成为一支重要的塑造社会的力量,但他们都认为,中产阶级只能充当资产阶级的工具,

---

① 李宗禹编:《卢森堡文选》,第66页。
② 李宗禹编:《卢森堡文选》,第69页。

其人数的扩大只会更加凸显社会所有制层面的尖锐矛盾。伯恩施坦看到了中产阶级的资产阶级化趋势,试图为其拓宽政治可能,而卢森堡和考茨基则认为,中产阶级依然从属于无产阶级的本质;伯恩施坦在政治前途上对中产阶级寄予厚望,认为他们能代表和平演进的历史方向,而卢森堡和考茨基则将其作为阶级斗争形势逐渐加剧的重要证明。

"改良主义的理论在很多部分是语焉不详的,但是有一点是十分清楚的,就是随着社会总体财富的逐渐增加,工人会分享到这一实惠。但是关于资本主义如何能够进入到社会主义,改良主义理论和马克思的理论一样,都不甚清晰。"[1]伯恩施坦寄希望于德国的资产阶级激进派能像英法的左翼自由派一样,认识到他们的政治目标只有通过向社会主义政党寻求合作,才能实现。对于改良主义者来说,民主既是手段,也是目的[2],这二者是不可分的。如果要在资本主义当前框架下行动,就必须放弃对革命无谓的追求。

改良派相信,一个在帝国议会占据多数席位的社会民主党,可以将德国从帝国形态变成如英国一样的君主立宪政体。然而,对于正统派来说,他们和恩格斯晚年的看法是一致的,那就是民主作为手段和目的之间的关系是松散的,目的并不能从手段出发确保其实现。虽然在新的斗争形势下需要新的策略,但是战术层面的改变并不能影响它仅作为手段的性质,选举等政治活动的形式也并不能变更阶级斗争的本质。在卢森堡看来,伯恩施坦的弊病就

---

[1] Peter Gay, *The Dilemma of Democratic Socialism*: *Eduard Bernstein's Challenge to Marx*, Colliner, 1970, pp. 195-196.
[2] 殷叙彝编:《伯恩施坦文选》,第69页。

在于,他将手段本身当作了目的。这样一来,不仅目的本身被抛弃了,连整个无产阶级运动都失去了方向。因此,她批判伯恩施坦:"放弃最终目的的方针也就是放弃整个运动的方针,他劝告社会民主党在夺取政权时躺着睡觉吧,也就等于劝告它现在去睡觉,永远去睡觉,也就是说,放弃阶级斗争。"①

但是,无论是伯恩施坦还是正统马克思主义者,对于中间阶级这一群体的判断都过于理想化和理论化了。1907年彪罗选举同盟(Bulow's Bloc)的成立说明,资产阶级宁愿和最反动的阶级合作也仍然要遏制德国社会民主党。1919年魏玛共和国成立,德国社会民主党真正执政之后,对新兴的中间阶层也并不存在意识形态上更强的吸引力。事实上,有关德意志帝国的议会主义和民主框架能否成功地为无产阶级服务这个问题,无论是伯恩施坦的信念还是卢森堡的判断,都被现实证伪了:中产阶级既没有和无产阶级携手,爆发葬送资本主义制度的社会主义革命;也没有和资产阶级合作,在事实上过渡到社会主义的分配制度。二者都无法真正撼动容克贵族与普鲁士军官团的实际统治地位。

然而,从相反的方向说,他们的判断也各有其正确的方面。1918年11月,在战败的严峻局势和俄国革命胜利的鼓舞下,各方力量都在左右权力交接的进程。斯巴达克团成功领导工人爆发了短暂却声势浩大的起义,在短短几个月内占领了数十个城市,成立"人民代表苏维埃",甚至在巴伐利亚成立了短暂的苏维埃共和国。只可惜,这场革命最终被艾伯特政府聘用自由军团镇压,斯巴达克

---

① 李宗禹编:《卢森堡文选》,第65页。

团的领袖罗莎·卢森堡和卡尔·李卜克内西也因此惨遭杀害。这场革命既如卢森堡所预计的爆发了,但也确如伯恩施坦所预言的没有成功。

总结上文,有关改良主义的论争并不像基于同一学说不同立场之间的论争,更像是两种学说之间的彼此交锋,只不过表面上正统派和改良派所使用的都是马克思主义的语言,但论争各方对其中的概念范畴有着各不相同的诠释和界定。

改良主义并非一个系统的理论,而是为现实的改良实践所构建的一套说法。正如卢森堡所说,机会主义实践的外部标志首先就是"对理论的敌视……因为我们的理论即科学社会主义的原理,无论在追求的目的方面,无论在应用的斗争手段方面,最后无论在斗争的方法方面,都给实际活动规定了十分明确的界限";然而,"那些指向追求实际成果的人就很自然地力图使得自己的手脚不受束缚,也就是说,力图让我们的实际工作脱离'理论'不依赖理论"。① 改良主义"如果想反对我们的基本原则,那就势必向理论本身,向基本原理挑战……总要试图动摇这些基本原理,并且建立自己的理论。伯恩施坦的理论正是朝着这个方面走的一个尝试"。② 但遗憾的是,改良主义为了反对马克思学说所动用的其他一切理论资源和实践原则——从哲学基础上的新康德主义,到用道德观念论证社会主义,从不追求改变生产方式而是分配方式,到用贫富差距理解阶级对立,再到试图利用议会主义和合作原则进行实用渐进的改良——这一切并不足以构成一个自洽、圆融的学

---

① 李宗禹编:《卢森堡文选》,第70页。
② 李宗禹编:《卢森堡文选》,第70—71页。

说体系。相反,"它所能做的一切就是:先是向马克思学说的各个基本原理进攻,最后是把整个体系从最上层到基础统统毁掉,因为这个学说是一个牢固结合的建筑物"①。

改良主义和马克思主义彼此互不相容,但是马克思学说作为历史唯物主义的方法,却可以解释改良主义在党内的兴起,这就是历史唯物主义之为方法的强大之处。随着德国社会民主党在运动范围和广度的扩展、斗争条件和斗争任务的复杂化,和日常斗争的实践越来越趋于正轨,"这时,在运动中对能否达到伟大的最终目的将发生怀疑,对运动的思想因素将产生动摇。……对于马克思的学说来说,不是出乎意外的事,倒是马克思早已看到和预言过的"②。

马克思学说对于社会民主党领导无产阶级如何在革命中发挥历史发展的主体作用,仅有基于理论的、方向性的说明。而对于社会主义社会的性质,从资本主义到社会主义这一过渡如何实现,皆没有独立的主张。主张革命的马克思学说一方面未能为激进派如何操练革命提供有效的指导(不同于列宁主义的灌输论和革命家集团论,稍后将在第三章详述);另一方面,改良主义也无力为改良派追求的超越资本主义、和平过渡到社会主义的目标给出一套迥异于自由主义的意识形态。

由此,德国社会民主党在日后的发展中,遭遇了1918年德国革命的挫败和魏玛共和国执政的软弱,这种政治行动能力甚或政治独立性的丧失都或多或少地可以在改良主义的理论源头中找寻到

---

① 李宗禹编:《卢森堡文选》,第71页。
② 李宗禹编:《卢森堡文选》,第73页。

根由。但无论如何,用思想理解历史始终仍是隔膜。至少参与这场论争的,无论是相信资本主义大灾变的正统派,还是立足文明进化论的改良派,都未能全然把握之后历史发展的真实走向,这既显露出理论对于实践的支配性,也彰显了它的局限。

这场论争该怎样收场,之后又有什么影响?在1899年德国社会民主党汉诺威代表大会上,倍倍尔斥责伯恩施坦带给政党的恶劣影响,并重申了政党在其活动中将一如既往,"处处保持完全的独立自主,并把它获得的每一项成就只看作是使它更加接近最终目的的一步"①,"党既没有理由改变它的基本原则和基本要求,也没有理由改变它的策略,更没有理由改变它的名称,就是说,把社会民主党改成一个民主的社会主义的改良政党,党坚决拒绝旨在掩饰或者改变它对现存的国家制度和社会制度以及对资产阶级政党的态度的任何尝试"②。对此,考茨基也附议道,汉诺威代表大会将"结束怀疑和混乱的时代,并且开创一个团结一致对进逼的敌人开展有把握的斗争的新纪元"③。正统派通过对原则和传统的强调,试图继续维护党内派别的统一,维护党的革命纲领和改良实践的统一。

但是,仅从会议的决议文字我们并不能得出合于事实的判断。事实上改良派非但没有在大会上遭到"清算",爱德华·大卫、福尔

---

① 中央编译局国际共运史研究室编:《德国社会民主党关于伯恩施坦问题的争论》,第281页。
② 中央编译局国际共运史研究室编:《德国社会民主党关于伯恩施坦问题的争论》,第282页。
③ 中央编译局国际共运史研究室编:《德国社会民主党关于伯恩施坦问题的争论》,第287页。

马尔、伊格纳茨·奥艾尔(Ignaz Auer)①等人都针对卢森堡之前的文章和发言做出言辞激烈的批判,而且在会后依然投票要求倍倍尔在决议中给出合理的解释。对决议的解释要比决议本身更为重要。爱德华·大卫说,倍倍尔并没有针对改良派和激进派的孰是孰非给出一个明确的标准,他援引了关键决议中的话,"一旦问题涉及到加强党在选举中的力量,或者涉及到扩大人民的政治权利和自由,或者涉及到反对与工人和人民为敌的意图,当并不拒绝根据具体情况同资产阶级政党合作",这样一来,就一下子解决了政治策略中论争最激烈的问题,而且是按照彻头彻尾的机会主义精神解决的,这一做法本身就是在承认实践中的改良主义。② 伯恩施坦也评价道:"接受倍倍尔的决议不意味着,我就赞同考茨基把纲领当作罗马异教谬论条目的东西来反对我的那种方式。"③

大会在表面上打压改良派,丝毫不能影响他们在实践中如何去做。倍倍尔和考茨基公开表示,要维护党内"批判的自由",也就是说,至少在汉诺威代表大会上不存在对改良派任何实质意义的打压。奥艾尔是一个注重实践成效的工会主义者,被称为"最坏的伯恩施坦分子之一",他在大会上的披露极具代表性地表达了改良

---

① 伊格纳茨·奥艾尔,德国巴伐利亚社会民主党政治人物,1877年至1906年间多次担任帝国议会议员。1872年移居柏林,与伯恩施坦结识。1875年积极参加德国社会民主党加哥达统一代表大会。奥艾尔虽然倾向右翼,却是一个实用主义者,他认为在理论上制定社会民主改良主义的企图对实际的政治实践是有害的。
② 中央编译局国际共运史研究室编:《德国社会民主党关于伯恩施坦问题的争论》,第289—290页。
③ 中央编译局国际共运史研究室编:《德国社会民主党关于伯恩施坦问题的争论》,第345页。

派针对理论论争的态度,他说:"当我的朋友伯恩施坦把他这些实际建议拿出来的时候,我给他写信是怎么讲的?我给他写道:'亲爱的爱德,你是一头驴,因为人们不这样说,人们这样做!'"针对会议表面上所达成的对原则的普遍赞同,他又说:"我并不想长篇大论地谈理论,因为并不擅长,我们之间所论争的问题不是通过简短的讨论,也不是通过举手表决可以决定的。我们离开这里时,将完全同过去一样,问题没有得到澄清,意见分歧依然存在,这些意见分歧是以气质、见解和各种不同的事态为根据的。"①

1901年伯恩施坦回国后,他在柏林大学生社会科学联合会的演讲博得资产阶级报刊的一致喝彩,此举更是令德社党内一片哗然。应柏林第四区、第六区、图林根以及巴登的党员的要求,伯恩施坦修正主义的提案被明确拒绝并被拿到了吕贝克代表大会上进行讨论。伯恩施坦则亲自出席大会,为自己辩护,这是他自从挑起论争以来的首次露面。倍倍尔在发言中谴责伯恩施坦以要求党内批判自由为幌子,实则进行修正主义的宣传活动。大会最后以203票赞成、31票反对通过了倍倍尔提出的指名谴责伯恩施坦的决议。伯恩施坦、考茨基、奥艾尔都在表决中弃权。这场针对他的大会开毕,伯恩施坦毫发无损,且在会后发表声明时说:大会的裁决并不能使他"对于自己的见解产生疑惑",他只是在形式上表达了"尊重和重视"代表大会的决议②。而考茨基则在会后的文章中依旧维持

---

① 中央编译局国际共运史研究室编:《德国社会民主党关于伯恩施坦问题的争论》,第265—267页。
② 中央编译局国际共运史研究室编:《德国社会民主党关于伯恩施坦问题的争论》,第360—361页。

一副官方的论调,大讲修正主义已经开始退潮;事实则恰恰相反,伯恩施坦、爱德华·大卫、康普夫麦尔(Paul Kampffmeyer)①等人都毫不隐讳地宣布,自己绝不改变信念,而且将加紧社会改良的行动。

值得注意的是,卢森堡在这次代表大会中的位置。在会前,倍倍尔还在给考茨基的信中,让他转告卢森堡需为这次吕贝克代表大会上的批判做好准备,武装自己。② 但在会上,卢森堡却并未如在汉诺威代表大会一样被给予发言的机会。而且《新时代》本来要刊登一篇帕尔乌斯批判伯恩施坦和机会主义的文章,倍倍尔也建议考茨基拿掉,这说明此时并不是一个足够合适的发表该文章的时机。因为倍倍尔得知,改良派会以此作为论据,诟病《新时代》竟然对"党内最有功绩的人物"进行谩骂,没有必要再为这样的刊物写稿。时刻以维护党内统一作为第一考量的倍倍尔,为了照顾改良派的情绪,认为对改良主义的批判必须降温。当伯恩施坦从《新

---

① 保罗·康普夫麦尔,德国社会民主党"青年派"的代表人物,1890 年在任马格德堡《人民之声报》(Volksstimme)的编辑期间,因在报纸上对党的领导错误地进行指责而遭到批评,后辞职以示抗议。1890 年 10 月在"青年派"柏林会议上当选"独立社会主义者联盟"筹备委员会委员。1894 年该联盟解散后他又回到德国社会民主党。1921 年以来掌管党内文献。
② 中央编译局国际共运史研究室编:《德国社会民主党关于伯恩施坦问题的争论》,第 385 页。

时代》退出后，伯恩施坦成为《社会主义月刊》①的新任编辑，并召集了相当一批改良主义者②为其定期撰稿，以此拓展了改良派自己的阵地。倍倍尔为了避免与其发生正面冲突，且不致使《新时代》与正统派失去威信，他在给考茨基的信中说："提醒罗莎应当从《社会主义月刊》撰稿人中撤回她的名字。"③并披露道："你想象不到党内存在着怎样一种厌恶帕尔乌斯和罗莎的情绪，即使我不同意迎合这种偏见，但完全不加重视也是不行的。"④有关这两个报刊的各行其是与它们之间的竞争，也成为了1902年慕尼黑代表大会上的主要议题。

波兰布莱斯劳地区的议员布鲁诺·肖恩朗克去世之后，该选区的社民党需要一位议员填补这个空缺，伯恩施坦在党的州代表大会上的演讲获得了热烈反响，并成功获得了这个提名。1902年

---

① 伯恩施坦和他的追随者感到在《新时代》上不能畅所欲言，在考茨基的建议下，伯恩施坦从1900年4月开始不再担任《新时代》的固定撰稿人，于是转而为《社会主义月刊》撰稿。在慕尼黑代表大会上，讨论执行委员会工作报告时，有的代表指出，伯恩施坦等人对《新时代》的抵制和《社会主义月刊》的竞争是造成《新时代》亏损的一个重要原因。此后，《社会主义月刊》成为改良派的重要阵地。对于党内的知识分子来说，抢占并维护自己的观点阵地是非常重要的。

② 编辑部囊括的改良主义者人数众多：福尔马尔是最具代表性的改良主义者；爱德华·大卫是一名议会议员，而且在魏玛共和国时期担任国民议会的主席；路德维希·弗兰克是一位理想主义者和爱国者，他自愿在一战爆发时上战场，是前线第一个被杀害的议会代表；库尔特·艾斯纳（Kurt Eisner）在1918年革命之后成为巴伐利亚的总理，并在1919年2月被暗杀，还有康拉德·施密特、保罗·康普夫麦尔等人都在伯恩施坦担任编辑的《社会主义月刊》上发表过文章。

③ 中央编译局国际共运史研究室编：《德国社会民主党关于伯恩施坦问题的争论》，第414页。

④ 中央编译局国际共运史研究室编：《德国社会民主党关于伯恩施坦问题的争论》，第415页。

政党大选之时,倍倍尔和保罗·辛格尔(Paul Singer)①都支持他,进而在该年选举中伯恩施坦个人取得了147 000张选票,比其他所有候选人总票数加起来还多3000票。这之后,在1903年7月,德国社会民主党更是获得了前所未有的胜利,夺得了议会81个席位,成为帝国议会第一大党。伯恩施坦公开建议,政党要争取获得国会副议长这一职位。福尔马尔也即刻响应,希望在德国很快能够发生一次"米勒兰事件"。为此,在1903年德累斯顿代表大会上,倍倍尔、考茨基以及辛格尔作为正统派的代表提出了关于党的策略问题的决议案②,虽然最后的决议案仍然以288∶11通过了,但是伯恩施坦、大卫等人都投了反对票。这次代表大会是革命主义和改良主义斗争过程中具有终结意义的一次会议,倍倍尔在这次会上说,"十二年来,自从在爱尔福特和福尔马尔进行了大论战以来,我把好多话咽到肚里,这常常使我烦恼。我一再上当,伸出手来调解矛盾,最终我终于说:不能再这样下去了!现在,我们必须

---

① 保罗·辛格尔,生于柏林一犹太商人家庭。早年作为民主主义者,积极参加社会活动,后受工人运动影响,转向社会主义。1869年加入德国社会民主党。1884—1911年成为帝国议会议员,1885年起任德国社会民主党议会党团主席。1887年起任德国社会民主党执行委员会委员,1890年起任主席。1900年起成为第二国际社会党国际局成员,并担任过第二国际斯图加特代表大会的主席。
② 决议案的主要内容是:"党代表大会非常坚决地谴责修正主义者的这一企图:改变我们的以阶级斗争为基础的、久经考验和已取得辉煌成就的策略,用一种迎合现存制度的政策代替通过战胜我们的敌人来夺取政权的政策。这种修正主义策略的后果就会是:使争取尽快地把现存的资产阶级社会制度转变成社会主义社会制度的这个政党,也就是真正的革命政党,变成一个满足于对资产阶级社会进行改良的政党。"参见《德国社会民主党关于伯恩施坦问题的争论》,第606页。

弄个水落石出,必须把账算清,我们互相之间必须尽可能地开诚布公"。①

终结改良主义论争的决议获得高票通过有一个重要的原因,那就是大多数党员和倍倍尔一样,对这场论争早已感到疲惫不堪。从这次代表大会之后,德国社会民主党再也没有在自己的代表大会上针对改良主义或是伯恩施坦问题进行过讨论和辩论。苦于党内长期斗争的考茨基也再一次有理由盖棺论定,党内终于重新获得了内部和平。一切波浪终究会平息。② 但遗憾的是,改良主义远没有被克服,无论在理论方面还是在实践方面,都在其既定的轨道上,愈来愈蓬勃地发展起来。有关"改良还是革命"在理论和原则层面的问题,以更为具体和实际的形式在工会和政党的关系中获得延续。

最后,需总结和评估卢森堡在这场"改良还是革命"的理论论争中的位置。卢森堡最早加入批判伯恩施坦的队伍之中,在正统派对改良派的批判中发挥了举足轻重的政治作用,这场"战役"也同时为她在极短的时间内积累了政治声誉。

卢森堡将历史唯物主义的分析方法彻底贯彻到对伯恩施坦具体观点的批判之中,特别是对于资本主义适应论问题的反驳,可谓辩证法的杰作。基于经济现象的观察和不同层次理论的抽象分析,她和伯恩施坦得出了对资本主义生命力截然相反的判断,这源

---

① 中央编译局国际共运史研究室编:《德国社会民主党关于伯恩施坦问题的争论》,第 559 页。
② 中央编译局国际共运史研究室编:《德国社会民主党关于伯恩施坦问题的争论》,第 616 页。

于二人在思维方式上对于马克思理论掌握和使用的程度不同。卢森堡从证实理论有效性入手,致使她会对某些特定的现象更加敏感,但对于理论未能覆盖的一些新现象,则采用抽象概念的方式进行模糊处理,以使得作为理论结论的"革命"依然奏效,理论的完整性得以保存。但是,这一从现象到概念的抽象过程是否准确?现象是否有所遗漏?现象的本质是否能被所使用的概念完全覆盖?概念与概念之间的关系是否在应用解释新现象时依然牢靠?更进一步,理论的使用是否有助于真正解释世界和历史走向?

从历史后来的发展走向来看,卢森堡的很多判断并未被证实。然而,伯恩施坦却并不执着于论证马克思学说的合理性,相反,他从证伪和抛弃理论的方向直面现实,这使得他对于现象的把握较少地受到体系化逻辑的约束,虽然他对改良主义的阐述欠缺一致性和系统性,但是这并不妨碍他对资本主义新现象的敏锐捕捉。从这个意义上说,所谓解释和预测,实乃一件事情,因为这同时包含了价值无偏地对现象进行认识,对关键变量的发现和对理论逻辑的检验。罗莎·卢森堡所坚持的马克思学说的"科学性",更多的是坚持作为"体系性"的知识,而非"可证伪"的生产新知识的方法。

"改良还是革命"的问题既是马克思学说在新时代下面临的理论挑战,也是德国社会民主党在具体工作中需要解决的理论与现实之间的两难。卢森堡出色地完成了捍卫正统马克思学说的政治任务,较好地履行了自己勇于承担和历史赋予她的使命,并且,可以在历史文献中,深刻地感受到她思想的穿透力、逻辑的严密性,以及对理论使用的深刻程度,都是值得肯定的,并不能因政治斗争的结果和改良实践的实际历史走向而被忽视。

第二章

疲劳还是斗争

第一节 激荡的 1905 年

1905 年是欧洲历史上具有转折性意义的一年。威廉二世访问摩洛哥,造成了第一次摩洛哥危机,加剧了法德关系的紧张。此举使得德国和奥地利越来越靠近,新的国际力量格局正在重组。与此同时,大众政治与以地方权贵为基础的传统政治愈来愈无法相容,全国性的群众运动开始以有组织的形式挑战旧的权威,[①]尤其体现在以社会中下层为主体的社会主义运动的迅猛发展。于是,建立在日益扩大的民众基础上的政治制度开始逐渐成为世界历史

---

① [英]艾瑞克·霍布斯鲍姆:《帝国的年代(1875—1914)》,贾士蘅译,江苏人民出版社 1999 年版,第 116 页。

的趋势,整个欧洲掀起了选举权斗争的新高潮。而对于统治阶级来说,如何将新崛起的社会力量纳入旧的秩序之中,则是攸关政治安全的大事。这种国际、国内的紧张局面在压迫最深的沙皇俄国体现得尤为显明。日俄战争结束,日本取得了对一个欧洲强国的胜利,对俄国而言,这场战争非但没有转移国内的阶级矛盾,反而加重了社会的不满情绪,酿成了长达两年的社会骚乱和历史上最大范围的大罢工。

1905年的俄国,虽然资本主义的发展已出现了一些垄断的迹象,但仍然有很多落后的社会因素。多数好土地依然掌握在少数大地主手中,即便农奴制已经废除,但地主仍以"工役制"的形式压榨农民。而俄国工厂主们则用自家商品代替现金作为工资,支付给工人。相较于其他资本主义国家的工人,俄国工人是劳动时间最长、工资最低的。由于沙皇制度禁止罢工和集会,俄国的工人也是最没有政治权利的。在俄国的资本主义发展过程中,大量外国资本涌入,外国工厂通过雇佣廉价的俄国工人而获利。沙皇政府向西方国家贷款,只能靠压榨民众赚取偿还的利息。因而,对于俄国的民众来说,他们面临着本国和异国的多重压迫。这一切,都使得俄国社会的政治和经济矛盾复杂尖锐,一触即发。

俄国革命始于1905年2月9日的一个"黑色星期天"。加邦神父带领下的三万工人,齐聚冬宫广场请求"沙皇父亲"接见,并递交了要求普选、实行立宪和改善民众权利的请愿书。但这支队伍不幸遭到了宪兵军队的强力镇压,约1000人惨遭杀害。这一突发事件激起了更多更强烈的反对浪潮。5月,日俄战争战败的消息传来,全国各地烽烟四起,学生罢课,工人罢工,农民烧毁地主庄园,军队兵变,各民族组织政党号召自治,工会和农民联合会也纷纷成立。在5月的罢工中,第一个工人士兵苏维埃诞生了,这种工人士兵的自发组织,既是一种全新的民主形式,又服务于发动革命的政治机关。在随后几个月里,约50个苏维埃纷纷成立起来。在这其中,最活跃的人就是撰写苏维埃声明的作者——托洛茨基。9至10月,莫斯科印刷工人的罢工扩展到面包作坊、工厂和铁路。10月初,铁路工人的罢工从莫斯科扩展到帝国的其他地区,使全国铁路运输中断,酿成了历史上最大范围的一次罢工。尼古拉二世迫于压力,发表十月宣言,成立杜马议会作为妥协,但却因为不平等的选举程序而激起更大的社会不满。①

1905年俄国革命是由群众自发组织的,且随着革命进程而不断自我扩大。革命浪潮从一个城市辐射到另一个城市,从一个行业扩展到另一个行业,国际上的战败与国内的镇压又进一步加剧了形势的紧张。虽然革命最终被不幸镇压,但是各种意识形态的政治团体也都从中得到了训练,更是留下了丰硕的革命遗产。这就是为什么之后托洛茨基在评价1905年革命的历史意义时会说:"1905年革命,不仅是1917年革命的'总演习',而且是一种实验室,在其中形成了俄国政治生活内所有基本的派别,又反映出俄国马克思主义内部各种不同的倾向。"②这也就是为什么之后列宁能从苏维埃的组织形式中发现并实现更广泛人民民主的可能。

之所以详述1905年俄国革命,是因为这场自巴黎公社以来欧

---

① [美]W. G. 莫斯:《俄国史》(1855—1996),张冰译,海南出版社2008年版,第91—94页。
② 托洛茨基:《斯大林评传》,齐干译,上海三联书店2011年版,第591页。

洲首次大规模的革命运动展现出一种新的历史可能性,并为全世界无产阶级带来了对群众罢工的极大热情和新的斗争策略样本——政治性的群众罢工。这意味着斗争不再是在确定的约束条件和轨道上和平发生,而是斗争本身就在创造前所未有的新的历史条件;也意味着工人阶级的斗争成果不再仅仅局限于从议会选举和对资产阶级直接的经济打击中获得,因为通过政治性的罢工开辟了一个全新的战场。这个全新的战场,没有政党和工会繁冗的官僚主义,每时每刻都由群众的自发性和对抗性焕发出无限的历史机遇与潜能。正是这样一个汇集了各种情绪和偶然性因素的历史事件,对卢森堡产生了深深的震动,令其进行了反思。卢森堡作为德社党内的俄国问题专家,通过对俄国经验的分析和观察,概括出一种全新的斗争策略,并赋予其理论价值,将其普遍化。她试图从对群众罢工问题的辩论和思考中,发展出一整套革命理论和行动策略,用以打破欧洲社会民主党被议会策略主导的被动局面。

发生在俄国的社会革命不是孤例。1905年1月7日,德国鲁尔区爆发了一次矿工起义。这次起义和之前那些由工会组织的罢工有所不同,它是由群众自发组织的。起因是此前矿工的工作条件一直未能得到改善,而煤矿工会的四位领导人又未能及时阻止这场冲突的扩散。在这场罢工热潮中,有组织的工人和未被组织的工人一同加入,其所达致的规模远超出工会日常的工作范畴。不仅如此,年初的这场罢工也使整个德国在这一年里都笼罩在此起彼伏的罢工氛围中。

德国发生的这一系列事件和国内阶级斗争的尖锐化也有关

系。1904年,为了应对越来越有组织的工人罢工,①德国雇主联合总会和雇主联合会协会先后成立,前者以重工业和纺织业为主,后者则主要由轻工业构成。两个雇主协会在1904年底同意在抵抗工人罢工上彼此协助。② 在这样的形势下,劳资冲突愈演愈烈,并在1905年在广度和深度上达到了巅峰。仅这一年里,就有507 964名工人参加了停工运动,这是1848年到1917年期间参加罢工人数最多的一年,也是工会开支超额的一年。这一年,工会会费的29%都用来支付罢工活动了,这也使得工会的领导人比以往更加守紧钱袋,以进一步加强工会的组织性,经济上的紧张也进一步助长了工会领袖在政治上的审慎和保守。③

在1905年,工会在人数、财富和组织能力上都超过了德国社会民主党,发展为一个着眼于务实改善工人经济状况的独立组织,对政党领袖所说的激进话语也越来越不以为然。党内实际把控话语权的一众知识分子,几乎没有人在党内任何一级行政组织中担任领导干部,在工会中更是没有职位。这些知识分子除却在定期的群众集会中进行必要的选举宣传之外,在日常的工作中与工人并

---

① 工会发明了各个击破策略:组织好的工人并不是一起面对整个行业,而是当一个工厂的工人罢工时,行业内其他工厂的工人继续工作,并为这些罢工的工人提供储蓄金。一个工厂结束后,下一个工厂继续重复同样的程序,直到整个行业最终同意工会的要求。这种斗争策略对资本家构成很大的压力。由于工会能够更加切实地为工人带来具体实际的利益,对工人而言,工会所勾勒的并不是遥远的、不可理解的政治理想,因此,工会在工人群众中能够深化其基础,加强与群众的联系。

② Gerhard Kessler, *Die deutschen Arbeitgeberverbände*, Schriften des Vereins für Sozialpolitik (Leipzig, 1907), S. 56-57.

③ Gerhard Kessler, *Die deutschen Arbeitgeberverbände*, S. 73.

没有经常的联系。但是,作为党内机关报纸的"笔杆子"和为党发声的理论权威,考茨基、卢森堡、帕尔乌斯、希法亭这些名字却经常出现在《新时代》《前进报》《莱比锡人民报》等工人报刊之上。其中,以罗莎·卢森堡和卡尔·李卜克内西为代表的激进派,在1905年之后逐渐清晰地显现出来。他们的立场是将俄国革命的经验运用到德国社会民主党组织的群众运动之中,以此来反对普鲁士的军国主义,促进国家的民主化,激化革命形势。而以工会领袖为代表的改良派,则强调运用这一经验的局限性,并在经济斗争的成就中愈加强化改良的立场。

还是在1905年,德国国内政治还有一支潜流,那就是选举权运动。萨克森州废除了相对自由的选举制度,转而支持普鲁士的三级选举制,这极大地减少了中产阶级和工人的代表权。针对这一变化,11至12月之间,该州大规模地爆发了争取选举权的示威游行。这次示威游行对于政党和工会重新认识政治性罢工有着重要意义。为了阻止德国与俄国革命形成遥相呼应之势,而使国内动乱加剧,在这一年的年底,威廉二世曾公开提出遏制德国社会民主党,这使党所面临的政治形势更加紧张。

有关群众罢工的论争就是在如上国际和国内背景下展开的。可以说,在"一战"之前,德国社会民主党历史上几乎没有哪一个议题能够像群众罢工的议题一样,如此清晰地照亮工人运动中存在的悖论和问题。因为俄国革命,之前有关"改良还是革命"的论争获得了一个全新、具体的表现形式。此前,改良派都是直接攻击《爱尔福特纲领》中的理论部分和马克思主义经济学中存在的理论问题;而这之后,正统派和激进派的马克思主义者则开始挑战原有

175

的斗争策略,将群众罢工这一从俄国革命获致的武器,作为使运动激进化的有效手段。

群众罢工的论争牵涉的问题是复杂且多样的:包括党和工会的关系、运动的领导权问题、无产阶级政党的本质、对社会主义革命的理解等。层出不穷的事件不断为论争贡献新的素材,也为论争本身增加了诸多不确定性。如果说此前,论争仍在模糊和抽象的原则层面展开,那么如今,则在具体的组织和策略行为中进行。如果说在前者的观念层面,各方力量尚有妥协的可能,那么在后者谁出钱谁出力的问题上则攸关权力的真实斗争。这场论争也酿就了日后德国社会民主党内部的彻底分裂。

在这场有关群众罢工的论争中,起初,考茨基被工会主义者看作和激进派站在一起的。但是随着工人运动形势的变化,考茨基和激进派的分歧愈加显露出来,并在1910年和卢森堡的激烈论战中达到顶峰。1905至1910年这段时间里,考茨基的中派主义逐渐形成。受苏联教条史观影响的文献中,倾向于将考茨基中派主义的形成,归结为他思想修正主义化的标志,并追究考茨基"变节"的时间分界,甚至以此作为对第二国际的历史分期。这种立场先行的研究在政治上的意义要远比学术上的意义更大。一个更符合客观实际的研究进路恐怕应该是,探究政治形势的变化如何使考茨基的思想呈现出了"中派"的政治结果。具体而言,在1905—1906年的两次代表大会之际,因为有工会主义者这一共同的"敌人",卢森堡和考茨基的立场差别并没有十分清晰地显露出来。然而在这之后,从1907—1910年,一方面卢森堡对世界革命形势的估计愈加激进化;另一方面,德国社会民主党在议会和经济斗争中却取得越来越多成就,而考茨基则出于对国内形势的觉察和对政治安全性的考虑,二人对于德国社会主义的现状与未来产生了不同预判,并导致二人分道扬镳。

梳理这场论争的脉络,可能会遇到以下几个问题:第一,考茨基对于群众罢工的问题的具体阐释不仅代表他对该问题纯粹的理论观点,也混杂着他在不同形势下的政治考量。他的立场有助于维系党内不同派别之间的统一和团结,相比之下,他的表述要比卢森堡更加直接,甚至情绪化的阐述更显晦涩(opaque),在分析中需要过滤出他的政治意图。

第二,这场论战在时间上延续了第二国际之前对无政府主义的批判,工会主义者拒绝讨论群众罢工主要的原因是他们将这种斗争方式指责为无政府主义的残余沉渣。这是在分析论争中的具体言辞时需要留意和区分的前因和背景。

第三,从左派、中派、右派分别在这场论争中的表现和在党代会上投票的表现来看,他们并非彼此决然对立,很难简单用标签界定某个人一直从属于哪一派别。

最后,无论政党或工会对群众罢工支持也好,敌视也罢,群众罢工始终是一个一直在持续的议题,而且直到1914年仍然反复出现。由于罗莎·卢森堡对这一现象的持续关注和对形势日趋革命化的判断,这场论争旷日持久。

第二节 耶拿与曼海姆代表大会(1905—1906)

一、缘起

要书写考茨基和卢森堡1910年有关群众罢工的论争,为什么要追溯到1905年呢?1905的耶拿代表大会和1906年的曼海姆代表大会,在德国社会民主党的历史上有重要的分水岭意义。两次党代会的讨论内容和最后决议都围绕群众罢工问题展开。直到1910年,卢森堡还援引耶拿决议用以佐证自己从未变更的立场,引用这一时期考茨基的言论来抨击他的前后不一致。两次党代会,虽然仅仅相隔一年,但政治形势截然不同:耶拿代表大会是德国社会民主党历史上最为激进的一次代表大会;而曼海姆代表大会过后,改良派则在实际上取得了胜利。有关工会和政党谁拥有工人运动的实际领导权的问题,在1905年时,答案还毫无疑问是政党;而到了1906年,在政党不能组织群众的地方,工会的作用愈加凸显。工会能有效地向政党传达工人在政治上并不积极的态度,政党在纲领上体现的革命潜力愈加被改良的现实重挫。政党对工会在某种意义上的妥协,也预示着它对政治灵活性的放弃,并为最终党的解体埋下伏笔。

从1906年开始,激进派在党内的处境开始恶化。如果说,此前在修正主义问题的论争中,他们或多或少还占据主导地位的话,那么,随着1906年2月政党和工会领袖举行了有关政治性罢工的秘密会谈和党的领导机构的策略性妥协之后,激进派在党内则越来越被边缘化。在1905年时,卢森堡和考茨基都受到俄国革命的激励,二者在政治立场上是相近的,又因为要共同应对工会主义者的批判,所以看上去仍是亲密的同盟和战友。1906年之后,党内领导机构日渐保守化,考茨基出于维护党内统一的审慎考虑,开始扮演党内各种力量的协调性角色,而卢森堡则对于形势作出了更为激进的判断,这二人的差别就开始显露出来。1909—1910年间,二人爆发激烈论战,并在政治上彻底分手。所以,1905—1906年的两次党代会及期间派生的诸多线索是不可不细察的。

1905和1906年,对于卢森堡个人而言也是异常奔波的两年。一直以来,卢森堡的革命工作都在两个舞台上平行开展,也因此有研究者说她的一生是为国际主义奋斗的一生。她生于波兰,却来到了德国社会民主党工作;她从事波兰王国和立陶宛社会民主党的组织运动,同时兼任党内诸多核心刊物的编辑,并负责德国政党选举的宣传工作;她是波兰王国和立陶宛社会民主党和崩得(Bund,犹太社会民主主义总联盟)在第二国际的代表,同时也是德国社会民主党内的俄国和东欧问题专家。但在这两年间,她在两个舞台上都遭遇了某种意义上的"隔绝":一则体现在她对波兰本土政治情况的生疏与陌生,二则则表现为曼海姆代表大会上她在德国社会民主党内愈渐孤立的政治处境。对此,她相信未来急遽变化的革命形势和条件必将使改良派的政治守势难以为继,改良派必将最终从自发的革命群众中获得教益。

从1905年初开始,卢森堡就奔波于全德各地,密集地参加群众集会和发表演说。直到9月德国社会民主党耶拿代表大会召开在即,她才从埃森做完选举宣传匆忙赶来①。这一年里,德国工人激荡的革命情绪和卢森堡的功劳不能说没有关系。年底,革命达到高潮,卢森堡不顾她波兰同事的阻拦和德国同事的挽留,执意拿着她的女同事安娜·马契克的护照,主动要求前往华沙参加革命运动。她的这次亲身经历更加强化了她激进的革命立场。当她在1906年带着鲜活的俄国经验,从芬兰回到党内并准备进行宣传时,迎接她的已全然不是她所期待的局面。

虽然第一次俄国革命并未构成德国任何一场罢工的直接原因,但是由于意识形态相近,德国与俄国相似的"帝国"政治生态,再加上工人政党竭力地宣传动员,特别是包括考茨基在内的党内激进派对局势的主观判断,共同使得对群众罢工问题的策略性讨论,上升到了一个是否违背社会民主主义、是否背弃革命的高度。然而,当具体的有关政治性罢工由谁来出钱的问题出现时,这种浪漫的革命激情立刻变成了冰冷的利益计算,这也就解释了政党会在仅仅一年之后态度迥然的原因。以上是对两次代表大会期间横剖面的观看。但是,为了更好地厘清卢森堡和考茨基在此之后的分野,还需要一个纵向的观看,即他们各自在这一问题上最初的论述和之后的发展是怎样的。如果变化了,变化的原因又是什么。

群众罢工作为一个客观的事实和讨论的议题,早在耶拿代表大会之前就已经在第二国际层面出现了。耶拿党代表大会对群众罢工问题的激烈辩论,不仅有赖于俄国革命的震动,也是此前诸多暗流汇合发展的总爆发。

---

① *The Letters of Rosa Luxemburg*, edited by Gerog Adler, Peter Hudis, and Annelies Laschitza, p. 188.

从宏观的国际趋势看,早在1893年,有关大罢工的讨论就被第二国际提上了日程,比利时、荷兰等地为了争取选举权也采用了这样的手段。1902年,比利时爆发大罢工,罗莎·卢森堡和弗兰茨·梅林在《新时代》上发表文章,批判比利时的工人运动领导人王德威尔得(Emile Vandervelde)人为取消大罢工,转而和资产阶级议会结成同盟。卢森堡在《三论比利时的试验》(1902)一文中[①],反对王德威尔得将比利时的群众罢工指责为无政府主义,并为此特意对"无政府主义的大罢工"和"政治性罢工"做出了区分:前者是不顾不同国家具体斗争条件差异的抽象和绝对的空想,后者是在有利时机下为了取得切实的政治结果而采用的特定手段。对于暴力的使用和议会斗争之间的关系,卢森堡承继了马克思对该问题的一贯主张,即二者并非决然对立,而是在特定的时候,暴力可作为迫使统治阶级妥协的工具,"比利时的试验的最重要的教训不是要反对总罢工本身,而是相反,要反对同自由党人结成注定使任何总罢工都不会取得成果的议会同盟"。[②] 由此可以看出,卢森堡早在1902年就持这样的观点:反对将群众罢工指责为无政府主义,并且批判政治上的保守主义,试图在群众罢工的运动过程中发现有利于革命形势和政治斗争成果的积极因素。

针对1902年的比利时大罢工,奥地利社民党的领袖维克托·阿德勒(Victor Adler)埋怨考茨基和倍倍尔为什么不像卢森堡和梅林一样,对比利时的领导者采取批判立场。考茨基虽然也对

[①] 1902年卢森堡就比利时罢工问题发表《比利时的试验》一文。王德威尔得以《再论比利时的试验》一文来和卢森堡论争。之后卢森堡写了本文作为答复。

[②] Neue Zeit, XX, ii, S. 203-210.

比利时的罢工领袖不满,但是原因和卢森堡、梅林相反,他并没有批判领袖们的保守,而是批判他们轻率地玩弄鲜血和生命:"王德威尔得和他的同志们对于局势的艰难并不知晓,对于这种斗争的严重性没有顾忌。"考茨基对这一问题的看法是,不能轻率地使用群众罢工这一手段,否则可能带来反动派镇压的严重后果,在真正的危机局势到来之前,政党必须做好使用一切手段的准备,以应对不确定性的危险。① 考茨基既没有在原则上拒绝使用群众罢工的手段,也没有极力主张群众罢工。正因如此,很难说他是教条的或是不切实际的。对于很多经历过"非常法"时期的党内元老来说,他们都知道政府镇压的厉害,也都亲身经历过并知晓这将招致工人运动发展的曲折。特别是随着政党和工会力量愈发强大,阶级对立愈加严重,如果又有可能招致政府镇压的话,后果将是不堪设想的,这也就是考茨基在群众罢工问题上慎而又慎的缘故。

相似地,希法亭也曾于1903年10月在《新时代》上发表文章说:"工人力量在每一次选举中的提升,将早晚迫使统治阶级废除或者限制普遍选举权,以防止社会民主党控制了议会引入社会主义。为了防止这个灾难,工人阶级必须准备好使用他们的经济力量:在普遍选举权背后应该是总罢工的决心。"②群众罢工是保护无产阶级前进免受暴力扰乱的有效手段。但由于群众罢工很可能招致统治阶级采用武力,所以这是最后采取的应对措施,因为这之后

---

① "Kautsky to Adlker" (19 May 1902), Victor Adler, *Briefwechsel mit August Bebel und Karl Kautsky*, Vienna, 1954, S. 396-397.

② *Neue Zeit*, XXII, i, S. 137-141.

就可能要面对最后的决战。①

紧接而来的1904年第二国际的阿姆斯特丹代表大会,一定程度上改变了此前对群众罢工的态度,虽然仍然在决议中警示,不要被无政府主义者欺骗,但是也承认"波及一系列重要经济行业,或者某一行业诸多支流产业的总罢工,可能会带来重要的社会改革"。② 而在此之前,第二国际一直认为大罢工是不可讨论的。

抽象地讨论群众罢工的原则和策略是远远不够的,更需要进入具体的历史情境中,才能理解有关该议题的论争在当时德国社会民主党的特殊语境下意味着什么。从微观的工会内部来看,中央工会的行政官员和地方工人的实际代表之间在讨论罢工问题时是存在矛盾的。群众罢工这一议题某种程度上可以被二者当作彼此角力的抓手。拉斐尔·弗里德伯格(Raphael Friedeberg)就是这样一名地方工人代表,他看到了在群众罢工中实际蕴藏着的摆脱工会行政约束、释放工人自由度的潜在可能,认为工人可以通过自由地举行罢工,自主决定自己的命运,摆脱工会行政官僚的束缚。③ 只可惜,当弗里德伯格将他的提案带到1903年德累斯顿党代会上进行讨论时,提案却被否决了。但这一情况在1904年发生了变化。党内的一些重要的知识分子如爱德华·伯恩施坦、卡尔·李卜克内西、克拉拉·蔡特金等人,都纷纷支持将弗里德伯格

---

① *Neue Zeit*, XXII, i, S. 141.
② Daniel De Leon, *Flashlights of the Amsterdam Congress*, New York Labor News Co., Harvard University Press, 1929, pp. 155-156.
③ Carl E. Schorske, *German Social Democracy 1905-1917, The Development of the Great Schism*, Harvard University Press, 1972, p. 35.

的提案提上1905年党代会的讨论日程。这是为什么呢？考茨基的一个观察可供作为对此的理解，那就是关于当时党内风气的转变："在党内，有一种普遍的感觉，就是巨大的政治变革正在行进；它会比我们所预想的来得更早，并使我们遭遇未曾料想的局面。无产阶级应明智、及时地使用可供使用的一切武器。"[1]考茨基话音刚落，俄国革命就爆发了。

从中观的政党和工会关系层面看，政党在激进风向上的敏锐和工会漠然而实用主义的态度形成了鲜明的对照。1904年第二国际代表大会的决议和俄国革命的到来，增强了考茨基的信心和乐观情绪，他认为革命历史已经开启了新纪元。他将俄国革命和巴黎公社进行对比，认为巴黎公社宣告了欧洲资产阶级革命的终结；而俄国革命，即便它的性质是资产阶级革命，却揭开了无产阶级革命的序幕。"1871年开启了欧洲资产阶级的和平与发展，而1905年则开启了危机和各种类型的革命局势。"[2]有趣的是，虽然列宁在1914年之后激烈反对考茨基，但是在1905年之为世界历史拐点的判断上，二人却高度一致。而后，列宁将1905年兴起的苏维埃组织进一步拓展为十月革命后新政权的制度想象，并在《国家与革命》中将其追认为巴黎公社的遗产，将苏维埃确立为巴黎公社精神的"正统继承人"。列宁在这一系列问题上的判断都和考茨基此时有遥相呼应之感。传统的共运史书写中较易受后世历史发展的影响，重在强调列宁与考茨基的对立，事实上，这也在某种程度上遮蔽了二人作为同时代社会主义者的相近性（closeness）以及共享的

---

[1] Karl Kautsky, *Der politische Massenstreik* (Berlin 1914), S. 109
[2] "Zum Parteitag", in *Neue Zeit*, XXIII, 1904-1905, vol. II, S. 758.

精神谱系。

就在俄国革命开始之前,德社党内已经长期陷入和修正主义的争吵中,这已令考茨基作为政党的意识形态领袖身心俱疲。此时,他感到终于可以腾出手来,将党作为一个统一的政党集中力量推进激进策略。[①] 年初,鲁尔区爆发声势空前的矿工罢工浪潮,更是鼓舞了考茨基、卢森堡等人。然而,这一事件却让中央工会的干部们苦不堪言,他们忙不迭地阻止罢工运动蔓延到其他行业,以免造成更大的储金损失,但比这更让他们难以忍受的事情是政党还在愈加热烈地讨论罢工的紧迫性问题。

1905年5月22—27日,科隆工会代表大会在鲁尔大罢工的形势下召开。这是工会的利益和心声得以尽情、充分表达的平台,这里没有来自政党知识分子们的说教。在会上,一个又一个报告此起彼伏地表达着不满和抗议。波姆伯格(Bömelburg)说道:"我们德国人,从现在在法国、比利时和荷兰开展的总罢工宣传中没有什么可学习的,如果失败的鲁尔实践有什么经验教训值得吸取的话,那就是没有一个强大的组织,没有坚实的财政基础,他们就无法开展对雇主的斗争。"[②]他认为,用大罢工去解决社会问题是乌托邦主义和无政府主义的空想,而"任何将政治性的群众罢工看作应对的新工具的想法"都是应被决然否弃的。[③] 科隆代表大会否决了将政治性罢工视为斗争手段的决议,要求工会将自己的活动局限于改

[①] John Peter Nettl, *Rosa Luxemburg*, 2 vols, Oxford University Press, 1966, p. 299.
[②] *Protokoll der Verhandlungen des fünften Kongresses der Gewerkschaften Deutschlands*, Berlin, 1905, S. 216.
[③] *Protokoll der Verhandlungen des fünften Kongresses der Gewerkschaften Deutschlands*, S. 219.

善工人阶级日常福利,并只与资本家进行经济斗争。

工会的此项否决在政党愈加革命化的时期逆潮流而动,激起了党内的激烈反对。战火在党内各个主要的机关刊物上铺天盖地地"燃烧",工会的代表也展开反击。罗莎·卢森堡作为一个外国人、女人、初出茅庐涉世未深的年轻人,且曾将工会多年的工作成就鄙弃为"西西弗的徒劳",此时自然而然成为工会领袖们首先猛攻的对象。矿工工会的领导人奥托·胡埃(Otto Hue)在《德国矿工日报》上发表的一篇文章中暗讽道:"在俄国,争取人民自由的斗争长久以来一直在惊心动魄地进行着。我们始终感到惊讶的是,为什么我们那些高喊总罢工的理论家不尽快到俄国去积累实际斗争的经验并且在那儿参加斗争呢?在俄国,工人正在流血牺牲,为什么那些特别是来自俄国和波兰的,现在仍在德国、法国和瑞士大写其'革命'文章的理论家们不奔赴战场呢?谁要是像我们那些不断宣传总罢工的活动家那样满怀过度的'革命'热忱,那对于他来说,现在避暑回来是到了实地参加俄国的自由斗争的时候了。讨论来,讨论去,不如实习去,你们——'阶级斗争的理论家们',起来吧,投身到俄国的自由斗争中去吧。"①

后来,弗里德里希·瑙曼(Friedrich Naumann)在《援救》(Hilfe)杂志上欣喜若狂地引证这篇文章并说:"这些话说得多么好呀!国际革命家们应该说说,为什么他们现在没有足够的国际主义去华沙呢?"②卢森堡也在《萨克森工人报》上对此做出了猛烈的回击,她回顾了科隆工会代表大会的讨论,认为这一否决是对德国

---

① 中央编译局国际共运史研究室编:《卢森堡文选》(下),第14页。
② 中央编译局国际共运史研究室编:《卢森堡文选》(下),第14页。

新的革命精神的否弃,也是工会已脱离党的领导的一种表现,更意味着工会已完全无视出现群众罢工的深刻的政治环境。此外,她还对工会此举做出了道德意义上的谴责,认为他们面对注定不可避免的社会革命的需求,闭目塞听,眼界狭窄,满足于傲慢的自给自足。①

党内的诸多报纸都参与了这场论战,《前进报》是表现得最为突出的一个。作为党的重要机关刊物,它在库尔特·艾斯纳和理查德·费舍(Richard Fischer)的领导下,成为改良派和工会主义者的大本营。《前进报》曾经宣称,群众的政治性罢工将不会被列为工会的工作日程,除非工会来领导组织工作。为这场论战更加增添燃料的是一本小册子——罗兰-霍尔斯特(Henriette Roland-Holst)在1905年6月发行的《总罢工和社会民主主义》,这本书的序言是由考茨基撰写的。霍尔斯特是党内较激进的知识分子,在这本小册子的写作过程中,卢森堡还曾给予过不少资料和思路上的帮助。② 霍尔斯特的这本书并非主张巷战和流血革命,然而,《前进报》当时为了攻击的便利,选择性地摘录了书中部分内容,并将其向更为激进的方向进行扭曲。《前进报》曾说,乌托邦的无政府主义者妄图通过总罢工,进而占有和控制生产,从而实现社会主义;而考茨基和霍尔斯特则试图用群众的政治罢工来夺取和巩固

---

① Rosa Luxemburg, Die Debatten in Köln, *SAZ*, 31 May 1905. C. f. J. P. Nettl, *Rosa Luxemburg*, p. 302.
② *The Letters of Rosa Luxemburg*, edited by Gerog Adler, Peter Hudis, and Annelies Laschitza, pp. 190-191.

政权。他们将考茨基斥为"抽象和教条的意识形态盲从者"①。考茨基十分愤怒,称《前进报》的人是"根深蒂固的邪恶分子"。这种相互的敌意和攻讦也使得《前进报》更加公开地与工会领袖站在一起。考茨基坦言道,以德国现在的社会冲突,如果工会领袖拒绝接受群众罢工,那么这种罢工就将在"没有任何工会的组织和前期准备下爆发"。将政党的策略和组织仅仅建立在革命的思想之上是不可想象的,基于现存的紧张局势,优化群众罢工的行动手段已经变得非常必要。他断言道:"政党不得不在两条路线中进行选择:《新时代》的革命路线,还是《前进报》的修正主义路线;建立在无产阶级专政的基础之上的路线,还是与资产阶级民主政府调和的路线。"②

事实上,考茨基有关群众罢工的立场一直都很鲜明。他拒绝改良派将对群众罢工任何形式的运用都等同于革命的看法,因为他感到,发生在比利时、瑞典、荷兰和意大利的总罢工并不是真正的革命。但他同时能看到,一场成功的群众罢工仅仅在革命状态下才是可以想象的。为了避免可能招致的灾难性的镇压,党在使用这一工具的时候必须非常小心。所以,考茨基主张对群众罢工进行充分讨论,恰恰是因为要避免对它的滥用。然而,在这种互相攻击的激烈形势下,考茨基因为被当作卢森堡的同盟,他的真实立

---

① Massimo Salvadori, *Karl Kautsky and the Socialist Revolution 1880 - 1938*, Verso, 1990, pp. 96 - 97.
② "Noch eimnal die unmögliche Diskussion", in *Neue Zeit*, XXIII, 1904 - 1905, vol. II, S. 785.; "Eine Nachlese zum Vorwärtskonflikt", in *Neue Zeit*, XXIV, 1905 - 1906, vol. I, S. 315.

场被模糊了,他的激进程度也被过分夸大了。

在与修正主义奋战了4年之久后,党内领导希望能借革命化的氛围,一举挫败改良派在党内的影响,而和《前进报》的论争则恰恰提供了这样一个契机。1905年秋天,由考茨基牵头的15个人组成的柏林出版委员会做出了一个决定:对《前进报》编辑部进行清洗,将改良派的5个人撤换,调入6名新成员,组成了全新的团队。应倍倍尔的要求,罗莎·卢森堡也位列其中,除此之外还有库诺(Cunow)、施塔特哈根(Stadthagen)等人。《前进报》的这次人事调整,体现出政党在政治宣传上的控制能力。

二、耶拿代表大会始末

1905年9月17日,德国社会民主党一年一度的耶拿代表大会终于在这样复杂的背景下拉开了帷幕。大会开始之前,倍倍尔到底要支持哪一方是充满悬念的,他的判断将对接下来形势与任务作出基本的定调。在会上,倍倍尔做了长达三个半小时的演讲,使大会的氛围变得越来越激进。[1]

倍倍尔重申了德国社会民主党是一个反对派政党,在夺取政权之前注定是孤立的,因而号召全党在这样一段伟大的斗争时期要随时准备好。他坦言,因为雇主联合力量的强大、基督教工会组织对罢工的破坏等,这段时间将会是充满危险的。但他非常确定地说,如果矛盾激化到了十分尖锐的程度,德国社会民主党将获得

---

[1] *Protokoll über die Verhandlungen des Parteitages der Sozialdemokratischen Partei Deutschlands*, 1905, S. 285-313.

优势,因为他们(资产阶级政府)已经没有偏离、规避或是妥协的空间了。①

接着,倍倍尔重申了考茨基此前的一贯判断,那就是随着资本主义的发展,德国社会民主党需要继续发展的空间,"我们社会民主党人应该发现我们自己正处于一种良好的局势下,我们要继续发展自己,无论我们的敌人对我们做什么事情。我们必须发展,因为资本主义社会在发展,将会因而制造更多条件产生新的社会主义者"。② 这也是为什么倍倍尔一再强调传统的议会策略的重要性和必要性,因为能否和平发展最终取决于资产阶级,而现在社会民主党能做的就是延续之前的策略。他说:"在一个和平的地带上保持发展仍然是可能的,但是这并不取决于我们……这条发展之路更多地取决于我们的敌人的态度而非我们的。他们的行为方法将规定我们所采取的策略;事情是否会和平地发展,说得自然一点,就是大危机是否会发生取决于他们而非我们。"③

在与工会的关系问题上,倍倍尔也对工会领袖进行了必要的弹压。针对群众罢工的问题,他批评了科隆工会代表大会的决议,认为"这不仅仅是一个理论问题,而明显是一个实践的问题。群众罢工是一种在特定条件下必须使用的斗争手段"。但是,他也明确指出,俄国的情况并不等同于德国的,"俄国的条件是如此的特殊,

---

① *Protokoll über die Verhandlungen des Parteitages der Sozialdemokratischen Partei Deutschlands*, S. 291-292.
② *Protokoll über die Verhandlungen des Parteitages der Sozialdemokratischen Partei Deutschlands*, S. 292.
③ *Protokoll über die Verhandlungen des Parteitages der Sozialdemokratischen Partei Deutschlands*, S. 297.

第二章 疲劳还是斗争

他们那里的罢工并不能构成我们的榜样"。这一判断也对过分激进的策略进行了约束。紧接着,他通过批判"工会中立说"进一步重申其政治方向:尽管工会并不是政治组织,但是任何时候都有义务引导工人通向社会民主主义。倍倍尔指出,狭隘的工会主义是危险的,认为这是一种糊涂的行会观念。他指出了一些工会的不良倾向,即一些工会的年轻领导者甚至嘲笑整个党、整个社会主义和阶级斗争理论。倍倍尔的这番话在德国社会民主党代表大会上引起一些不满。倍倍尔果断地宣告:"同志们,你们应当坚守自己的岗位;想一想,你们到底在做什么;你们走的是一条毁灭的道路,它会把你们引向死亡!"①与会人员对这番话报以热烈的掌声。

倍倍尔这篇冗长的演讲饱含了政治妥协的智慧,特别是在党内明显的分裂趋势下,这种政治妥协和政治团结的智慧尤显珍贵。他既强调要延续传统,又站在党的发展的高度上,重申维护大局的重要性;既打击了工会方面过分讲求经济主义、缺乏政治考量的浅见,又为更为激进主义的策略划定了边界。演讲结束后,改良派的罗伯特·施密特(Robert Schmidt)②、卡尔·列金(Karl Liegen)③、爱德华·大卫纷纷提出抗议。尽管倍倍尔考虑到工会的利益,并没有使用群众罢工这一字眼,而仅仅使用的是"工人停工"(Massenarbeitseinstellung)。但即使是这样,工会领导人列金仍然站出来反对,认为这项决议是在暗示政党才能控制群众罢工,政党优

---

① *Protokoll über die Verhandlungen des Parteitages der Sozialdemokratischen Partei Deutschlands*, S. 305-306.
② 罗伯特·施密特,帝国议会议员。柏林工会领导人之一。
③ 卡尔·列金,德国工会总委员会终身主席,1903 年担任国际工会书记处书记、国际工会联合会主席。

191

越于工会。

卢森堡在这次大会上的发言十分慷慨激昂。她对改良派一众人等点名道姓地讽刺挖苦,用极具个人主观色彩的词句,向自发的群众表示致意。她说:

> 我们在历史上看到,一切革命都是用人民的鲜血换来的。全部区别在于,直到今天,人民的鲜血都是为统治阶级而流的,而现在谈论人民有可能为他们自己的阶级流血的时候,老成持重的所谓的社会民主党人却站出来说,不行,这些血对于我们来说太宝贵了。眼下还谈不上宣布革命,甚至于连宣布群众罢工都谈不上。但是如果海涅、施密特和弗罗梅叫我们去组织群众、教育群众的话,那我们将对他们说,这个,我们正在做,不过,我们不想按你们的意思去做!我不想按所有这些同志许久以来的做法,掩饰对立和隐瞒对立。不必这样,组织不是主要的,主要的是教育工作中的革命思想!这是重要得多的事。请你们回忆一下反社会党人法的那个时期吧!人们捣毁了我们的工会,但我们的工会却如凤凰一样又从灰烬里飞向天空了。就是在将来激烈的斗争时期,情况也会如此。我们根本用不着像科隆的工会领导人那样小心谨慎。工会不应当成为目的本身并因而成为工人的活动自由的障碍。你们学习一下俄国革命吧!在俄国,几乎还看不见工会组织痕迹的时候,群众就已经被推上了革命,现在他们才通过斗争逐步巩固他们的组织。认为在斗争之前非得先有强大的组织不可,这完全是一种机械的非辩证的观点。相反,组织自身也会

和阶级觉悟一起,在斗争中诞生。①

卢森堡发表完她的慷慨陈词后,伯恩施坦和大卫等人都被她情绪化的词句震慑到了,倍倍尔则半开玩笑地总结了会上大家对卢森堡过分热情的错愕:

> 这场辩论某种程度上经历了一次非比寻常的转折……我参加过那么多次大会,除了在反社会党人非常法时期作为政府的客人所参加的会议之外,从没有听过哪次会议上讨论了这么多的"流血和革命"。(笑声)听完这些,我忍不住要偶尔注意一下我的脚是不是已经没在血泊当中了。(笑声)……而我所说的群众罢工的决议当然不是这样的目的……但我依然必须承认的是,我们的卢森堡同志做了一个出色的、恰当而革命的演说。②

倍倍尔之所以能够用轻松戏谑的口吻谈论,是因为他从来都没有真正相信所谓的"流血和革命"会到来,而工会代表波姆伯格则更加尖刻地谴责卢森堡的热情:

> 看看,卢森堡同志,我是一个泥瓦工。我从未上过高中,

---

① 中央编译局国际共运史研究室编:《卢森堡文选》(下),人民出版社1990年版,第18—19页。
② *Protokoll über die Verhandlungen des Parteitages der Sozialdemokratischen Partei Deutschlands*, S. 336; S. 339.

也不能对付和理解这些锋利的思想,我们都知道我们的知识水平够不上高不可攀的卢森堡同志……我们都知道我们的知识比不上那些受过良好教育且从未挨过饿的年轻人。①

耶拿代表大会最后的决议是:全体工人阶级的义务是,针对国会选举权和联合选举权的陷阱,坚决使用每一种合适的手段用来防守。作为某种有效的斗争工具,围绕工人阶级解放的基本权利,党代会认为在必要的时候,将全面采用群众罢工的手段。最后的结果是以 287 票赞成、14 票反对、2 票弃权通过了大会的决议,反对票中有一票来自列金,波姆伯格则投了弃权票。其中,伯恩施坦和卢森堡都支持了这项决议。

考茨基对于"耶拿决议"也十分满意,他评论道:"如果说德累斯顿代表大会(1903)意味着理论上的修正主义在党内的挫败,那么耶拿代表大会(1905)则意味着工会修正主义的挫败。"他总结道,这次讨论意味着工会的修正主义在党内并没有支持者,各种样态的修正主义在党内仅仅局限于少数几个人,政党的大部分还是团结的,他暗示修正主义"仅仅是一种因为我们力量增长不可避免地随之而来的现象"②。考茨基的这些判断很难说没有受到革命乐观主义情绪的影响。耶拿代表大会能够顺利通过这项决议还有一个原因,那就是很多工会的修正主义者忙于处理《前进报》的事情而未能亲自参加这次大会。

---

① *Protokoll über die Verhandlungen des Parteitages der Sozialdemokratischen Partei Deutschlands*, S. 334.

② "Der Parteitag von Jena", in *Neue Zeit*, XXIV, 1905-1906, vol. I, S. 5-7.

即便如此,这次大会仍可以称得上是激进派胜利的大会,这是自《爱尔福特纲领》以来,政党第一次宣称在某种特定的条件下可以采用总罢工的行为以达到其目的。考茨基和卢森堡对这次会议的结果表示非常满意,但是会后,卢森堡在给霍尔斯特的信中,也十分清醒地评价了这次会议的成就和局限:"我们可以完全在策略上对这一结果感到满意,党代会的决议总体来说并没有透彻地澄清理论问题,而是仅仅在我们政党生活中注入一个口号……但总体来说我们应该对耶拿非常满意,主要是我们党的大部分人都在一种很好的战斗情绪当中,这是在政治淡季(off-season)你所能期待实现的全部成就。"[1]

耶拿代表大会之后,1905年11月萨克森州爆发了选举权运动,很快波及汉堡、阿尔萨斯和其他区域。这次动乱的目标直接指向州议会刚刚通过的限制选举权的法案。于是,刚刚结束的德国社会民主党耶拿代表大会上的书面决议立刻变成了一个现实中的实践问题。1906年2月16日,政党领袖和工会领导人召开了一次秘密会议。这次会议进行了有关两个组织关系的具体讨论,并最后达成了协议:由政党来负责组织并为政治性的罢工提供储金,而工会只负责经济性的罢工。要知道,工会会员人数逐年增多,定期交纳的储金也随之增多,但不是所有的工会会员都加入了政党且缴纳党费。政党为了并不一定能够带来确实改变的政治目标,要求工会开销自己的"钱库"来配合组织群众罢工,这对于工会领导人而言,产生犯难和敌对情绪是十分自然的。所以,从1906年2月

---

[1] *The Letters of Rosa Luxemburg*, edited by Gerog Adler, Peter Hudis, and Annelies Laschitza, pp. 191–192.

起，政党不再主动挑起群众罢工，因为有限的政党财政已经支付不起了。这一方面强化了工会在和政党博弈中的地位，也进一步助长了党内的官僚主义和政治保守主义，使得政党更加专注于议会斗争这条道路。

这次秘密会议后不久，柏林工会领导人们自己又召开了一次会议。在这次会议上，列金说："对我们来说，管用的不是耶拿党代会的决议，而是科隆会议的决议。"穆勒也确认道："是时候终结工会的依附地位了。俄国事件对政党和社会民主党报界的影响是有害的，工会运动不应该被一种'浪漫主义精神'而应该被'健康的现实主义'引领，考茨基、罗莎·卢森堡和弗兰茨·梅林必须停止他们从象牙塔居高临下地对工会的训话。"另一位工会主义者布林格曼则认为，马克思、恩格斯和考茨基用以分析工会的理论是在工会运动仍然很弱的时期发展起来的，对于此时的情况已经不适用了，应该决然抛弃。他对卢森堡的理论进行猛烈攻击，称她为"激进文人"，说她"不能认清任何工会的理论，只知道阶级斗争理论"，并号召"应该形成工会自己的一套理论，不应该屈服于阶级斗争"。①

三、曼海姆代表大会始末

耶拿代表大会之后，卢森堡仍然恢复了她忙碌的编辑工作。她对此牢骚满腹，抱怨道，这种"我感觉好像深处有一种迷惑的圆

---

① *Partei und Gewerkschaften. Wortwörtlichabdruck des Punktes*: *Partei und Gewerkschaften' aus dem Protokoll der Konferenz der Gewerkschaftsvorstände vom 19. bis 23. Februar 1906*, S. 6, S. 1-3, S. 12-14.

圈。这些永不间断的事物……阻止我真正深入到更加严肃的工作之中,而这看上去是没有尽头的","我根本看不到出路,因为我们没有人民。不仅如此,在我脑海里始终有一种感觉就是我累得像条狗一样,快要迈不开脚步"。① 特别是当她看到她的波兰同事们都投身于华沙和克拉科夫激动人心的革命浪潮之中时,她对自己周而复始、即时应景的编辑记者工作就更加感到厌倦。更不堪忍受的是,她的话语空间在收紧,在倍倍尔和考茨基回击《前进报》攻讦的战役中,卢森堡却被限制只能谈俄国,间或写一篇社论。②

在1905年的秋天,波兰王国和立陶宛社会民主党所有重要的党员,如捷尔任斯基(Dzierzynski)、马尔赫列夫斯基都身赴克拉科夫,卢森堡则被留在了柏林。1905年10月,当沙皇宣布在波兰和俄国的所有社会主义政党都是非法的时候,波兰王国和立陶宛社会民主党面临策略上的重新调整。11月,波兰王国和立陶宛社会民主党召开了一次大会,不仅所有在克拉科夫的领导人都参加了这次会议,就连那些刚刚从监狱中释放的人也参加了,而唯一缺席的人就是罗莎·卢森堡。卢森堡对此深表遗憾和抱怨。她感慨道,如此振奋的消息连在德国社会民主党的报纸上进行报道的空间都没有。卢森堡在给她的男朋友约基希斯的信中说:"我们的人民在波兰做的工作,令我欣慰。很遗憾,在《前进报》上我不能报

---

① *The Letters of Rosa Luxemburg*, edited by Gerog Adler, Peter Hudis, and Annelies Laschitza, p. 392.
② *The Letters of Rosa Luxemburg*, edited by Gerog Adler, Peter Hudis, and Annelies Laschitza, p. 392.

道,版面太少。"①

对于波兰和俄国瞬息万变的革命形势,卢森堡特别渴望投身其中。最终,在马尔赫列夫斯基的帮助下,她来到华沙,那些此前鼓噪她参加俄国革命的党内敌对分子终于可以闭嘴了。1905年12月,莫斯科起义的失败并没有动摇她的决心,相反,她在给考茨基夫妇的信中说:"到处是动摇的、坐待时机的气氛。这一切的原因在于一个简单的事实:就是只靠总罢工是无济于事了。现在只有直接的、普遍的街头斗争才能解决问题。但是,我们需要为一个恰当的时机做更好的准备。"②

身处革命的漩涡中时,卢森堡却得知了1906年2月政党和工会和解的消息。她不禁开始对比此间和彼处的差异:在波兰,"最主要的是印刷东西极其困难,逮捕每天都在进行……但尽管有这一切,工作还是快乐的,大工厂的会议在召开,新的传单每天都在写、在印";相比之下,"《莱比锡人民报》传来的消息真的是一个巨大的嘲讽:组织上难以描述的混乱,尽管讨论过那么多的统一,党内仍然派系林立,总体上气氛是压抑的"。但卢森堡很快就用革命乐观主义冲淡了对现状的不满:"不要把这件事看得过于悲观。只要还有一股新鲜之风,那里的人们就会更加积极而迅速地向前行动起来。唯一不幸的事情是他们总是如此摇摆不定,不能站在自

---

① *The Letters of Rosa Luxemburg*, edited by Gerog Adler, Peter Hudis, and Annelies Laschitza, p. 392.

② *The Letters of Rosa Luxemburg*, edited by Gerog Adler, Peter Hudis, and Annelies Laschitza, p. 220.

己的脚上。"①卢森堡所说的"脚",指的就是群众。罗莎·卢森堡从群众运动在每时每刻孕育新的历史可能性的近身观察中,收获了她理论的"武器",那就是对群众自发性的推崇。

1906年3月4日,卢森堡和约吉希斯同时被捕,被拘禁于华沙市政府内的警察监狱;《柏林晨邮报》(Berliner Morgenpost)则对罗莎·卢森堡发动了诽谤的攻击,夹杂着对她的谩骂,污蔑她是"阴险毒辣的女人""血腥的罗莎利亚""嗜血成性的女干将""疯狂的女革命者"。《邮报》是资产阶级的报纸,上面写着:"我们在德国可以高兴的是,我们如此成功地摆脱了她。"这个材料被当作起诉书的重要部分。②4月,她被引渡到华沙堡垒监狱的X号帐篷。7月8日终于根据医生的证明和3000卢布的保证金重获自由。8月1日前往芬兰库奥卡拉,途经圣彼得堡。她在圣彼得堡停留期间,和孟什维克、列宁等人探讨了有关国际工人运动的问题。而在芬兰时,季诺维也夫(Zinoviev)、加米涅夫(Kamenev)、波格丹诺夫(Bogdanov)都给她留下了很深的印象,尤其是列宁。卢森堡曾评论列宁:"他是第一个能将俄国革命看作一个整体,并评价准确的人。"然而,他们基于智识而相互欣赏的友谊并没有持续多久,在布尔什维克和孟什维克最终走到党内分裂的时候,卢森堡开始对列宁的组织原则做出激烈批判。

应汉堡党组织的要求,卢森堡答应写一本讨论俄国革命和群众罢工问题的小册子,这是她在芬兰大部分时间里的主要工作。

---

① *The Letters of Rosa Luxemburg*, edited by Gerog Adler, Peter Hudis, and Annelies Laschitza, p. 226.
② [苏]罗·叶夫泽罗夫、英·亚日鲍罗夫斯卡娅:《罗莎·卢森堡传》,第139页。

在撰写这本小册子的过程中,她要求考茨基提供当时的各种德国报刊,以便于更好地了解国内的情况。这种写作方式是卢森堡已经长期养成的:收集材料、了解情况,然后迅速形成写作思路,当然这也是她良好的学术素养赋予她的。但这一次与此前不同的是,她所写的东西很大部分来自她直接的革命经验和与革命者的交谈。她在给考茨基夫妇的信中也提到"我留在这里对我来说很有益处,通过与人们的交往来了解运动,这样的了解单靠书籍是办不到的,而在这样的交往中还能得到很多东西"①。这本小册子凝聚了卢森堡在俄国和波兰革命活动的观察和思考,写作的意图也十分鲜明:就是要将俄国的经验介绍到德国,以推进德国的革命形势。这本小册子的名字叫《群众罢工、党和工会》。卡尔·拉狄克(Karl Radek)曾经这样评价这本著作:"(卢森堡的)《群众罢工、党和工会》开启了共产主义运动从德国社会民主党的分裂。"②而列宁则说:"它是一篇结合西欧运动发展的特点用德文撰写的阐释群众性罢工最优秀的著作。"③

在曼海姆代表大会召开之前,卡尔·考茨基在《新时代》上发表了一篇题为《政党和工会》的文章,着重强调几个问题:其一,工会仅仅代表其会员的利益,而政党则代表整个无产阶级的利益;其二,工会运动就其最终意义而言是没有目标可言的;其三,对于每

---

① *The Letters of Rosa Luxemburg*, edited by Gerog Adler, Peter Hudis, and Annelies Laschitza, pp. 232-233.
② *Rosa Luxemburg, Karl Liebknecht, Leo Jogiches*, Hamburg, 1921, S. 15.
③ 《列宁全集》第23卷,第242—259页。

一个好的工会主义者来说,最必要的事情就是在工会中为政党做斗争。①

1906年9月23—26日,在曼海姆代表大会上,倍倍尔和列金分别做了一个有关群众罢工的报告,前者是党的最高领袖,后者是工会的最高领导人。在倍倍尔的报告中,他引用在同年2月16日和工会代表秘密谈判时的决议,说"没有工会领导人及其成员的支持,群众罢工的可行性是难以想象的"②。在谈及俄国的情况时,倍倍尔重申德国的情况和俄国没有任何可比性,因为俄国正在争取的诸多政治权利在德国是早已实现了的。倍倍尔再一次展现了政治家的妥协智慧,他试图弥合耶拿代表大会和此前科隆工会大会之间的"缝隙"。在有关群众罢工的问题上,和此前相比,他略微偏向了工会领袖的立场,并认为"在目前的情况下,对于我们的组织而言,将不会冒这种风险"。③ 列金则用了将近一个小时的时间来批评耶拿代表大会决议,认为总罢工就是"总胡闹",并表示对倍倍尔的讲话完全赞同,他说:"党和工会有关群众罢工的分歧现在已经不再重要了。"④

所有工会主义者都对倍倍尔的报告非常满意。考茨基则重复了他在《政党和工会》一文中的观点,认为倍倍尔仅仅承认两个组织在行动中的一致性是不够的,因为并没有说清楚到底谁应该支

---

① "Partei und Gewerkschaften", in *Neue Zeit*, XXIV, 1905–6, vol. II, S. 749, S. 750, S. 754.

② *Protocoll über die Verhandlungen des Parteitages der SPD*. Abgehalten zu Mannheim vom 23. Bis 29. September 1906, S. 231–232.

③ *Protocoll über die Verhandlungen des Parteitages der SPD*. S. 238.

④ *Protocoll über die Verhandlungen des Parteitages der SPD*. S. 254.

持谁。考茨基认为问题在于:当两方并没有就罢工与否达成协议时,工会领导人是否会无条件支持政党呢？他的解决方案是:"如果没有达成任何协议,那么任何一方都不能采取行动。"[1]考茨基在这次大会上注意到,党内日渐官僚化的组织和工会机构形成了日渐保守的阵营。对此,他认为工会必须以社会民主党的精神贯穿于行动之中,这是二者能够协同行动的前提条件,在社会民主主义的精神上,党还是要高于工会的。但是这一修正,因为没有体现为任何程序,所以无异于赞成倍倍尔—列金的决议。

卢森堡在会上做出了鲜明反抗,她说列金们"就是不懂得从俄国革命中学习任何东西"[2]。她将工会和政党这种对于群众罢工问题达成的一致打了个比方:这就像"订立这种婚约时,妻子对丈夫说:'要是我们对一个问题看法一致,这就算是实现了你的意志,要是我们的意见有分歧,你就得按我的意思行事'"[3]。卢森堡的比喻十分贴切,也揭示了事实上工会和政党之间的关系。如果说报刊和集会是政党发声的"喉舌",那么工会则是联系群众和组织群众的"手和脚"。对于组织相对完备的工会而言,罢工必然在这一框架下展开。这让卢森堡感到极大的束缚,特别是和她刚刚经历了的俄国革命形成了鲜明对比。一回到德国,她就目睹整个党内风向的右转,这极大地挫伤了她革命的雄心壮志。

倍倍尔接过卢森堡的话,他把对群众罢工的禁用和可能的战争联系起来,认为在战争状态中是不能使用群众罢工这一武器的:

---

[1] *Protocoll über die Verhandlungen des Parteitages der SPD*. S. 257.
[2] 中央编译局国际共运史研究室编:《卢森堡文选》(下),第113页。
[3] 中央编译局国际共运史研究室编:《卢森堡文选》(下),第115页。

假如党在领导上那样无头脑,在这种时候还发动群众罢工,那么就会立刻引起政府宣布整个德国的战时状态和动员令,在这种情况之下,则群众罢工问题不再根据民法,而要根据军法来处理了。我已经听到关于这方面的风声,同时我认为这是可能的,因为有权有势的集团中的人相信社会民主党会这样愚笨,会做这样的决定,以至权威方面的人士就有一种想法,就是给所有社会民主党的首领安排同样的命运,如同1870年给我们党委员会的委员安排的命运一样。假如您相信在这样事件发生之下,敌人将会实行某一种宽大政策,那么您就大错特错了;人们在这种情况之下还做这样的期待,我认为这是不可理喻的。我们国家与其他国家有其不同之点,德意志是一个国家,这种国家怎样也不会再度出现的。①

"德意志首先是一个国家",在19世纪末,这是某种黑格尔式的表达,而当倍倍尔说德意志是一个国家的时候,他所指的是"国家"一词所代表的一整套垄断的暴力机关和国家机器。对此,德国社会民主党在当前的秩序下也是受益者。倍倍尔对国家的所指还有一个相对稳定的、有边界的、可以采取一定政治行动的空间,而且这个政治空间在可以预见的和平阶段内,是会随着德国社会民主党在议会斗争的进军而不断扩张的。然而,这一常识对于成长于被三国殖民瓜分的波兰且以一个外国人身份来德国工作的卢森

---

① *Protocoll über die Verhandlungen des Parteitages der SPD*. S. 241.

堡而言，是无法真正理解和共享的，可能源于她缺乏对权力封闭性和边界性的认识。无论是以倍倍尔、考茨基为代表的正统派还是改良派，在这个问题上都与她站在截然相异的立场。因为对于罗莎·卢森堡而言，她的政治活动空间始终指向对国家的超越。

当时，第二国际正处于社会主义运动民族国家化的历史阶段，若要真正理解这一时期社会主义者的论争语境，需要首先厘定他们政治论域各自的边界。在马克思的学说中，国际主义和世界革命虽然是最终的理论旨归和政治目标，但是身处约束条件殊异的各个社会主义者，在如何实现最终目标的路径选择上却各有自己的看法。从某种意义上说，考察理论论争，从政治立场进行派别划分往往不如从政治行动空间和资源禀赋等事实来进行辨别更具针对性。这也在某种程度上解释了，为什么卢森堡的攻击性和激进性会在倍倍尔等人的影响下收敛于特定的程度和范围——因为德国社会民主党角逐政治权力的场域毕竟指向德意志国家内部。

德国社会民主党曼海姆代表大会确认，科隆工会的决议与耶拿代表大会的决议并无互相矛盾之处，因而一切关于"科隆决议"的意义的论争已经结束了。曼海姆代表大会的决议要求扩大和加强党的组织，扩大党的报纸的传播，要求党员加入工会，工会会员加入政党，并说"当党中央认为有实行政治的群众罢工的必要时，它必须与工会总委员会取得联系，同时采取一切使这个行动得以胜利完成所必需的措施"。同时，曼海姆代表大会通过了考茨基所提议的附带条款："为了在与党和工会有同等利害关系的行动上取得一致的步骤，两个组织在中央领导上应当进行协商"，"工会和政党将在互相同意中行进，工会和政党是平等的，工会运动应该在社会民主党的精神激励下发展。"①这样一来,实际上就相当于堵上了任何群众罢工的道路,因为工会的中央领袖是决意不会赞同举行罢工的。决议以386票赞成、5票反对得以通过。投赞成票的包括考茨基、卢森堡和李卜克内西。

会后,考茨基在《新时代》上发表了对曼海姆代表大会决议的回顾。他仅仅看到了工会和政党都承认群众罢工的价值这一表象,并很满意地评论道:"这是通向工会和政党之间卓有成效的合作道路上强有力的一步。曼海姆代表大会标志着工会内部一次十分关键的向左转向。"②对于工会主义者来说,曼海姆代表大会则是一次重要的胜利。《慕尼黑邮报》是巴伐利亚社会民主党的机关报纸,会后刊文说:"德累斯顿所激起的矛盾现在已经是过去式了。"毫无疑问,曼海姆代表大会有关群众罢工的决议见证了工会在党内逐渐形成的影响力。考茨基则尤其遭到了打击。

"曼海姆决议"是德国社会民主党历史上的一块里程碑。它真实地反映出党内反对革命的声音,这是在耶拿代表大会激进派取得胜利之后的一次逆转。工会已经不再是中立的地位,而是获得了实际的决策权。《莱比锡人民报》上,话说得非常明白:"十年对改良主义的斗争以失败告终,因为我们曾经在党内清除的改良主义以更大的力量存在于工会之中","革命主义的五月之花很快就愉快地结束了。"修正主义者爱德华·大卫则在曼海姆代表大会之后说:"政党将重新全身心地投入到议会力量的积极发展和扩张之中。"

---

① *Protocoll über die Verhandlungen des Parteitages der SPD.* S. 262.
② "Der Parteitage von Mannheim", in *Neue Zeit*, XXV, 1906–1907, vol. I, S. 7–8.

会后,卢森堡在给克拉拉·蔡特金的信中透露出曼海姆代表大会带给她的失望:

> 自从我从俄国回来,我就感到自己相当的孤立。情况非常简单,奥古斯特(·倍倍尔)和所有其他人都把他们自己完全献给了议会主义……真相是他们将尽一切所能将所有事情塞回议会的模子里……我们现在的任务就是和这些权威进行抵抗,极尽剧烈和直率之能事,这样一来,我们将首先被执委会所反对,而非机会主义者们。一旦它是一项面向伯恩施坦和倍倍尔的防御性斗争,那么执委会就乐意陪同和帮助我们,因为他们自己比任何人都要颤抖。但当它变成针对机会主义的进攻行为的时候,那么老资格的伯恩施坦、福尔马尔和大卫就要反对我们了。①

曼海姆代表大会之后,卢森堡和李卜克内西所代表的激进派越来越被孤立了,正如卢森堡所说,她接下来的炮火目标将首先对准党的执委会,而此时,卡尔·考茨基则尚未位列其中。

---

① *The Letters of Rosa Luxemburg*, edited by Gerog Adler, Peter Hudis, and Annelies Laschitza, pp. 237-238.

第三节 《群众罢工、党和工会》(1906)

一、主旨及理论特色

这本小册子非常重要,它是卢森堡第一次系统而全面地阐释群众罢工的思想的文本。有关群众罢工问题的思考,既居于卢森堡革命理论的核心位置,也是她关于现实所主张的政治策略。作为德国社会民主党内激进派的理论领袖,她对于群众罢工思想的论述和此后在这个方向上的实践,使她和与"右派"与"中派"渐行渐远。这个文本能够解释后来"左派"从德国社会民主党彻底分离出去的原因。她在1910年和考茨基公开论战时的很多观点也是在这一文本基础上的重复和强化。从这本小册子中,我们既可以清晰勾勒出卢森堡的国际主义理论视野,即关于俄国问题的讨论服务于她在德国的政治目标和实践;也可以总结出她讨论"革命"以及"群众罢工"这些概念的方式——既带有很强的理论色彩,又具备历史哲学的意涵;更可以从中归纳出她的论证方式是规范性的(normative),即在自我合理化的层面进行有逻辑性地展开,而非实证性的(positive),或者说这种实证性是有明显限度的,因为她在此文本中所纳入观察的事实是在她的政治立场已被决定的前提下筛取所得。不仅如此,后来的社会主义者迈克尔·哈特(Michael Hardt)和安东尼奥·奈格里(Antonio Negri)对《诸众》(*Multitude*)的讨论和拉克劳(Ernesto Laclau)、尚塔尔·墨菲(Chantal Mouffe)

讨论的激进民主的行动主体,都不得不说受到了这个小册子的影响。由此,对于这个文本的细致梳理是非常必要的。

这本小册子的俄文版导言是这样写的:

> 总罢工的问题渐渐成了德国社会民主党的整个思想生活与兴趣的中心……这个问题像一个焦点集中了有关德国工人运动的所有论争问题:关于议会主义问题与群众的直接作用问题,关于无产阶级的政治斗争与经济斗争问题,关于组织的意义与作用问题,关于工人运动的计划性与自发性问题,关于和平的策略问题和同统治阶级武装力量的冲突问题,关于缓慢地长入社会民主制度问题和在阶级斗争发展中革命的跃进问题,而最后……对俄罗斯无产阶级斗争所抱的态度问题……一句话,关于总罢工的问题成了德国工人运动整个世界观上的主要之点。①

这一导言勾勒出当时德国工人运动所面临的形势,照亮了一系列俄国革命以来在党内激起反复热议的问题,也指明了这一册子所关切的主题和动机:包括无政府主义和群众罢工的区别,第一次俄国革命的过程、特点及成因,政党在革命运动中作用,领袖与群众的关系,俄国经验在德国的适用性问题,政党和工会之间的关系等。这本书虽然叙述的是俄国革命的经验,实则处处着眼于德国。卢森堡深刻地剖析了俄国革命的性质并在共产主义运动之为

---

① [苏]罗·叶夫泽罗夫、英·亚日鲍罗夫斯卡娅:《罗莎·卢森堡传》,第150页。

一种国际事业的意义上,肯定俄国经验的普遍性。但也正是由于她将资本主义理解为一个世界性的体系,将世界历史看作一个连贯的整体,她的理论所具有的普遍性(universality)和总体性(totality)恰恰构成了她在考察具体而细微的国别和组织差别时的限度与不足。

罗莎·卢森堡和所有的正统派马克思主义者一样,她的革命理论的底色是一种由经济必然性决定的历史观:人类行为可能和它顺应,也可能和它相反,假如和它相反,就注定失败;而只有顺应它,人类的行动才可能发生积极作用。但这绝不意味着这一理论就是"宿命论"的,即人类仅能充当历史进程的旁观者,等待资本主义必然崩溃和社会主义从天而降;相反,马克思的历史理论恰是在"人是历史的,人在历史中"的基础上,认为在历史的发展趋势中,应该积极发挥人的能动性,以促进必然性的顺利到来。这其实也是绝大多数马克思主义革命者共享的世界观底色,从中可以窥见革命者坚定信念的由来。

罗莎·卢森堡就是这样一个具有历史哲学信念的政治行动者(activist)。她强调政党和工会在群众罢工中应该积极发挥作用,以适时促进革命化形势的到来,而不是被官僚主义、议会主义绑架,在政治上保守落后,不知前进。这种对世界革命的历史哲学信念根植于资本主义必然灭亡的"科学"论证,即通过对生产方式的考察进而推断社会发展的底层逻辑。当然,这种思维方式在作出"历史的不可避免"等诸多论断时,可能会因为受到历史进步主义(progressivism)和激进革命立场的影响,使她对现实中可能存在的复杂性因素缺乏足够的估计。

第二国际开启了一个确立马克思主义正统的时代。无产阶级政党纷纷成立,如何将马克思主义的理论对接鲜活的实践,以实现对理论的改造和发展,起到动员大众的目的,是这一时期党内理论家的重要工作。在这个过程中,马克思著作的解释权和政治权威之间是可以相互置换的,党内理论家对于政治权威的竞逐也是对经典作家解释权的竞逐。通过援引导师的词句来证实自己或证伪对手,日渐成为一种习惯性的做法。在进行理论论争的过程中,是否与马克思一致,也在很大程度上被看作是否与"正确"站在一起。这一过程中,层出不穷的新现象和旧理论相互摩擦,这种"一致"就有被创制的需要。但是,表面上的"一致"却有不同的层次:有的仅在语词上保持"一致";有的是在政治目标上"一致";有的则是在思想方法上"一致"。卢森堡作为党内主张推动革命的理论家,致力于将传统理论对当下实践进行融贯解释——用马克思看问题的方法,得出马克思时代下的结论,以达成政党的政治目标——而有关群众罢工问题的阐释就是这样一个典型案例。

但是,正如马克思写《资本论》是基于对英国经济和社会的通盘研究一样,历史唯物主义的分析方法要求对单一经济体做出非常细致的考察。可是卢森堡对于俄国革命的经验之于德国适用性的论证,并没有完全遵循该方法,或者说就算她非常清楚地了解两国社会经济基础的差别,但她的国际主义立场也限制了这种分析方法使用的程度。在这一点上她和考茨基是不同的,后者在分析俄国经验适用性时对历史唯物主义的贯彻更加彻底。但不能就此草率地得出结论:卢森堡既然没有一以贯之地使用马克思的方法,所以就不是一个真正意义上的马克思主义者。事实上,她对群众罢工问题的阐释,无论是在理论上,还是在策略上,都是对马克思有关"革命"这个概念在现实社会条件下如何实现进行了极具创造性的应用。

德国社会民主党在使用马克思意义上的"革命"这个概念时,至少有三个层面的意思:其一,在理论的层面,"革命"指的是社会生产关系的深刻变化。正如马克思、恩格斯在《共产党宣言》中所说,"社会所拥有的生产力已不再促进资产阶级文明和资产阶级所有制关系的发展;恰恰相反,生产力已经增长到这个关系所不能容纳的地步,资产阶级的生产关系已经阻碍着生产力的发展;而生产力一开始实行打破这种障碍时就会使得全部资产阶级社会陷于混乱,就使得资产阶级所有制的存在受到威胁。资产阶级的关系已是过于狭隘,再容纳不了它们所造成的财富了"[1]。革命在这里意味着和之前的所有制关系彻底决裂。其二,在政治意识形态层面,"革命"指的是体现于《爱尔福特纲领》中的政治目标和立场,亦即德国社会民主党乃是现存秩序的反对党。其三,在历史过程层面,"革命"表现为一个阶段和时期,正如考茨基在《爱尔福特纲领解说》中所言,"社会革命并不一定是一举就可以成功的,直到今天恐怕未见过这样的例子。革命是在数年或数十年的政治和经济斗争中准备起来的,并在各个阶级和政党的力量对比经常发生变化和波动的情况下完成的,而且往往被长期的反动统治所中断"[2]。

当卢森堡谈及群众罢工的时候,她也同样有这三个层面的意

---

[1]《共产党宣言》(单行本),人民出版社1997年版,第14页。
[2][德]考茨基:《爱尔福特纲领解说》,生活·读书·新知三联书店1963年版,第85页。

思:第一,它不是一个仅靠人为策划和组织就能或发动或避免的事件,而是由愈加紧张的阶级对立所决定的工人群众的自发运动;第二,它并非仅为了实现现阶段工会对工人经济利益的改善,而是为了推进德国社会民主党最终政治目标而采取的不可取代的现实策略;第三,它不是一个毕其功于一役的暴乱和流血事件,而是一个在斗争中自我丰富、自我拓展、不断激进化的历史过程。

卢森堡从俄国革命中抽象出群众罢工这一概念,并赋予这样的历史哲学意义——它是联系资产阶级议会时期的当下与社会主义革命的未来之间的现实纽带,而参与这一历史行为的主体是工人群众。政党应走在工人阶级前面鼓舞宣传,但不能代替工人阶级而行动。与此同时,德国现实中爆发的鲁尔大罢工和选举权斗争则为这一理论模型充实了经验材料,使她更加确信这一理论的可行性,并进一步增强了她的激进倾向。

二、俄国革命的一般经验

那么,卢森堡在这本小册子中是如何展开她的论述的呢?她首先回应了将俄国革命看作无政府主义的暴动这一诘难。文章一开头,卢森堡引用了恩格斯批判巴枯宁主义时一段被广泛引用的文字,他将无政府主义的症结归为:既简单地认定通过总罢工"最多经过一个月,就可以迫使有产阶级或者低头认罪,或者向工人进攻,那时工人就获得自卫的权利,乘机推翻整个旧社会";又认为这种总罢工的先决条件是"必须有一个工人阶级的完善组织和充裕的储金"。恩格斯认为巴枯宁主义表现出"手段"与"目的"之间联系的薄弱,即政治形势的逼迫不会容许组织得以自然发展到一个足够"完善"的程度,储金得以平顺地累积到"充裕"的程度;更重要的是,统治阶级的暴虐将使得工人阶级会在拥有这个所谓强大的工具以前,就爆发革命了,届时,工人已经获得解放,大罢工不过是"把猫头鹰运往雅典的无意义之举"。恩格斯的这一说法构成了近二十年来德社党对于群众罢工问题的态度:要么就是条件还不足以发动总罢工,要么就是条件足够时已无需发动。

那么,俄国革命是恩格斯所说的无政府主义式的暴动吗?卢森堡否认道,无政府主义者从来没有主导过俄国的阶级斗争,他们甚至不是"严肃的政治派别",现在更是作为"盗贼和抢劫犯"的招牌而声誉败坏。此外,领导这次运动的先锋恰恰是无政府主义者所反对的社会民主党人。卢森堡因此得出结论:"无政府主义的历史发展进程大概已经就此结束了。"①俄国的群众罢工并不如德国社会民主党的同志们所认为的,是一种摒弃日常斗争的手段,而恰恰是为了创设日常斗争条件的武器。由于"马克思和恩格斯首先证明了政治权利和政治条件在工人阶级解放斗争中的必要性和重大意义",而俄国革命恰恰是实现政治权利的有力手段,这正是用新的事实在证实而非证伪了马恩的一般性方法。

所以,在卢森堡看来,批判群众罢工、不主张将其作为选举权斗争手段的"伯恩施坦们",和禁止使用群众罢工手段、将总罢工化为乌有的工会领导人们,与恩格斯此前所批判的无政府主义者一样,在思想方法上都犯了同样一个错误——"以为群众罢工仅仅是

---

① 这里所说的无政府主义更多的是有一定规模的政治派别。无政府主义作为一种思想对之后的俄国工人运动仍然产生深远的影响。

技术上的斗争手段,可以随心所欲、诚心诚意地'决定'或'禁止'它,就像一把刀子,可以把它折起来放在衣袋里'以防万一',也可以根据决定把它打开来使用"。① 这种看事情的方法,是"非历史的"。他们用来作为论据的"事实和数字",无论是无产阶级的弱小、普鲁士军官的强大,还是工人没有足够完善的组织和储金,这些论据都只不过基于肤浅的计算,而非基于历史唯物主义的深刻洞见。如果用马克思的观点来看问题就会发现,"群众罢工不是人为'制造'的,不是凭空'决定'的,不是'宣传'产生的,它是在一定的时刻以历史必然性从社会状况中产生出来的历史现象"②。因此,讨论如何在德国实际运用群众罢工,是要由历史作出决定的,它的出现将是阶级关系发生急遽变化的标志,并将由此证明"德国无产者大众具有健康的革命本能和活跃的智慧"③。从这些表述中就可以看到卢森堡谈及群众罢工时第一重历史哲学维度。

而后,卢森堡重述了1905年俄国革命的历史过程,陈述历史事实本身并不重要,重要的是她从这场革命中总结出的特点。她从1898年彼得堡罢工和1902年的高加索罢工开始,讲到顿河沿岸的罗斯托夫罢工第一次争得了言论和集会自由,再讲到南俄声势浩大的总罢工以及在此基础上建立的为期数周的"革命工人共和国"。1904年,工人运动转入低潮后,由于日俄战争和经济危机的形势,年底爆发了巴库总罢工,这一切最终酿成1905年年初的"彼得堡惨案",并掀起了革命浪潮。从性质上看,最初的经济性的工

---

① 李宗禹编:《卢森堡文选》,第148页。
② 李宗禹编:《卢森堡文选》,第149页。
③ 李宗禹编:《卢森堡文选》,第150页。

资斗争很快演变为政治示威;从形式上看,最初在工会领导下是四分五裂的,但是自从有了政治的领导,革命开始汇聚成统一的阶级行动;从范围上看,从一个城市开始的罢工活动逐渐在整个辽阔的俄国扩散,将不同行业的无产阶级都卷入进来。卢森堡概括道:群众罢工是一个每时每刻都在自我丰富和自我嬗变的历史过程,"它是持续数年甚至数十年之久的一整个阶级斗争时期的标志和集合名词"。①

从卢森堡的讲述中能够看出:其一,群众罢工不是一个或要或不要的政治态度或会议决议就能决定得了的,而是一旦形势来临,便成为卷入诸多不确定性因素、曲折行进、自我丰富的客观历史进程。而孕育革命的政治行动主体,既不是工会,也不是政党,而是拥有"自发性"的群众。所以,在客观的历史总体面前,人为地区分经济斗争和政治斗争,彼此互斥的隶属于各自的领导机关的看法,是行政的、僵化的,也是非历史的。"经济斗争把一个政治枢纽同另一个政治枢纽联系起来,而政治斗争则为产生经济斗争的土壤定期施肥","政治斗争的每一新的开始和每一新的胜利,都会变成对经济斗争的强大推动,政治斗争同时也在扩大自己外部的可能性,提高工人改善自己状况的内部动力和战斗热情","反过来也是如此:工人同资本处于不停的经济战状态,这使得战斗劲头在一切政治间歇期间保持旺盛"②。在卢森堡看来,经济斗争和政治斗争就是这样彼此促进、相互推动的,而"群众罢工"则是二者的统一体。这种相互影响,就是卢森堡抽象出的俄国群众罢工的内在机

---

① 李宗禹编:《卢森堡文选》,第172页。
② 李宗禹编:《卢森堡文选》,第175页。

制,而这一机制是由构成革命深刻的社会历史条件所决定的。

其二,尖锐的阶级对立需要疾风骤雨的革命氛围和契机,一些局部的、微小的冲突将发展为普遍的、共同的阶级行动。卢森堡之所以写经济斗争和政治斗争之间的关系,就是要指明德国工会和政党之间各自为政,注定会被革命的形势打破。她将群众罢工看作一种能够导向革命进程的策略,而在革命的历史总体面前,处理经济问题的工会只具有暂时的、局部的、准备的效用。无论工会还是政党,都只是群众的代理人,"在下面,存在于组织起来的无产者大众之中,在百万工会会员的心目中。党和工会实际是一个东西"。只有一种斗争,那就是阶级斗争,所谓经济斗争与政治斗争都只不过是在议会时期阶级斗争的不同表现形式而已。政党和工会的主体性,以及在行政机构枷锁下的"外交式合作"将在更加具有政治行动能力、代表进步方向的群众面前,实现历史性交融。

其三,虽然自发性因素在俄国革命中是主要因素,没有任何人或组织能真正越俎代庖地代替群众、训导群众,但是仍然不得不承认政党作为工人阶级的先锋队在其中所发挥的政治领导作用:

> 为斗争制定口号,给斗争指出方向;在安排政治斗争的策略时,要使现有的和已经迸发、已经行动起来的无产阶级的全部力量在斗争的每一阶段和每一时刻都有用武之地,而且要在党的战斗阵地上表现出来;要使社会民主党的策略在果断和锐利方面不但永不落后于实际力量对比的水平,而且还要跑在它的前面,这些才是群众罢工时期的领导的最重要的任务……社会民主党所指定的坚定果敢和勇往直前的策略,会

使群众产生稳妥感,产生自信心,产生战斗热情,反之,摇摆、软弱和对无产阶级估计不足的社会民主党策略,却会使群众丧失活动能力和不知所措。①

如上,卢森堡认为,无产阶级政党应在革命中发挥重要的政治领导作用。正因如此,简单如斯大林那样,对卢森堡冠以"自发论者"的标签,并不是适当且公正的。斯大林之所以这样做,更多是为了谴责一战前后德国左翼政党缺乏政治行动能力。事实上,卢森堡是非常看重政党在革命中的地位的,这一思考不仅有理论依据,更有现实考量。

从理论上看,她将政党看作工人阶级意志的集中体现和革命的"火车头"。政党的领袖们比群众在政治思想上更加先进,革命意志更加坚定,对于阶级意识有更深切的自觉,他们能够在唤醒广大工人阶级形成联合行动方面发挥组织和宣传的功用。但是,这并不意味着领袖可以代替工人阶级本身去进行革命,因为"火车"的动力是深刻的阶级矛盾,真正的引擎是有着自为阶级意识的工人阶级。革命成功后的成果毫无疑问也是属于人民的。卢森堡的论证是根据马克思的历史理论展开的,但是,登上政治舞台的革命群众的意志如何被政党代表,革命形势如何推动,工人群众如何被组织,这一切都是实践和操作层面的问题。这也反映出罗莎·卢森堡在领袖和群众关系看法上的内在张力。

从现实层面上考量,德国社会民主党的最高纲领是要推翻现

---

① 李宗禹编:《卢森堡文选》,第180页。

存秩序，不应该满足于在资产阶级议会政府中自我保存，不应该仅仅停留在口号和决议的肤浅层面，承认群众罢工的有效性和防御性，更不能听天由命地等待革命形势的出现，而应该"撇开那种人为地由党和工会指挥少数有组织的工人举行的示威性群众罢工的学究图式，去看看由于阶级矛盾和政治形势的极度激化而以雷霆万钧之力形成的真正的人民运动（它既表现为政治的，也表现为经济的暴风骤雨般的群众斗争和群众罢工）的生动景象，那么社会民主党的任务显然并不在于从技术上对群众罢工进行准备和领导，而是首先在于对整个运动的政治领导"①。

三、俄国经验的适用性问题

如此推崇俄国革命的卢森堡，在逻辑和政治上都不能回避的问题就是俄国经验在多大程度上适用于德国。因为两国国情不同，所以认为俄国经验不适用于德国，这是一个基于经验的简单概括。具体怎么不同，又在多大程度上不能适用，卢森堡所采取的方法是打开国情这个"黑匣子"，进行条分缕析的对比。

认为俄国经验不适用于德国的观点有以下几种：第一种是认为俄国是专制主义社会，所以政治斗争和经济斗争才有如此紧密的联系，"连最简单的罢工在那里也成了政治上的犯罪，那么在这样的国家里，每一次经济斗争都必然会合乎逻辑地成为政治斗争"②，而德国的工人运动政治斗争与经济斗争分工明确；第二种则

---

① 李宗禹编：《卢森堡文选》，第191页。
② 李宗禹编：《卢森堡文选》，第180页。

认为,俄国无产阶级从未开展过日常的经济斗争,所以一旦专制制度开了一个口子,立刻就会采取迅猛的直接行动,这对于能够开展正当政治活动的德国政党并不适用;第三种观点则认为,俄国革命的目标首先是推翻专制,因为无产阶级的组织性差,缺乏政治生活的经验,所以才会采用野蛮的、疾风骤雨的方式,而在这方面,德国早已在革命阶段上超越了俄国,没必要以俄为师。

对如上观点,卢森堡进行一一反驳:首先,她认为,俄国的经济斗争并不是从1905年1月22日才开始的,俄国无产阶级开展经济斗争已经有数十年之久了,从历史上看,也不是每一次经济斗争都上升为了政治斗争。其次,她将无产阶级作为一个整体拆解开来,指出在俄国斗争中表现最活跃、最积极的大城市的工人实际上物质生活水平和文化程度并不比德国工人低,进而打破德国工人在阶级状况上比俄国工人优越的迷思。卢森堡犀利地指出,在德国,矿工、纺织工人、家庭手工业者和农民,大量工种中未被组织的无产阶级也和俄国一样广泛存在,他们都不能够将自己的"脚"穿进工会制作的日常斗争的"鞋"里。在这些人里,有着和俄国无产阶级一样开展自发性斗争的土壤。最后,她回顾整理了俄国斗争中的一系列目标,包括八小时工作日、在工厂建立工人委员会、废除计件工资、彻底执行星期日休息制还有工人结社权,所有这些都仍是德国工人尚待争取的成就,对此,德国更加没有理由嘲笑俄国。综上,她得出结论说:"工会领导人担心争取经济利益的斗争会在激烈的政治斗争时期和群众罢工时期被轻易地搁置一旁和压制下去,这是出于一种对革命事物发展进程的完全不切实际的、死搬教条的设想。"①在俄国,经济和政治斗争相互促进的机制,在德国也会自然而然地生发出来。

卢森堡选择切入讨论问题的视角是:打通国别这一表面上的差别,具体考察和比较她所筛选出的仅和工人运动有关的条目,进而论证俄国经验对于德国的适用性。如果站在工会的立场上,针对这样的反驳完全可以说,尚待组织的群众的存在和他们开展突然行动的"危险",不仅不是暂停工会日常工作的借口,恰恰是需继续壮大工会组织的理由。卢森堡这种思维方式,不是对两国历史发展阶段、经济水平和阶级关系进行通盘研究的历史唯物主义的分析方法,而是有所偏向地回避了构成这种类似表象背后的深刻的社会经济基础。换句话说,她并没有深入考察树根的不同,而是只对比了树杈形状的相似。

卢森堡从俄国群众罢工中抽象出的普遍性经验,还与她的宏观世界历史视野有关。她对俄国革命的性质认识得非常深刻,看到了俄国"奇怪而又充满矛盾的历史形势":"从表面的任务看是资产阶级性的革命却要主要依靠有阶级觉悟的现代无产阶级来完成,而且是在以资产阶级民主的没落为标志的这样一种国际环境中完成。"②这就决定了俄国革命的双重性:"在这种形式上是资产阶级性质的革命中,资产阶级社会与专制制度的矛盾是受无产阶级与资本主义社会的矛盾制约的,无产阶级的斗争是以同样的力量同时针对专制主义和资本主义剥削的,革命斗争的纲领是以同样的程度重视政治自由以及为无产阶级争取八小时工作日和符合

---

① 李宗禹编:《卢森堡文选》,第186页。
② 李宗禹编:《卢森堡文选》,第192页。

人的尊严的物质生活的。"①这种双重性尤其表现在群众罢工这一"经济斗争和政治斗争之间的内在联系与相互促进"②的历史现象中。

如上论证是否可以自然推导出,由于俄国和德国的工人运动都同时针对专制主义和资本主义的剥削,都重视政治自由,都争取八小时工作日,因而俄国经验就可以被看作"无产阶级斗争的一个普遍形式"呢? 到底应该如何从俄国的特殊性上升为普遍性呢? 在这里,卢森堡欠缺一个必要的论证环节,或者说她将其视为理所当然的东西而未加论证:正因为资本主义是在世界范围内进行扩张的历史现象,所以,共产主义运动也必然是在国际范围展开阶级斗争的。她将法国大革命、德国三月革命和俄国革命看作一条连续发展的链条,认为这种革命精神的迁徙就像黑格尔的绝对精神一样,反映了"资本主义世纪的兴衰",她说:

> 今天的革命在解决专制主义俄国的特殊事务的同时也实现了国际资本主义发展的总的成果。与其说它是西方旧的资产阶级革命最后一个后继者,不如说是西方新的无产阶级革命系列的先驱。这个最落后的国家,正是由于不可饶恕地推迟了自己的资产阶级革命,却给德国及其他最先进的资本主义国家的无产阶级指明了继续开展阶级斗争的道路和方法。③

---

① 李宗禹编:《卢森堡文选》,第 193 页。
② 李宗禹编:《卢森堡文选》,第 193 页。
③ 李宗禹编:《卢森堡文选》,第 195 页。

卢森堡的这段论述不仅让人想起列宁有关俄国之为帝国主义的薄弱环节的论证,正因俄国资产阶级革命的推迟,才使得它有机会将最为先进的斗争形式越出国别的界限,作为有效推进世界革命的手段。无论是卢森堡还是之后的列宁,都是在这一普遍历史的前提下思考俄国经验的,这背后所折射出的"国际主义"绝不仅仅是一种理论出发点或政治立场,更是一种思想方法。

四、德国工会和政党的关系

《群众罢工、党和工会》这本小册子的标题非常鲜明地指出了卢森堡所要讨论的两个重要的行为体:党和工会。群众罢工由谁来组织、由谁出钱、由谁来宣传动员,对于这两个组织的关系而言是最重要的问题。德国的情况不同于俄国,德国社会民主党和工会是完全分开、各自独立的,二者都有完备的行政组织和各自的财务来源(相较于工会稳定和日渐增长的工会储金,政党的资金储备并不宽裕)。如果要让工会配合政党搞政治罢工,工会就不得不出钱出力。对于任何没有切实收益预期、单纯浪费储金的政治行动,工会领导人基于经济理性的计算,自然会抗拒。而德国社会民主党若要举行包括争取选举权在内的任何政治性罢工,如果没有工会中工人领袖去牵头,没有工会提供罢工期间的储金的话,也是不能够实现的。特别是在工会的人数和储金数额越来越壮大的情况下,政党对于工会的依赖就更加显明了。自从1906年2月政党和工会达成"秘密协议"以来,即所有政治性罢工都由政党负责提供开销之后,由政党组织的罢工次数都几近零。工会的保守化和政党的官僚化渐成趋势。卢森堡写作此文的背景恰是要用俄国革命的利剑,去激化整个政党和工会的局势。

在曼海姆代表大会上,工会要求和政党平起平坐,要求在没有工会同意的前提下,政党在任何时候不得自己单独发动罢工。为了削弱"工会中立说",卢森堡从历史起源而论,追溯自由工会的成立乃是德国社会民主党的产物;从意识形态的角度来说,工会如果脱离政党,就将失去相较于基督教工会在理念上的优越性;从现实的发展状况而言,工会人数的增加是政党宣传鼓动的直接结果。虽然此时工会会员人数多达125万,有组织的党员只有不到50万,但是"成千上万的工人之所以没有参加党组织,正是因为他们参加了工会。当然,理论上说工人本来应当参加两种组织,出席两种集会,既交党费也交工会费,阅读两种工人报刊等",但是,"只有大城市的少数最有觉悟、最聪明的社会民主党工人才具备这样的条件,因为那里的党内生活内容丰富,富于吸引力,工人的生活水平也比较高",而对于很多身处地方的工人而言,"因为经济斗争本身的性质决定,他只能通过加入一个职业组织去满足他在这一方面的直接利益","他觉得自己参加了工会也就是参加了社会民主党"。[①] 所以,中央工会组织之所以能够拥有今天这样多的人数,并不是因为它所表现出的中立性,而恰恰是因为它实际的社会民主主义性质。

卢森堡宣扬政党在政治上的优越性,目的就是打击工会领导人追求平等权利的意图。不仅如此,她还继续论证工会与政党之

---

① 李宗禹编:《卢森堡文选》,第203—204页。

间是部分和整体的关系,工会斗争应该在政党的政治领导下开展;工会的经济改良和政党的政治图景之间是现在与未来的关系,只有德国社会民主党才能真正领导和代表德国工人先进的革命方向:

> 工会的斗争包含着工人阶级的当前利益,社会民主党的斗争则代表着工人阶级的未来利益……因此工会与社会民主党的关系应当是局部与整体的关系。①
>
> 议会斗争是一种政治上的改良工作,如同工会是经济上的改良工作一样。议会斗争又是政治性的当前工作,如同工会是经济性的当前工作一样。同工会一样,议会斗争只是整个无产阶级斗争中的一个时期和一个发展阶段,这种阶级斗争的最终目标以同样的程度既超越了议会斗争也超越了工会斗争。议会斗争同社会民主党的政策的关系是局部与整体的关系,这也和工会工作与社会民主党的政策的关系一样。社会民主党(本身)正是议会斗争与工会斗争的综合,即把二者总和为一个旨在消灭资产阶级社会制度的阶级斗争。②

在卢森堡看来,现在二者看似平等的关系只是暂时的,一旦进入革命斗争时期,无论是分散的经济斗争,还是间接的议会斗争,都将立即土崩瓦解。在革命的群众行动中,政治斗争与经济斗争将融为一体,工会和社会民主党作为工人运动两个彼此独立的组

---

① 李宗禹编:《卢森堡文选》,第 200—201 页。
② 李宗禹编:《卢森堡文选》,第 201 页。

织之间的界限也将被一扫而光。由是,卢森堡论证了工会表面上的"中立性"只对工会领导人有意义,而对于那些工会所依赖并组织的群众而言,实则毫无意义。在卢森堡的理论中工会和政党只是作为概念的存在,她在处理这二者之间的关系时,动用的是马克思主义处理政治与经济关系的一般方法,即将二者看作同一性的社会结构,并在总体历史中,以生产方式为自变量解释历史进程。因而,在革命之为历史必然性面前,任何行政意义上的组织仅仅具有暂时的职能。

事实上,工会和政党不仅是两种不同类型的组织,两种可以在理论中被概念化为行使经济斗争和政治斗争职能的行政部门,它们各自组织内部都是活生生的人,组织中的每个人也都有自己的利益考量。如若政党在意识形态上过分宣传自发性的群众罢工,将败坏工会的组织纪律性,也会威胁工会领导人的政治权威,更会分散和浪费工会的储金。这也是工会领导人希望对群众的政治性罢工有所控制的缘故。这种组织利益的固化,恰恰是卢森堡所推崇的群众自发性的对立面。因为这种非组织的、多变而灵活的、在运动过程中不断扩展自己的运动,必然会扫荡一切分散、僵化的集团利益。为此,她将批判的矛头再往前推进一步:随着工会领导人职业的专业化,工会官员身上很容易滋长官僚主义和偏见。他们会过高地评价组织,使组织从一种达到目的的手段逐渐成为目的本身,成为至高无上的财富,使得斗争的利益经常服从于它。

卢森堡看到组织利益的固化影响了工会的行事风格:过去的工会鼓动工作都是由同志们自己组成的地方委员会,是以同事之间的友好方式进行的,是无报酬的,是纯粹而富于理想主义的;而现在，却代之以公事公办、官僚主义的领导，而且大都是由外地派来的工会官员担任。① 和政党相比，虽然党内有"倍倍尔的专政"这种风言风语，但是大抵还是同志之间的民主领导。在卢森堡看来，这种行事风格的差异是由政治斗争的本质所决定的。政治斗争不断处于运动当中，具有高度的灵活性和随机性，这必然使得官僚主义所受到的约束要比在工会生活中更加多。相反，在工会生活中，工资斗争有一定技术方面的专业性，譬如，缔结复杂的工资协议等工作。工会领导人经常认为，基层群众不能综观本行业生活的全局，缺乏判断力，这才导致了工会内部出现上级和下属之间的关系。于是，工会官员公事公办的领导方式代替了地方委员会中以同志之间的亲密态度而进行的领导方式。这样一来，群众的首创精神和判断力就可以被归结为工会官员的英明领导，而群众仅仅需要保持消极地遵守纪律的义务即可。这一切在卢森堡看来，是违背社会民主主义精神和社会民主党所信奉的历史学说的。

卢森堡一针见血地指出组织的官僚化问题。这种现象不仅仅存在于工会之中，也同样蔓延到了德国社会民主党内部。随着1906—1910年党内逐渐建立起从中央到地方的完善的行政组织，政党日渐趋向官僚化。一个背反的事情恰恰在于，随着政党在议会斗争中取得越来越多成果，革命党成员的品格却逐渐退化，政党在议会斗争中淬炼出的政治成熟和稳健作风，却不再适合于从事街垒巷战、群众罢工和政治革命，而这与此后布尔什维克形成了鲜明的对比。革命政党在不同的社会环境和政治路径上发展为不同

---

① 李宗禹编：《卢森堡文选》，第209页。

的组织类型,这也在之后导致了卢森堡和列宁在有关布尔什维克组织原则上的激烈论战。

第四节 中派与左派的分手

一、1907—1909德国国内外局势的变化

如前文所述,考茨基和卢森堡在群众罢工问题上观点和立场本就不同,只因1905—1906年的激进形势所迫,以及应对改良派的斗争中的"联盟",二人的分歧才没有彰显和公开化。那么,导致考茨基和卢森堡在1910年彻底决裂的原因到底是什么?要回答这个问题,有必要梳理1907—1909年德国社会民主党所面临的新形势和德国社会民主党内部出现的新问题。本节对这个问题的回答,目的不是为了在历史细节上追究全面和翔实,而是有所偏重地凸显二人论争的缘由。

从国内情况来看,1907—1908年底,德国爆发了非常严重的经济危机,德国有一百万人失业,生产停止,物价增高。工会成员的失业率增加了3%,也导致自1891—1893年大萧条之后,德国社会民主党的工会第一次有会员退出。[①] 1907年1月,德国社会民主党经历了选举失败。德国社会民主党总共获得3 259 000张选票,得票率从1903年的31.7%降到了1907年的29%,而议会的席位则从

---

① Carl E. Schorske, *German Social Democracy 1905-1917, The Development of the Great Schism*, p. 89.

81降到43,这主要应归因于德国国内政治的变化。1906年,总理比洛(Bernhard von Bülow)要求追加预算,用于镇压霍屯督的起义,遭到了社会民主党和中央党的反对。比洛于是解散议会,在1907年的选举中,集结保守党、自由党和进步党组建比洛联盟(Bülow's Bloc),试图在议会中对社会民主党进行阻截,阻止其推进任何改革策略。经济斗争和政治斗争的双重挫败都在相当程度上遏制了德国社会民主党的进一步发展。

从国际局势上说,德国在世界范围内开始推行军国主义和殖民主义的扩张战略,1905年"摩洛哥危机"之后,德国愈加陷入一种"被包围"的紧张局势之中。比洛在帝国议会上第一次使用"被包围"这个词。1906年11月14日,他说:"一项旨在包围德国、在德国周围形成由大国组成的包围圈以便孤立和瘫痪德国的政策,对于欧洲的和平将是灾难性的。形成这样的包围圈不可能不对德国产生压力,而压力必然引起反弹。这种施压和抗压的过程最终将产生爆炸性结果。"① 这一时期,威廉二世和普鲁士军官团在对外政策上的强硬态度和欧洲社会主义运动内部对和平主义的呼吁形成鲜明对比。1907年第二国际斯图加特代表大会上,列宁邀请罗莎·卢森堡参加了关于反对军国主义的起草小组,并针对倍倍尔提出的不主张无产阶级采取积极行动的决议提出修正:"第一,说明军国主义是阶级压迫的主要工具;第二,指出在青年中进行鼓动工作的任务;第三,强调社会民主党的任务不仅是防止战争的爆发或尽快结束已经爆发的战争,而且还要利用战争造成的危机来加

---

① Imanuel Geiss, *German Foreign Policy*, *1871-1914*, Routledge and Kegan Paul, *1979*, p. *121*.

速资产阶级的崩溃。"所有这些修正,分委员会(由反军国主义问题委员会选举产生的)都已经吸收到倍倍尔的决议案中了。

罗莎·卢森堡的亲密战友卡尔·李卜克内西也在反对军国主义的斗争中发挥了突出作用。他致力于对正在兴起的青年运动施加社会主义的教化和影响,将其和反对军国主义的斗争结合起来。1907年10月,卡尔·李卜克内西因《军国主义和反军国主义:特别就国际青年工人运动加以考察》一书被以"叛国"罪名处一年半徒刑。

然而,德国的统治阶级和新兴的资产阶级,在对外扩张和开展殖民主义上却有着相当一致的利益。这一民族主义的潜流被比洛总理大肆利用,德国社会民主党被谴责为反民族反国家的力量。国际和国内形势的夹击,加剧了德国社会民主党的艰难处境。

与党内大部分人不一样的是,对于1907年的选举,考茨基并没有特别不安。尽管他承认社会主义者低估了殖民主义和民族主义的潜在影响,但是他强调,在1903—1907年之间很多事情都改变了。两年的好收成使得很多农民不再像之前那样反对政府。德国社会民主党虽然在1903年失去了一些来自非无产阶级的票数,但是在无产阶级的票数上获得了绝对的提升。他因此得出结论:未来仍然是属于社会主义者的。不仅仅是因为党的选票数量在工人中增多了,而且因为比洛联盟主要建立在共同的殖民政策上,只要他们想要继续维系这种政策,就要增税、扩军,而这必使得这种联盟难以为继,并在国际格局上加剧德国的孤立和对其他国家的不信任。长此以往,战争迟早会爆发。到那时,德国社会民主党将是德意志帝国唯一寻求和平的政党,将是动荡局势中唯一宁静的孤岛。因此，眼前的局势紧张反而是对德国社会民主党有利的。

考茨基的这一预言，果真在1909年成真。威廉二世要建无畏舰，这引发了财政负担，启动了帝国的财政改革。大容克们因拒绝推行遗产税，暂时失去了与工业界联盟的基础。保守党认为他们自己才是议会的中流砥柱，完全可以脱离比洛联盟独自生存。德国中央党也不满于比洛在1906年将其打入反对派一方，反对比洛为解决帝国财政困难而提出的征税提案。此外，保守党也反对比洛对普鲁士选举法的改革。最终，比洛被迫于1909年6月辞职。① 比洛政党联盟解体，德国社会民主党终于获得了自俄国革命爆发后4年以来的一次解脱。

二、党内保守势力的增长

1906年建立的党和工会形式上的平等，很快被工会对政党的压倒性影响取代了。1906—1907年政党的收入是1 191 819马克，而工会的收入则是51 396 784马克，近乎是政党的五倍。② 工会的会员人数更是在1906年就已经是政党人数的4倍了。这种工会对政党的优越地位不仅体现在财力和人力上，更体现在具体事情上。有关组织"五一大罢工"的决议就是一个鲜明的事例。

长期以来，"五一大罢工"是工人政党一年一度用来表明政治

---

① ［德］汉斯-乌尔里希·韦勒：《德意志帝国(1871—1918)》，邢来顺译，青海人民出版社2009年版，第85页。
② Carl E. Schorske, *German Social Democracy 1905–1917, The Development of the Great Schism*, p. 93.

立场,联系工人群众的一种仪式化的示威行动。在1906年以前,工会一直负担这一行动所花费的全部费用。但是随着雇主联合会的成立,雇主也将"五一大罢工"看作反击工会的一次重要机会,直接搞行业休业,使工会开展工作时十分棘手。1907年,工会将一项决议拿到党代会上——让政党分担"五一大罢工"的部分费用——双方就此项决议达成一致。①

党内保守势力的增长不仅体现在工会地位的提高上。随着德国社会民主党成为一个日益完善的全国性组织,组织性增强体现在完整的官僚队伍的建立上。1905年以前,德国社会民主党尚没有建立合理的等级制组织,无论是中央、州一级,还是基层,党的组织都是很松散的。党内的领袖甚至都不知道他们的组织规模有多大,因为还没有建立从地方到中央的定期的汇报体系。1899年以前,建立跨州的党组织在法律上是不被允许的,仅仅以地方的选举机构(Vertrauensmann)作为地方组织和执委会之间的联结。1905年耶拿代表大会确立了一项颇具深远意义的决议:推选弗里德里希·艾伯特担任行政秘书。这之后,党的行政组织建设发生了真正意义上的改变。

艾伯特和罗莎·卢森堡同岁,他是社会民主党的新型办事人员,面容苍白而冷酷,决心坚定,勤奋而又务实,对行政事务有不知疲倦的专注力。他自从1906年来到柏林,就开始致力于党的各级行政组织的建设,启用专业化的雇佣官僚来取代之前的志愿者,两年之内就在州一级建立了完备的政党结构。为了便于选举活动的

---

① Carl E. Schorske, *German Social Democracy 1905 – 1917, The Development of the Great Schism*, p. 93.

进一步开展，依据选区形成的基层党组织"选举委员会"纷纷成立。它直接向党的执委会汇报，每年向其汇报党员人数和财务状况。与列宁建立革命家集团不同的是，艾伯特建立的官僚组织的目的首先是扩大党员人数和提高选票，而非推翻现存秩序。这些行政人员在鲜明的党内派别斗争中保持政治中立，也更强化了德国社会民主党的秩序性而非革命性。行政人员依附体制生存，自然是尽可能地希望保持稳定，一旦社会存在变革压力的时候，更加倾向于妥协和调节矛盾。他们和革命家不同，不乐意为革命这高度不确定的事业押上赌注。

由于州一级的秘书是由上级组织派下来的，同普通工人群众接触很少，官僚体制则是层层向上负责的等级制度，而非面向群众的遴选制度。当地方一级发生罢工或游行示威时，他们既不能和工会一样负担大部分储金，也不能在州的层级直接组织动员。因而，行政官僚体系的建立虽然在处理日常事务上提升了政党的组织力和执行效率，却使其作为一个现存秩序的反对党的政治意义大大衰减了。

无论是考茨基还是卢森堡都看到了党内官僚主义的增长，并对此做出了尖锐的批评。但他们都乐观地认为，官僚主义会在革命形势到来时而被克服。考茨基在给维多克·阿德勒的信中指出，德国社会民主党的国际领导权正在丧失，功能在退化。原因在于党内的领导们没有责任感和认真精神。"但是上面的人如此醉心于庞大机构的管理事务，除了关心自己的官僚作风外丧失了任何向前看的能力，丧失对一切事务的兴趣。我们以前在工会中看到了这一点，现在，从政治组织不断增加的时刻起，我们在其中也正在看到这一点。"他向阿德勒抱怨,德国社会民主党内没有杰出的领导者,"甚至李卜克内西、倍倍尔、奥艾尔在他们最好的时候也只是个国会议员,而他们的后继者——完全是只懂专业的蠢货"。[①]

三、《取得政权的道路》(1909)

考茨基是党内最高理论权威,与其说他是一名政治家,毋宁说他是一位传统知识分子。考茨基的生活忙碌而有序,丰沛的理论著作足以说明这一点。不仅如此,他还要从事冗杂的编辑工作,包括与作者的沟通和回应,他每年单单书写和回复的信件就多达上千封。此外,在1905—1910年间,他还负责编辑出版马克思的手稿——《资本论》第四卷《剩余价值学说史》。与此同时,他还写了以马克思主义方法进入宗教史研究的一本典范著作:《基督教基础》。也是在这一时期,考茨基写了《取得政权的道路:关于长入革命的政治深思》。列宁说这本书是考茨基最后一部反对修正主义的著作。笔者之所以着重分析这一文本,是因为它和卢森堡在1906年写的《群众罢工、党和工会》形成了某种对照:二者都是在对革命形势的乐观预判中完成的,都试图对当下的政党工作方向做出指导,但这种相似并不能遮蔽二人对于革命的实现方式和到来时间上的认知差异。考茨基和卢森堡在群众罢工问题上的分歧在他写就这本书的时候就已经铸就了。考茨基后来的相关阐述不过是在这本小册子基础上的进一步延续和发展。了解考茨基的相关

---

① Victor Adler, *Briefwechsel mit August Bebel und Karl Kautsky*, Vienna, 1954, S. 208.

观点和论证方式对于分析1910年和卢森堡之间的论争是十分必要的。事实上,构成他写这本书的背景至少有以下几点。

其一,1907—1909年普鲁士和萨克森持续的选举权斗争以及欧洲日益紧张的军备竞赛,造成了一个动荡不定的时期。这使得考茨基有理由相信,世界大战和国际范围内的阶级革命不久将爆发。1905年俄国革命的发生也在某种程度上进一步强化了他的信心,这在上述这本书里都得到了充分的阐释。虽然他在之后的自传《一个马克思主义者的成长》中坦承:"我对它(俄国革命)的强烈和持续程度估计过高,因而也对于它对西方所能产生的影响估计过高"①。

其二,现存的对革命的阐释非常多,特别是罗莎·卢森堡和她的朋友们——卡尔·李卜克内西、格奥尔格·累德堡(Georg Ledebour)和保尔·连施(Paul Lensch)所代表的集团——开始起来反对倍倍尔和考茨基,在促动革命的问题上愈来愈激进,使得考茨基觉得有必要再一次更加系统地阐释自己曾在1902年《社会革命》中就表露过的观点。这既是对自己立场的重申,也表明了党内正统派当时在这一问题上的权威意见。《取得政权的道路》和卢森堡的《群众罢工、党和工会》不同。当卢森堡将一系列群众罢工确信为20世纪革命到来的标志时,考茨基对所谓的"革命"的实现方式却十分犹疑。他说:"人们很难预见到社会战争最后的战役将是流血的,还是仅仅用经济与法律手段和道德压力来实现。"此外,对于党在即将到来的革命中发挥的作用,不同于卢森堡,考茨基是消

---

① 考茨基:《一个马克思主义者的成长》,第24页。

极的和语焉不详的。

其三,这也是一部考虑到党内存在诸多派别的有政治考量的作品,更像一封休战书。一方面,他想让改良派和工会主义者放弃对革命理论的攻击,并抨击他们对统治阶级的妥协;另一方面,也希求激进派停止他们对于革命策略的追求,使政党在政治道德和政治目标上保持团结一致,共同等待统治阶级自我毁灭。这也是考茨基在反对现存秩序的政治立场,在马克思主义之为一种历史理论和当下所能采取的现实策略之间的一种调和。与其说这是一种理论上的综合(synthesis),毋宁说是对现状的理解和妥协。

考茨基在这本书中试图完成以下三件事情:第一,批判改良主义,表达他的革命立场。他用描述的方式区分了当时已有的两种对于革命的理解:一种是渐进式的革命,另一种是断裂式的;一种是利用经济斗争"和平长入社会主义",另一种是全面占领和取代资本主义的生产关系;一种是在现存的制度框架下与资产阶级采取协同和联盟,另一种则是用野蛮的方式易手整个政权。这两种主张背后的人不同,利益不同,革命的目标不同,采取的策略也不同。而考茨基则基于政治经济学的理论分析,给出对这一问题最"正确"和最"妥当"的回答,他说:"无产阶级只有在根本不同于现存制度的社会制度下才能得到满足。"[1]只要仍然在资产阶级政权的框架内部,"无产阶级政党的一切行动,都将受到它的资产阶级盟友的不信任,而这时会阻碍它进行任何顺利的活动的。没有一个这样的政权会加强无产阶级"[2]。这样的说法当然不是创新,但

---

[1] 王学东编:《考茨基文选》,人民出版社2008年版,第197页。
[2] 王学东编:《考茨基文选》,第202页。

是，在当时的情势之下，确有一种团结不同人群的政治作用。

　　他在批判党内改良派时，注意到了政治家和行政人员之间的区别。他将后者称之为社会中习惯性的保守力量。这些"没有头脑的保守派"看不到任何研究现实的必要，现实对于他们而言，不过是熟悉情况的简单重复；政治家则乐于研究每一个具体情况下的一切可能性和后果，分析当前的力量对比，关切新生的尚未被注意到的因素。行政人员维持当前秩序不变，政治家则影响政治形势的改变；行政人员只关心每日手头上的事务，政治家则考虑未来更多。

　　值得注意的是，考茨基引入的分类标准是基于个体与组织之间的关系。政治家和行政人员的分别，无论在资产阶级政府中，还是在社会民主党内部，都是存在的，这一点是与阶级问题无涉的，也是单纯用阶级分析方法不能到达的事实层面。但是，在接下来讨论"预言"的时候，考茨基就又进入了马克思主义理论的概念范畴，认为根本意义上的预言仅存在于生产方式的发展规律——一种必然的发展趋向上。这就将"预言"所需要充分研究的事实层面的东西，经过马克思主义概念和逻辑的过滤加工，抽象为学说内部的讨论。由于这种概念和概念之间的关系是由马克思的学说厘定的，也就在一定程度上消解了所谓"政治家"的现实性。从现象到概念的过渡，从现实到理论的跨越，在考茨基的文章中，并没有经过充分地思考和打磨；或者说，对于像考茨基这样的马克思主义者而言，这些问题是不需要过多思虑的；又或者说，这种思虑是服务于其政治立场的。

　　与之类似的还有，他批判"和平长入社会主义"时，承认这一过渡过程中的发展和成就:无产者的人数增加,工会能够干涉生产过程,选举出的代表可以进入公社自治机关和议会,劳动保护的立法和福利待遇的改善,等等。但是,考茨基说:"在这个理论(和平长入社会主义)中有一个小小的错误,这就是这个理论所谈的发展,不是单一因素的发展,而是两个根本对立的因素——资本和劳动——的发展。"①考茨基在这里又一次出现了从现象范畴到概念范畴的跨越。由于这个抽象过程已经被马克思论证过,后来的理论家们习得了这种"科学"论证,必须针对新现象,动用马克思的旧概念给出相应的解释和判断。这个过程中,概念的使用是否有的放矢经常是不被考虑的。譬如"革命"的概念在新的形势下如何落地、如何实现,就需要信仰革命、信仰马克思主义的理论家给出论证。于是问题被颠倒了:马克思依靠实证的方法,通过对现象的分析得出了社会革命的结论;而马克思主义者则为了革命的目标和信仰,将现象解释成需要革命的模样。从这个意义上讲,考茨基和卢森堡是没有差别的。

这篇文章要做的第二件事是批判一种对马克思学说的错误理解,即认为马克思理论是机械的经济决定论,忽视人的意志作用。这是"一元论历史观"的老问题了,恩格斯此前就用简易的"平行四边形理论"来驳斥过这种偏见,普列汉诺夫也在《论一元论历史观之发展问题》中作过详尽的思想史的梳理。在这里,考茨基再一次给出解释,说这种理解混淆了抽象的自由意志和经济基础之上的生活意志。事实上,生活中的意志被社会关系更加深刻地、历史地

---

① 王学东编:《考茨基文选》,第216页。

决定着,只是因为即便相同的阶级意志也可能因为认识能力的差异而产生不同的反映,就造成了意志自由的虚假表象。

在此处,考茨基触碰到了认识论层面的问题,差一点就进入了对个体的、有差异性的认识主体的抽象分析中。但他很快就跳将出来,放弃了从这个层面继续向前推进的尝试,转而说:"不是关于意志自由的教训性的奇谈和思辨性的议论,而只有更深刻地揭示社会条件,才能按照无产阶级的利益来影响无产阶级的意志的形式和它用在每一种意志形式上的力量。"[1]不知道是他在抽象的思辨层面上没有走通,还是党性的缘故令他根本不愿意往那个方向走。他接下来,就全都是在用经济发展的必然性、阶级利益的共同性、政治目标的确定性去对参差不齐的个体进行规定意义上论述:正是因为阶级斗争作为一个社会过程,是不自觉的,所以才需要政党在其中发挥凝聚作用,不断创造阶级斗争的条件,使得这种基于共同利益而应然产生的共同意志,能够以对于促进革命而言最有效率、最有力量的方式呈现出来,从而避免无目的的浪费和消耗。

考茨基在对于斗争条件的分析中,认为斗争的意志取决于三个方面:一是吸引斗争双方的斗争的价值;二是力量感;三是实力——革命的勇气和决心、对敌我双方力量的了解,以及基于实际的社会经济状况的无产阶级的实力——在认识论层面分别对应着主观的感性认识,经验层面的知性认知和作为理性认识的主体的实际情况。但是,在考茨基的分析中,认识的主体是整个无产阶级。依据马克思主义的理论假设,整个无产阶级队伍应从他们共

---

[1] 王学东编:《考茨基文选》,第225页。

同的阶级利益出发,具有共同的、革命的阶级意识。社会民主党的作用则是在阶级斗争的过程中,令无产阶级具备这种自觉,通过议会斗争、争取选举权的斗争和五一节示威游行等活动,锻炼他们斗争的习惯和本能,使他们在客观实力增强的同时,在斗争中也增长对自我实力的自觉,在增强自觉这一方面,"实践在任何时候都比一切理论更有效果"①。

使用马克思主义实证的分析方法能够给出关于当下爆发革命的解释吗?伯恩施坦曾经给出过这一问题的解答,而他的答案是考茨基不能认同的。所以,考茨基这本书的第三个目的就是回应这样一种声音:革命者们的"愿望超越了对现实的认识",对现实的认识只应该确信"任何革命都是不可能实现的",即革命者们"出于一种狂信,便死抓住革命的思想,并陶醉于这种思想……甚至在利用现存法律基础可以获得巨大成就的时候,也只是为了革命本身而不惜任何代价来追求革命"。② 考茨基就是要论证,从90年代初开始形势为什么发生了有利于革命的根本变化。

他的论证从以下几个假设出发:一是大众政治已经成为势不可挡的历史潮流;二是政权是坚决敌视人民群众的;三是存在着反对这个政权并且得到有组织的群众支持的大党;四是这个党代表绝大多数人民的利益,并且受到他们的信任;五是这一政权的工具即官僚和军队对政权的信任,对它的力量和稳固性的信心已经动摇。③ 这几个理论假设与其说是从对事实的研究出发,不如说更多

---

① 王学东编:《考茨基文选》,第227页。
② 王学东编:《考茨基文选》,第229—230页。
③ 王学东编:《考茨基文选》,第245页。

是从政治立场出发。

在论证的展开过程中,考茨基使用了几种论证方法。第一是援引恩格斯1895年《1848年至1850年的法兰西阶级斗争》导言、《德国的社会主义》等文章,和曾写给他的私人信件里的字句来佐证他作为"革命的马克思主义者"的政治立场,即他所代表的党内正统派"既不是任何代价的合法性的拥护者,同样也不是不惜任何代价的革命者"①。进而,得出结论:现实的策略必须以历史形势为依据。这一论证方法不仅是当时所有马克思主义者论证时所采用的一般方法,也是对一种错误观点——认为恩格斯晚年思想转变为改良主义——的有力回击。

第二,他对总体形势的概括使用的是阶级分析法。在和以企业主为代表的资产阶级的斗争中,企业主的联合组织可以通过同盟歇业来成功对付工会的罢工;廉价的、无组织的、缺乏保护的外国工人的涌入削弱了工会的团结性和斗争力度;食品价格上涨、工人购买力下降、1907年的大失业使得工会不能固守原有的斗争道路,因更多地面临着政治任务,需要解决新问题,这是和统治阶级日益紧张的关系造成的。改良主义的活动促使统治阶级采取日益强有力的反抗,用复票权和三级选举制来遏制德国社会民主党势力的发展,阻碍民主化的进程。所以"改革帝国议会的选举制度,争取在秘密投票条件下实现邦议会选举(特别是在萨克森和普鲁士)的平等选举权,争取帝国议会能够驾驭各邦的政府和议会——这仅仅是首先必须争取完全民主和国家统一的德国无产阶级所面

---

① 王学东编:《考茨基文选》,第243页。

临的任务"。① 对于无产阶级和小资产阶级等其他阶级之间的关系,考茨基则清醒地看到之前恩格斯预言的破灭:"如果这样继续下去,我们在本世纪末就能夺得社会中等阶层的大部分,小资产阶级和小农,发展成为国内的一个决定力量。"②考茨基认为这一预言过于乐观了,因为他明明看到了现存的无产阶级和其他阶级之间矛盾的尖锐化,"我们在中等居民阶层的广大群众中间可以说进行了各种各样的社会主义宣传,但是今天要把他们吸引到我们方面来,是要比过去任何时候都更加困难了"③。考茨基对于总体现状的概括是全面的,他看到无产阶级在国内日渐陷入孤立地位。

而对于无产阶级自身,考茨基则首先肯定了它的总体发展,譬如无产阶级组织的发展、工人阶级选举人数的增多、城市化进程的加快等有利于无产阶级的政治生活的开展和社会主义学说的传播。但是,他也注意到了工人阶级内部的分化,这一洞见非常重要:

> 很多从小资产阶级和小农出身的无产者,大都长时期保持着他们出身的那个阶级的胎记;他们不觉得自己是无产者而渴望拥有财产。他们攒钱,想买一小块土地,开一家小店铺或有两个不幸的学徒的小作坊,以便以"独立业主"自居……经济发展以及伴随经济发展而来的居民无产阶级化的过程进行得越快,从乡村涌向城市、从东方涌向西方、从小私有者下

---

① 王学东编:《考茨基文选》,第 272 页。
② 《马克思恩格斯选集》(第二版第 4 卷),人民出版社 1995 年版,第 523 页。
③ 王学东编:《考茨基文选》,第 275 页。

降为无产者的人数越多,那么在无产阶级本身中也就会有越来越多的分子还不理解社会革命的意义,甚至还不懂得现代社会的阶级矛盾。①

考茨基冲破了"无产阶级"这一概念的外壳,进入并触摸到了个体的日常生活,看到每一个个体对改善生存状况和提升社会地位的诉求,这一诉求是如此迫切而真实。但是,他马上又跳回到概念层面来判断这个问题,认为这些人是有待改造的和学习的,并且相信"革命动荡的时期已经到来……;人民群众将以难以想象的速度学会更多东西,并开始明确意识到自己的阶级利益……那时候,甚至最懒惰的人也将变成最积极的人,最怯懦的人也将变成最勇敢的人,而眼光最狭小的人也将大开眼界。那时候,群众将在几年之内就受到在平常条件下需要几代的时间才能受到的政治教育"。②

这种阶级分析法可用于静态的阶级结构的描述。但是,当考茨基和卢森堡使用它的时候,更多的是服务于其历史学说和政治立场。在这里,真正的无产阶级,并不是根据产业工人的实际经验来界定,而是根据一种历史学说界定的。阶级内部分化的现状会在历史运动中被消除,其运动的方向性可以被政党加以引导,无产阶级作为历史前进的行动主体,必须具有革命性,否则它就没有理由存在。一旦被普遍性界定,无产阶级就取得了在革命意志上的一致性,但是,这个一致性是在概念和学说中被厘定的。

---

① 王学东编:《考茨基文选》,第251页。
② 王学东编:《考茨基文选》,第251—252页。

考茨基需要在逻辑上回答为什么这一政治动荡和变革的形势即将到来。考茨基用对国际局势的判断推导出国内爆发革命的可能。他将分析框架从国内扩展到国际,指出帝国主义的政策和军备竞赛将使阶级矛盾尖锐化,继而是民族矛盾尖锐化,最后只有世界大战才是唯一出路。战争必将削弱资产阶级政府,届时政权在道德上和智识上的衰退将暴露于所有人面前,而到时候"小资产阶级会由于难以忍受的赋税负担的重压和当权人物的意外道德崩溃,而整个转到我们方面来"①。他认为,"帝国主义思想越是遭到更大的破产,社会民主党便越会成为争取实现伟大思想和伟大目的,并且能把源于这种思想的能力和忠诚发动起来的唯一政党"。②

考茨基1908年的预言很多都应验了:世界大战于1914年爆发,威廉二世被迫退位,1917年底俄国革命激荡整个欧洲,直接影响到1918年德国国内爆发动乱。最终,以普鲁士军官团为核心的德国统治阶级和德国社会民主党右派达成妥协,将政权形式上移交给艾伯特和谢德曼的政府,进而镇压叛乱,恢复国内秩序。考茨基预测到了德国社会民主党"取得政权的道路",但是最终取得政权的既不是此时以他和倍倍尔为代表的正统派(后来成立为独立社会民主党),亦不是罗莎·卢森堡和卡尔·李卜克内西为代表的激进派(后来成立为德国共产党),而是考茨基这篇文章所着力批判的改良派和工会主义者们。

与《取得政权的道路》这本书的背景、内容、论证方法相比,更重要的是这本书出版前后在党内的影响。1909年2月,考茨基著

---

① 王学东编:《考茨基文选》,第290页。
② 王学东编:《考茨基文选》,第286页。

书立说的平静生活被打破了。这本书第一版印的5000册在几周之内销售一空,执委会拒绝继续出版他的著作,原因是党内的领导人认为,在党内选举溃败之时重提革命,过于激进。但是,在这本书中,考茨基并没有要求立即行动或是转换策略,只是重申了德国的统治阶级不会容许德国社会民主党和工会成员无限度增长,不会允许德国和平地过渡到社会主义。换句话说,考茨基只是在言辞上激进,而在行动中并非如此。他的目的是重新确立理论在工人运动中的位置,维持党内统一,而不是立即呼唤采取激进措施和流血巷战,相反,他说:"总罢工是极其愚蠢的。"

工会领导人在机关刊物上发表文章称此书"漠视工会已经发展成为在经济生活中起显著作用的强大组织这一事实"[1]。对此,考茨基在序言中回应说"不是缩小工会的作用和向工会会员散布悲观情绪,而是提醒他们注意他们在纯工会斗争之外所承担的新任务,从而提高工会的作用……这是我在这本小册子中所力求完成的任务之一"[2]。

后来,考茨基发表了一篇声明,称此书仅仅代表个人观点,并不代表党。之后,小册子才得以出版。对此,不同的人给出了不同的评价。倍倍尔在写给阿德勒的信中说:"就这本小册子的内容而言,我的观点是:一个人可以去想任何事情,在负责任的党员中也可以说这些事情,但是公开地表达这本小册子中的观点,是极为愚

---

[1] [德]卡尔·考茨基:《取得政权的道路》,刘磊译:生活·读书·新知三联书店1961年版,第13页。
[2] [德]卡尔·考茨基:《取得政权的道路》,第26页。

蠢的。"①胡戈·哈阿兹（Hugo Hasse）②——这个倍倍尔眼中"非常善于使人和解的人"——在给考茨基的信件中安抚道："当然，你并没有放弃任何东西；党的执行委员会给你提供了你当初所要求的一切。你并没有屈服于党的执行委员会的判决，相反，你帮助党的执行委员会摆脱了困境。这就是我对这件事情的理解。"③然而，蔡特金则对此表达了激烈的反对意见。她说："如果你将这个暧昧结果视为胜利，那么，一切语言和行动对你来说，都失去了意义。这是有条件的投降。事实上，党的执行委员会得到了它想要的一切，修正主义者取得了胜利。"④

以考茨基在党内的位置，他的文章和书籍一直以来都代表社民党的官方声音，这本书的写作动机就是希望能在有关革命的立场和策略之间协调一致，使党内维持统一，或者说至少不至于分裂。但是他的这一声明恰恰消解了它的政治意义，将其变成了一个代表个人观点和立场的作品。如果说，之前党内的宣传机关还主要被正统派和激进派掌控的话，那么考茨基这一次"投降"，则恰恰表明改良派已经实际上能左右政党如何发出自己的声音了。

---

① "Bebel to Adler", March 6, 1909, *Karl Kautsky, The Road to Power*, edited by John H. Kautsky, translated by Raymond Meyer, Humanities Press, 1996. p. 107

② 胡戈·哈阿兹：犹太人，律师，一战前曾经担任德国社会民主党主席，后任德国独立社会民主党主席。曾经在一系列审判案中为社会民主党人辩护，1907年在叛国审判案中为卡尔·李卜克内西辩护。自1897年当选为帝国议会会员以来，除了1907年这一任期之外，他一直是帝国国会议员。

③ "Haase to Kautsky", March 18, 1909, *Karl Kautsky, The Road to Power*, edited by John H. Kautsky. p. 117.

④ "Zetkin to Kautsky", March 16, 1909, *Karl Kautsky, The Road to Power*, edited by John H. Kautsky. p. 116.

四、考茨基与卢森堡公开论战

前文已经叙述了群众罢工议题在党内面临的撕裂局面，以及考茨基和卢森堡在群众罢工问题上的观念差异。但是，二人之所以在1910年矛盾公开并演变为激烈的论战，还要归结于1910年发生的一系列偶然性事件。1910年2月5日，普鲁士政府向众议院提出了《关于修改众议院选举法草案》。这个草案只在坚持原有选区三级选举和公开投票的基础上，对选举法做一些微调，而所谓的调整不过是打算把国会议员、学者、复员军官和文化名流提升到一个更高等级，这样的修改还不如不改，反而激起了群众更大的不满。2月13日，全国各地爆发了游行示威，无产阶级、手工业工人、小店主、知识分子和资产阶级民主派都参加了。各地的示威者都不同程度地遭到当局的武力镇压，使得新的反抗浪潮更加高涨。2月23日，美因河畔法兰克福25 000名工人举行了半天罢工。3月6日，柏林爆发了警察和民众的流血冲突；3月7日至15日，汉诺威、基尔等地纷纷举行罢工。4月，争取选举改革的运动达到了高潮。几乎所有普鲁士的城市和乡镇都采取了行动，政府被迫撤回选举法草案。然而，党的执委会在这一连串事件中的态度颇令人玩味，他们没有领导和组织运动向着更为激进的方向发展，反而致力于平息这场运动，为了防止3月18日巴黎公社纪念日可能的聚众闹事，甚至把集会提前三天举行。

大规模的群众罢工事件使卢森堡看到，俄国革命的形势正在重演，她感到此时终于可以在德国施用俄国经验了。然而，执委会对这种激进的形势却毫无作为,这更是激起了她的怒火。她在给汉尼斯的信中写道:"党执委会和总委员会已经权衡过群众罢工问题,并进行了长久的磋商。由于总委员会的反对,磋商失败了。鉴于此,执委会相信必须偃旗息鼓,甚至还想禁止讨论群众罢工。因此,我认为,更紧迫必要的是在党内和广大群众中展开讨论。群众应当自己决定,但是我们的义务是给他们提供赞成和反驳的论据。"[1]不仅如此,卢森堡在群众讲演中的很多内容在党内机关报的报道中被删节,《前进报》和《新时代》也拒绝发表她的文章,卢森堡不得不想方设法找寻新的阵地。3月14日和15日,她在《多特蒙德工人报》(*Dortmunder Arbeiterzeitung*)上发表《下一步怎么办?》;3月25日,于布勒斯劳《人民哨兵报》(*Volkswachter*)上发表《播种季节》。这两篇文章本来是一篇文章,为了便于发表,她拆成了两篇,分别发表到两家由激进派控制的报纸上。到了3月底,有14家地方报纸转载了卢森堡的文章,卢森堡在文章中提出了"建立共和国"的口号。这是党内的激进派第一次明确地提出政治目标,执委会对此非常不满。考茨基出于执委会的要求和政党统一性的考虑,带着个人对这一问题的一贯看法,加入和卢森堡的公开论战中。4月,考茨基在《新时代》上发表《今后怎么样呢?》和《一个新策略》两篇文章。

卢森堡不仅公开发表文章表达自己的观点,还在诸多选举集会的演讲中宣传政治性群众罢工。她所到之处受到群众欢迎,使得她深信群众中涌动着革命的可能。她在给考茨基的太太路易

---

[1] *The Letters of Rosa Luxemburg*, edited by Gerog Adler, Peter Hudis, and Annelies Laschitza, pp. 288-289.

莎·考茨基的信中不无激动地说道："一切进行得很顺利,已经开过八次大会,还要开六次。每到一处,我都受到同志们一直热烈的称赞,卡尔的文章使人们困惑莫解,我看到在基尔、不来梅、多特蒙特、佐林根尤其是这样。"卢森堡还特意针对考茨基对她的批驳补充道:"请转告他……他在背后算计我,反而是搬起石头砸了自己的脚。"[1]她于5月23日发表《疲劳还是斗争?》,7月23日发表《理论和实践》,对考茨基的批驳做出激烈回应。二人你来我往的口诛笔伐成为欧洲社会主义运动史上的大事件。这次论战也酿成了日后激进派从正统派中分离出来的前因。卢森堡和考茨基在思想上和政治上的"分手",也是她在激进道路上继续向前一步的标志。为了了解论争的内容,必须对这几篇文章进行简要的梳理和回顾。虽然卢森堡有关群众罢工的观点在之前分析《群众罢工、党和工会》的一节中已经充分而系统地阐释过了,但她在1910年写的这几篇文章是其原有观点进一步激进化的表现。

在《下一步怎么办?》中,卢森堡针对党自1906年以来组织政治性群众罢工的频率骤降,强调政党对于群众运动必须有一个十分清晰的计划和领导,即如果"没有一个政党的坚强领导,工人运动会陷入道德败坏和失败"。[2]《播种季节》则首次提出,政党应该在宣传上明确提出"建立共和国"的口号。她将君主政体归结为反动统治的中心,认为德意志帝国这种半专制政体年甚一年地成为军国主义的据点,它既是扩充舰队的动力,也是容克的庇护所,更

---

[1] *The Letters of Rosa Luxemburg*, edited by Gerog Adler, Peter Hudis, and Annelies Laschitza, pp. 290–291.

[2] Rosa Luxemburg, *Gesammelte Werke*, Dietz Verlag, 1972, vol. II, S. 290.

是工人阶级和社会主义不共戴天的仇敌。因此,共和国口号应该是"反对德国军国主义、海上军备扩充、殖民政策、世界政策、容克统治和普鲁士化的实际战斗号召","这是反对反动统治一切局部现象的日常斗争的总结"。[①] 而当前的形势在她看来,是播种社会主义的最好季节。

考茨基在《今后怎么样呢?》一文中,针对卢森堡要开启群众罢工的公开讨论回应道,群众罢工本身没有什么可讨论的,因为党的耶拿代表大会已经承认了它是一种武器,问题在于,当前要把这种讨论引向什么地方,如果要使这种讨论变成一种现实的行动,是不符合当下形势的。公开讨论群众罢工,是将自己的意图暴露给敌人。在这篇文章中,考茨基从概念上区分了当前政党的工作,用"疲劳战略"(Ermattungsstrategie)和"斗争战略"(Niederwerfungsstrategie)两个概念来概括他的观点。所谓"疲劳战略"指的就是与敌人长期斡旋,并在最后的决战到来之前韬光养晦,消耗敌人的力量,这一战略主要表现为议会斗争;而"斗争战略"则指的是议会外的非法斗争手段,主要表现为政治性的群众罢工。

考茨基声称自己继承了恩格斯的政治遗嘱,以此使自己的观点权威化。他的观点可以归纳为:不能挑衅地轻率发动暴乱,而要时刻准备好,等待决战的来临,等待统治阶级自己率先破坏宪法,

---

[①] Rosa Luxemburg, *Gesammelte Werke*, vol. II, S. 303.

等待军国主义的发展最终投身于战争,届时统治阶级自会失去民心。① 考茨基还试图弥补恩格斯的不足之处,他指出,恩格斯并没有说明无产阶级在转入决战时应该采用什么样的手段。对此,考茨基补充道,群众罢工也许是一种手段,但问题在于当前是否已经到了由"疲劳战略"转入"斗争战略"的决战时刻?考茨基并不认为1910年是一个最佳时机,因为这会妨碍下一年即将到来的国会选举。由于群众罢工是一场生死存亡的"大决斗",而在此时这几个月内与容克及普鲁士政府"决战"是十分轻率的举动,最大可能造成的结果就是摧毁自己的全部组织,或至少会使组织瘫痪数年之久。

考茨基将疲劳战略和斗争战略区分为两种不同力量对比的斗争阶段下应采取的策略。在过去,德国社会民主党还没有获得政治自由的权利的时候,需要采取斗争战略,因为那时甚至没有采取疲劳战略的条件。值得注意的是,考茨基在这里有意规避将疲劳战略等同于改良主义的策略,因为后者直接取消了最后的决战,只"期待阶级冲突的衰减",而"前者是从不可调和、持续恶化的阶级

---

① 恩格斯在1895年出版的《1848年至1850年的法兰西阶级斗争》导言中说,随着无产阶级在议会中取得了日渐强大的成就,拥有了愈来愈广泛的选民基础,当革命的前夜愈来愈指日可待,此时万万不可愚蠢到被这些党派重新骗入巷战或采取起义。这样一来,政府就能以此为由出兵镇压,而以目前政党自身和政府之间的力量对比来看,这对政党是十分不利的。无产阶级需要继续用议会的手段积蓄力量,并且等待时机,直到他们自己无力再将法案变得更残忍,只能采取非破坏法律不可的变革,当他们"破坏宪法、实行独裁、恢复专制"之时,"社会民主党人也就会不再受自己承担的义务的约束",而可以随便对付他们了。参见《马克思恩格斯全集》(第1版)第22卷,人民出版社1965年版,第610—611页。

冲突出发的"。① 考茨基虽然不完全排除斗争战略的使用,但他规定了这一策略的使用条件,仅仅在两个条件下适用斗争策略:"要么敌人变得极度脆弱,要么这威胁了已经取得的无产阶级的行动自由以及随之而来的政治和组织的发展可能性。但是,这两个条件都要求之前足够力量的累积。"②

考茨基公开反对卢森堡推广俄国经验,他认为,卢森堡对于俄国革命经验的推广忽视了俄国和西欧的差异。两国的阶级关系不一样,所采取的阶级斗争策略自然不一样,对俄国经验的援引自然是没有效力的。俄国尚待争取的权利是德国的民众早已获得了的,因此,经济需求并不能立刻和政治需求紧密联系起来,经济斗争也不可能自发地上升为政治斗争。此外,"考虑俄国事例的经验,这场第一次成功的群众罢工所开展的社会条件,在今天的普鲁士并不存在:一场不光彩战争的失败、军队的涣散,所有阶级的民众对于政府满腔的愤恨和轻蔑,这场群众罢工扫荡并击落了这个蹒跚的政权。我们今天并不能在这样的基础上倡议这一榜样"。③ 考茨基将俄国革命看作种种特殊历史条件下的产物,借此限定俄国经验的普适性,认为俄国革命不可复制。

在《一个新策略》中,考茨基又一次援引马克思和恩格斯来责备卢森堡。考茨基说,党的纲领一直上溯到《哥达纲领》都没有提过"建立共和国"这一口号,尽管马克思曾批判过《哥达纲领》,但他也承认,公开提出共和国是不合适的,恩格斯在批评《爱尔福特纲

---

① Karl Kautsky,"Was nun?", *Neue Zeit*, XXVIII,1909-1910, vol. II, S. 39.
② Karl Kautsky,"Was nun?", S. 71-72.
③ Karl Kautsky,"Was nun?", S. 36.

领草案》时也是一样。因此,卢森堡是在单枪匹马、标新立异地宣传党始终反对宣传的东西。考茨基还警告说,任何人都不允许自行其是地进行可能给党带来无法估量的后果的宣传。①

卢森堡在《疲劳还是斗争?》一文中进行辩解,她认为自己不是重新启动群众罢工讨论的第一人,不应受到执委会的指责。因为哈雷和黑森-拿骚鼓动区的同志们都曾经在正式提案中建议党的执行委员会着手研究总罢工的问题。柯尼斯堡、埃森、布勒斯劳、不来梅的同志们,也曾经决定举行有关群众罢工报告讨论会。在基尔和法兰克福(美因河畔),甚至已经相当成功地举行了半天的示威性群众罢工。她说,"在我于4月间在西里西亚、基尔、不来梅、法兰克福、莱茵-威斯特伐利亚工业区和5月1日在科伦召开的十六次群众大会上,不论哪一次,群众罢工的口号都毫无例外地受到了最热烈的拥护"②,而党最重要的机关报纸《前进报》和《新时代》甚至连"群众罢工"的字眼未曾出现过。对此,她评论道:"社会民主党并不是一个由一小撮百依百顺的门徒组成的教派,而是一种群众运动。"③针对考茨基所说的,在没有成功希望的时候,这样公开讨论群众罢工绝不会起到任何促进行动的作用,卢森堡表示非常不理解,认为"进行最深入的讨论,只会有好处,只会有助于党本身澄清观点"。④

卢森堡对这一问题的认识可能在政治上有欠稳健。虽然德国

---

① Karl Kautsky, "Eine Neue Strategie" (1910), 参见 *Neue Zeit*, XXVIII, 1909 – 1910, vol. II, S. 362.
② 李宗禹编:《卢森堡文选》,第216页。
③ 李宗禹编:《卢森堡文选》,第217—218页。
④ 李宗禹编:《卢森堡文选》,第220页。

社会民主党建党之初在理念上代表工人阶级,也确实以领导和推进工人运动,实现工人阶级的历史使命为自己的政治目标。但是,该党首先是一个政治组织,特别自1906年之后,党内逐渐建立起完整的行政体系,它作为一个政治组织的特性就变得更显明了。从基层的选举部门,到按照州和选区规划选举工作,德社党的整个组织架构无不是以最大限度服务于选举政治为目标的。当潘涅库克在和考茨基论战时说,"社会民主党不是一个封闭的小团体,而是一种群众运动"的时候,他和卢森堡也站在同样的立场上。潘涅库克是荷兰人,卢森堡是身在德国的波兰人,他们在德国社会民主党内都有一种局外人属性,他们也不如工会领导人在工人中有切实的话语权和利益,特别是当德国社会民主党逐渐变得建制化,程序愈加完善成熟,组织人员愈加固定而组织队伍愈加庞大之时,他们作为党内的宣传家,不仅不能分参这一利益共同体的认同感,甚至还会因为激进的政治立场,而愈加遭受孤立和排挤。这种孤立感和疏离只有在卢森堡身处群众集会激情澎湃地演讲并受到群众欢呼时,才可以暂时获得纾解,这也是为什么她如此强调群众运动之于政党有革新风气的意义。

对于一个政治组织而言,内部的团结和凝聚十分重要。而对群众罢工的深入讨论,除了进一步使党内分歧公开化之外,对党的团结和统一没有任何好处。这也就是为什么考茨基会说,公开讨论群众罢工是将自己的意图暴露给敌人,也是在敌人面前暴露自己内部的分裂。因此,考茨基和执委会才要对卢森堡叫停。对于卢森堡而言,她不是从政治组织的角度思考问题的,更多的是从自由的概念出发,认为党内民主自由的氛围是党具有活力的基本前提。俄国革命初期,她也是从这个意义上批判后来布尔什维克的诸多做法的。

针对考茨基将群众罢工人为地区分为示威性罢工、威逼性罢工、经济罢工和政治罢工等样态,卢森堡讽刺道:"按照主次对群众罢工这样严格的分门别类和严格的程式化,在纸上是可能有效的……可是,一旦出现大规模的群众行动和政治风暴,这些门类就会被生活本身打乱了。"①卢森堡非常敏锐地看到,群众运动并非一个书斋学者的纸上谈兵。因为考茨基"在理论上正好支持了党内流行的、说明我们党的领导阶层之所以倾向于最好只让有组织的群众参加示威游行的观点,同时支持了这样的观点:把整个选举权运动理解为上级机构的严格指挥下、按照周密的部署和指示而举行的一种演习……支持了我们的领导阶层观点上的偏见和浅薄"②,卢森堡如是评估考茨基这一说法的政治后果。

卢森堡希望通过激进的宣传话语,使政党在推进政治行动中发挥积极的作用。然而,她的政治理想如何落地却遭遇重重困难。此前几年里,工会和政党的关系已经彻底发生了扭转,真正能对有组织的群众运动施加调控和影响的组织已经从政党变成了工会。工会近来发展为组织完善、财政独立、机构健全、从中央覆盖到地方的行政网络。工会为工人罢工提供储金,为政党选举动员投票,完善的工会系统已经越来越成为政党到达群众绕不开的中间机构。工会领导人更是在长期和工人打交道的过程中形成了稳定、持续的"交易机制",这些人的利益和诉求,仅仅通过口头的宣传和

---

① 李宗禹编:《卢森堡文选》,第224页。
② 李宗禹编:《卢森堡文选》,第227页。

鼓动是没有办法能够实现的。考茨基对群众罢工所谓的"人为的"区分,绝非从"纯理论"出发,而恰恰来自现实中发动群众罢工的可行性,来自两个组织之间并立与合作关系的事实。

卢森堡所主张的策略不仅与她同组织的关系和对组织的认识相关,也与她对1910年德国国内政治形势的判断相关。一方面她看到,"在德国,我们终于第一次掀起了蓬勃的群众运动,第一次逾越了单纯的议会斗争的形式"[1];但是另一方面,"选举法草案被议会否决,这意味着政府的失败和保守党与教会的联盟的失败。敌人的行动暂时没有什么新的招数,无产阶级必须更加有力地行动起来"[2]。所以,卢森堡认为,这个时候不能像考茨基一样"宽慰地期待一年半以后在选票箱旁进行辉煌的报复,而要在现在就接二连三地进攻;不要采用'疲劳战略',而是要在全线展开斗争;这就是我们的当务之急"[3]。

事实上,从1909至1910年,改良派已经从税制改革危机以及与自由党组成选举的联盟中获得了政治力量。但是,1910年初统治阶级对选举制改革的态度,却重重地挫伤了议会路线,使形势急转直下,直接导致1905—1906年激进主义的泛起和激进派的重新崛起。[4] 但是,群众抗议的浪潮所能达到的成就至多不过是迫使统治阶级与之达成妥协。5月末,选举法草案被撤回,疾风骤雨的选举权运动也随之沉寂,政党的工作重心又重新回到了即将到来的

---

[1] 李宗禹编:《卢森堡文选》,第243页。
[2] 李宗禹编:《卢森堡文选》,第245页。
[3] 李宗禹编:《卢森堡文选》,第245页。
[4] Carl E. Schorske, *German Social Democracy*, p. 184.

国会选举的备战之中。党在1909—1910年的一系列变动中,的确面临着协调革命势态和改良策略之间的张力,但是,眼前改良路径遭遇的挫败并不影响其长足的发展势态。

对于卢森堡而言,她在1906年所提出的"群众罢工"策略终于在4年之后在德国成为现实,这既印证了她一直以来对群众自发性的理论假设,也促使她将眼前的罢工事件与1906年在波兰的革命工作联系起来。她主张政党趁此机会大加宣传,将眼前的事件当作进一步升级事态的燃料。从她的个人经历来看,她对激进事态的关注和极力要求扩大其影响的做法,也是她将自己此前在华沙和圣彼得堡的革命经验投射到德国当下的结果。

在卢森堡写给考茨基的另一篇回应文章《理论和实践》发表之前,党内发生了一件新的大事。1910年7月14日,巴登地区社会民主党议会党团对地方政府预算投了赞成票,倍倍尔对此不能容忍,并要求考茨基立即停止和卢森堡的论战,投入同改良主义者的斗争之中。他在信中说:"这样一来,党内将重新进行战争,南德人想要这场战争,因此,他们也一定能得到这场战争……在当前这就意味着必须毫不留情地起来反对他们,《新时代》也要这样做。现在需要提出这样一个问题:或者是承认党的决定并且服从这些决定,或者是离开党。"①党的权威再次遭到改良派的挑战,哈阿兹也和考茨基一道,加入了这场保卫战之中。他坚定地维护党的革命原则,与路德维希·弗兰克公开论战,后者是为南德邦联党团辩解

---

① 《奥·倍倍尔通信集》,转引自[苏]IO. M. 切尔涅佐夫斯基:《革命马克思主义者反对中派主义的斗争》,李宗禹、李兴耕译,中国人民大学出版社1988年版,第38页。

的机会主义分子。哈阿兹反复强调党的纪律和党代表大会决议的约束力,认为如果党员不服从党的决议,党就会分裂,若是巴登社会民主党人拒不服从党代表大会的决议,就应该按照党章的规定把他们开除出党。

为了应对巴登地区社会民主党议会党团的违纪事件,《新时代》杂志编辑部决定不再刊登与激进派争吵的文章,并认为此时党内应团结一致,共同应对改良派和机会主义。由于卢森堡此前的文章一直诋毁党的执委会,诋毁《前进报》,辩论对象直指考茨基本人,在这样的时间节点继续刊登卢森堡的文章,将分散同志们对于巴登造反者一致反对态度的注意力。虽然巴登新出现的情况丝毫没有影响考茨基和卢森堡二人客观存在的意见分歧,但考茨基还是以编辑部的名义,主张将这场论争推迟到一个更为有利的时机。[1]

即便如此,卢森堡最新的一篇回应文章《理论和实践》还是在《新时代》上发表了,原因是卢森堡拒不同意推迟发表她的文章。她回应说:"编辑部指责我煽动马克思主义阵营内部的纷争是没有根据的,因为马克思主义不是一个需要向公众隐瞒严重的、客观存在的意见分歧的帮派……它是一种在公开的、自由的思想斗争中成长起来并且只有在这样的斗争中才能防止僵化的世界观。"[2]她陈述的理由和此前主张公开讨论群众罢工是一样的。

《理论和实践》这篇文章是卢森堡颇具代表性的文章。她首先

---

[1] 《奥·倍倍尔通信集》,转引自[苏]Ю. М. 切尔涅佐夫斯基:《革命马克思主义者反对中派主义的斗争》,第249页。
[2] 李宗禹编:《卢森堡文选》,第248—249页。

回应了考茨基自己为什么要提出宣传共和国的口号:"迄今在我们的宣传中,共和国这个口号所起的作用甚小。这是有其正当理由的,因为我们党要防止德国工人阶级对共和国产生资产阶级的,或者更正确地说小资产阶级的幻想。"①这里需要注意的是,卢森堡认为此前不公开提出共和国口号情有可原,但她和考茨基的理由并不相同:前者的考虑是,如果提及的话,会使工人阶级变得不够革命,变得小资产阶级化,并最终屈从于资产阶级共和国"人民统治"的表象;而考茨基拒绝提及这一口号的原因则是,畏惧过于激进的口号可能会鼓动工人群众过于革命,反而会招致统治阶级的镇压。而现在卢森堡准备重新宣传这一口号的原因,就是要利用群众当前的激进情绪,既反对资产阶级,又反对普鲁士的容克地主贵族。针对考茨基援引导师们的词句来佐证自己的理论权威,卢森堡也是以其人之道,还治其人之身。她从马克思的《哥达纲领批判》和恩格斯的政治遗嘱中,找到了其他的词句来佐证自己,她说:"马克思和恩格斯都是在反社会党人法颁布的前夕和刚刚废除之后才万不得已地承认,在纲领中郑重地提出共和国的要求也许是不许可的。"②但是,在已经过了1/4个世纪的1910年,提出共和国口号的要求绝对不是不可饶恕的。卢森堡看到了事情正在起变化:1910年6月9日,普鲁士众议院不顾社会民主党人的意见,通过了每年给王室增拨350万马克的法律草案,资产阶级政党对此也采取默许的态度,在这种资产阶级已经和保守派合流、社民党已备受孤立的形势下,"共和国的口号在今天的德国已经成为区分阶级的口

---

① 李宗禹编:《卢森堡文选》,第251页。
② 李宗禹编:《卢森堡文选》,第256页。

号,成为阶级斗争的口号"①,因为德社党已经没有更多后退的余地了。

卢森堡对于考茨基的第二项反驳,是从他所列举的德国和俄国之间实际情况的差异开始:在缺乏政治自由的俄国,"罢工是无产阶级斗争唯一可行的形式","因为罢工受到禁止,所以每一次罢工本身就是政治行动";然而在西欧,像这种"不定形的、低级的罢工是早已过时的东西了"②。正因如此,像卢森堡所期待的那种示威性罢工和斗争性罢工相互交替、经济斗争和政治斗争彼此推进的形式是俄国落后的社会状况下的特殊产物;在西欧,甚至示威性罢工的举行都是十分困难的③,因为德国的工人有更多的冲突解决机制和情绪疏散渠道,使得这种示威性罢工变得不必要了,举行不起来了。这并不是经过了半个世纪的社会主义运动,西欧仍然原地踏步,而恰恰是"因为经过了半个世纪的社会主义运动"才能出现这样的情况。对此,卢森堡激烈反驳说,俄国的这些罢工与其说是低级的、不定形的,不如说"无论是在胆略、威力、阶级团结、韧性、物质成果方面,或者在前进目标和组织成就方面,都是可以和西欧任何工会比美的"。④

卢森堡和考茨基在比较德国和俄国的工人运动时,所使用的分析方法是不同的。考茨基是将俄国与德国的工人运动放在各自

---

① 李宗禹编:《卢森堡文选》,第256页。
② 李宗禹编:《卢森堡文选》,第258页。
③ Karl Kautsky, "Eine Neue Strategie", *Neue Zeit*, XXVIII, 1909–1910, vol. II, S. 368–369.
④ 李宗禹编:《卢森堡文选》,第260页。

259

的社会历史条件中,分析其特点;而卢森堡则拿掉了两国的经济社会基础,单拎出工人运动进程中的特点,进行对比,认为德国的工人阶级处于与俄国类似的境况。当考茨基说德国是欧洲最坚强有力的国家,而俄国是软弱无能的国家时,他是从军事实力、经济发展水平等综合国力的对比中得出的。对此,卢森堡的反驳则是从精神文化的角度做出的。她说德意志帝国仇视文化、在对外政策上盲从,是一个警察精神的国度,不可能是先进的,她强烈的批判动机削弱了她论证的有效性和客观性。对考茨基而言,两国境况的不可比在于历史发展阶段的不同,而卢森堡对俄国经验的强调,更多地服务于她对革命精神的宣传,并借此批判德国社会民主党的僵化和保守。

对于德国来说,一场罢工的举行需要工会的组织协调,罢工的规模和持续时间,是用来和雇主协商的筹码。此外,还需考虑罢工期间的罢工储备金是否充足,能否保障工人群众的吃穿用度,这些都是现实的罢工约束条件。因而,考茨基才说,"德国——以及整个西欧——的工人只是在有希望取得确定成果的时候,才会采取罢工这种斗争手段。如果没有取得这些成果,那么罢工就没有达到它的目的"[①]。卢森堡对此反驳道,在过去 19 年,有 32.5% 的罢工是没有成果的,但是这些罢工"维护了工人的生活水准,保持了工人群众身上的战斗劲头、阻碍了雇主阶级将来新的进攻的直接的生存条件"[②]。当考茨基从"事实"层面否认当下发动群众罢工的可行性时,卢森堡则将群众罢工转化为一个"议题",通过拔高它

[①] Karl Kautsky,"Eine Neue Strategie", *Neue Zeit*, XXVIII,1909-1910,vol. II,S. 369.
[②] 李宗禹编:《卢森堡文选》,第 263 页。

的政治意义,论证群众罢工的可能性。

卢森堡对考茨基的第三项反驳策略是用"过去的考茨基"来反对"现在的考茨基",以此证明考茨基在理论上和政治上退步了。她援引1905年11月考茨基在《矿工罢工的经验教训》中的话:"战斗的无产阶级伟大的、具有决定性意义的行动,将越来越依靠各种方式的政治性罢工坚持到底。在这个过程中,实践的进展比理论来得快。因为正当我们在讨论政治性罢工并为他寻求理论上的阐述和论证的时候,自发的、由群众自己点燃的、声势浩大的政治性群众罢工已经一次又一次地爆发出来;或者说,每一次群众罢工都会变成政治行动,每一次大的政治较量都会在群众罢工中达到高潮,而不管它发生在矿工中,在俄国的无产者中,还是在意大利等国的农业工人和铁路工人中。"[1]但是,卢森堡在引用这段文字时,忘记了此时的政党在选举和议会道路上取得了更多的成绩,政党和工会的组织性与之前早已不可同日而语。更何况,考茨基后来也承认自己当时对于俄国革命对西欧的影响估计过高,以及更重要的是,考茨基当时写作的首要目的是打击党内的改良主义,而此时则更多的是保证党内的团结统一和在议会道路上的长足进步。

卢森堡在这篇文章中重提1905年耶拿代表大会决议,但这一论据的使用恰恰暴露出她认知的偏差:她说该决议当时被看作一份极其重要的通告,因为它正式宣告从俄国革命的武库中可以借用群众罢工的手段,并把它纳为德国社会民主党的策略。她说,该决议的主要意义"并不在于这种形式主义的规定,而是在于德国社

---

[1] Karl Kautsky, "Eine Neue Strategie", *Neue Zeit*, XXIII, vol. I, S. 780–781.

会民主党原则上接受了俄国革命的经验教训和榜样这个事实"。① 虽然耶拿代表大会曾被党内激进派确认为一场胜利,但卢森堡恐怕忘记了,"耶拿决议"只在防御意义上肯定了群众罢工策略的有效性。而且正如前文所述,这一决议是在当时俄国革命的国际压力和批判改良主义的形势下做出的。卢森堡追溯历史,认为考茨基当下的言论是对"耶拿决议"的一次"粗暴的、彻底的修正",这种说法恐怕并不公正,因为这一"修正"早在1906年的曼海姆代表大会上就已经发生了,绝非考茨基此时才"修正"的。

最后,卢森堡指出了考茨基"疲劳战略"的本质。考茨基认为国会选举之后,党会开创全新的局面,而到那个时候,群众罢工才可能是必要的和适宜的。但卢森堡认为,国会选举之后现实的弊病仍然存在,如"国家雇佣的工人的盲目服从、雇主联合会不可动摇的顽固势力、无产阶级政治上的孤立"等等。此时不去实现的,之后也将永远不可能实现。所以"疲劳战略"不过是一块"廉价的遮羞布","疲劳战略的唯一的真实内容是向人推荐国会选举",其实质就是"唯议会主义"②。

当考茨基提及群众罢工的时候,他头脑中所联想的画面和卢森堡截然不同:卢森堡寄希望于群众罢工呈现为一个时间段,各个罢工的单一事例连成一片,在时间上彼此重叠,在全国乃至世界范围内相互响应,在影响程度上彼此震荡、强化,进而在德国社会民主党的领导下,达至推动革命的高潮。为此,她特意列举了近年来

---

① Karl Kautsky, "Eine Neue Strategie", *Neue Zeit*, XXIII, vol. I, S. 267.
② 李宗禹编:《卢森堡文选》,第266页。

在整个西欧范围内爆发的群众罢工事例,从奥地利到法国,从比利时到荷兰、意大利、德国,用以佐证"近十年来就生活在这样一个经济性和政治性、战斗性和示威性群众罢工的时期"的结论,以此证伪考茨基所说的德国不可能有一个政治性群众罢工的时期。而对于考茨基来讲,政治性的群众罢工在当前的形势下,只能表现为"一次性的事件","一次生死存亡的搏斗,要么把我们的敌人打败,要么将我们的全部组织和我们的全部力量摧毁或者至少使其瘫痪数年之久。"①这样一来,考茨基就将政治性的群众罢工界定为"斗争策略",等同于最后的革命。他以"疲劳战略"取而代之,通过引入时间的维度,一方面并没有放弃最终的革命目标,另一方面又可以将最后的搏斗无限期延后,为政党的议会斗争在理论上争取足够大的自由度,既调和了改良策略和革命立场的冲突,又维持了党在纲领上的一以贯之。

总结这一章,可以看到卢森堡和考茨基的一致性和差异性。二人曾在反对改良主义的斗争中携手;在第一次俄国革命时对形势都作出了乐观的判断;作为党内的理论家,都在论战和分析中自觉地使用马克思的话语和分析工具;都坚持革命的最终立场。但是,不同之处在于,卢森堡将革命当作确实性的存在,认为这是通过发动政治性的群众罢工可以被无限接近于实现的政治理想,并以此规定党当前的工作方向,呼唤立即采取政治行动,充分利用群众罢工运动的激进化时期(1905—1905 和 1909—1910),积极发挥党组织的领导和动员作用。而对于考茨基而言,革命则更多是用

---

① Karl Kautsky,"Eine Neue Strategie",*Neue Zeit*,XXVIII,1909-1910,vol. II,S. 374.

来表明其政治立场和意识形态的话语,他从现实出发,为了不和议会斗争的策略发生明显冲突,为了消除党于理论和实践的悖谬,考茨基将最终决战的时间点无限期推后,用时间换取空间。虽然二人都寄希望于之后的革命形势会终结当前的议会改良策略,但是,二人对于这个遥远的革命有着完全不同的认识:卢森堡视其为确定无疑的、迫近的、需要主动争取并促成其到来的长时间段;而考茨基则对于它的实现方式和到来时刻并没有把握。对于卢森堡而言,她更关切实现革命的可能性,而考茨基则更加关注革命如何实现,即可行性。二人在有关"疲劳还是斗争"的论争中表现为,前者将政治性的群众罢工看作一个时期,后者将其看作最后决战的时刻;前者意在越出既定的议会和经济斗争的发展轨道,激进化当前形势,后者则是看到这种发展轨道的路径依赖性和激进策略的不切实际后,只强调革命的时机尚未到来以及过于激进恐将带来的危险。

二人这种差异可以从以下几个方面加以解释。首先,可以从个人经历加以解释。考茨基在谈及激进策略时首先联想到的是"非常法"时期政党所遭遇的镇压,而卢森堡则十分自然地与自己在俄国、波兰的革命工作联系在一起;前者更加倾向于在策略上追求自我保存,而后者则认为一切成果都只能在斗争中获得。

其次,从他们二人在德国社会民主党内的地位来看,考茨基永远和倍倍尔并肩战斗,他的《新时代》是一个窗口,向外界展现德国社会民主党的统一形象和政治正确的声音;而卢森堡在党内则一直是一个外国问题专家,她激进的政治诉求并没有与之相配套的实现这一利益诉求的有规模的政治组织,她只能依靠偶然的、不稳定的、本质上对政治漠不关心的自发的工人群众,并寄希望于他们在逐渐激化的阶级矛盾和恶化的生存状况下,生成统一的、革命的阶级意识,她的这一希冀是从理论中推导而来的。

再次,从思想方法上解释这场论争。考茨基对于历史唯物主义的分析方法是贯彻始终的,这使得他对于俄国经验的特殊性,能够抱着冷静的态度进行观察和分析;而卢森堡则从影响工人运动的一些具体方面,譬如工人的生活状况、文化水平、斗争目标的相似性入手,努力将俄国的群众罢工经验普遍化。此外,除了历史唯物主义的分析问题的方法,考茨基还能够将政党和工会作为中立的组织加以看待,深入其中分析其运作机理,并能共情组织中的个人利益和集团利益;而卢森堡则更多地将政党和工会看作行使政治与经济职能的一种概念的实体化。

最后,从各自的政治考量上解释。卢森堡的目的是打破现行官僚组织和议会道路的束缚,用革命打碎秩序,并促进新秩序的形成;考茨基则从当下的现实存在的约束和限制出发,尽可能维持党内各个派别不至于因策略主张的差别而陷入分裂。"疲劳还是斗争"的理论论争,展现的是二人不同的利益计算机制、现实的约束条件和对未来完全不同的政治想象。有关"疲劳还是斗争"问题的论争,是之前"改良还是革命"理论论争在现实策略上的延续。考茨基努力在改良派与革命派之间达成某种平衡,这使得他不得不以两个拳头同时出击。他在1910年8月5日于《新时代》上发表的《在巴登和卢森堡之间》,被认为是将自己区别于左、右派而成为中派的标志,他在文章中如是说:

> 我们将从巴登和卢森堡中间走向胜利。如果我们看一看地图上的巴登和卢森堡大公国的位置,那么我们就会发现,在他们之间是特里尔——卡尔·马克思的故乡。从那里向左越过国境线可以到达卢森堡。向右越过莱茵河,可以到达巴登。地图上的位置是现在德国社会民主党内状况的象征。[1]

经过这场论争之后,对于卢森堡而言,发展自己的理论阵地和一支组织队伍的任务变得越来越迫切而必要了。从这个意义上讲,德国社会民主党1917年在组织上的分裂,早在1910年就已埋下思想根源。

还可从论争焦点评价卢森堡和考茨基之间的这场论争。二人讨论的焦点是政党在具体的政治实践中是否应该将群众罢工启用为斗争手段。卢森堡站在力促革命到来的立场上,结合俄国具体的革命经验,主张借由群众自发性带动激烈的革命形势,由群众来担当推进历史进程的主体。她认为在这个过程中,政党应积极发挥对群众的引导,帮助群众认清下一步革命行动的方向,不断将革命带向更为激进化的方向。然而,考茨基在对革命形势进行预判后,并不认同此时将群众罢工启用为斗争工具是一个合适的时机。对于一个身处党的意识形态中心的理论家而言,过分强调群众罢工可能将为统治阶级递送镇压的口实,恐怕会恶化社会民主党的政治处境,对激进道路的过分强调也将酿成党内分裂。他还从爆发群众罢工的现实条件出发,看到随着工会的自我完善和相对独

---

[1] Karl Kautsky, "Eine Neue Strategie", *Neue Zeit*, XXVIII, 1909-1910, vol. II, S. 667.

立,政党和工会日渐官僚化,政治性罢工在现实中将越来越难以获得来自金钱和组织方面的支持。

1910年严峻的政治形势和底层群众爆发的热情,使卢森堡与考茨基的不同立场公开化、激烈化。然而,这一形势很快就过去了,社会民主党不久又重新回到了议会选举的道路上。"群众罢工"在某种意义上和"革命"一样,被社会民主党仅仅当作空洞的政治宣传,停留在字句上。从后世的发展来看,卢森堡所推广的群众罢工,并没有在德国社会民主党内引起足够的重视,发展为一种有组织的斗争策略。但是1918年11月德国革命的爆发,却在某种程度上显露出她的历史预判。她对于群众罢工策略的阐释,和对于无产阶级革命的理解,特别是越出现行的政党政治轨道,发挥群众的首创精神与自发特质的论述,至今看来仍有进步意义。卢森堡仍然试图将正统马克思学说在语词、方法和政治目标上同时承继并统合起来,这是在当时时代背景下维护马克思学说整体性的一种努力。但是,时代的发展本身却日渐呈露出马克思这一19世纪的理论在应对新时势中的艰难,呼唤新的理论以促动革命的真正到来。

第三章

民主还是专政

第一节　论争背景：俄国与德国的国情

这一章主要讨论的是卢森堡和列宁之间的论争。与前两场论争最显著的区别在于：前两场论争发生在德国社会民主党内部，虽然双方的立场不同，但都是就德国工人运动内部所产生的论争；而列宁和卢森堡这场论争却是发生在俄德两国社会主义者之间，就俄国问题所展开的论争。这就需要处理两国国情、两党党情不同的问题。

首先来看两国的不同国情。正统的马克思学说并没有专门处理在一个资本主义经济发展水平落后、以农业经济为主的国家中爆发无产阶级革命的理论问题与策略问题。从历史唯物主义的一般假设来看，西欧发达国家更具备实行无产阶级专政的现实物质基础。革命导师的经典论述似乎仅仅支撑了这样一种观点,那就是俄国只适合进行一场资产阶级革命。这不仅仅是德国社会民主党看待俄国问题的普遍看法,也是以阿克雪里罗得和马尔托夫(Юлий Мартов)为首的孟什维克的看法。后者主张和资产阶级自由派进行政治联合,参与革命,共同推翻沙皇统治,促成民主立宪政府的成立,并认为俄国社会民主工党应该在相当长的一段历史时期,满足于在资产阶级政府中保持一种反对派的立场。然而,十月革命的爆发和激进形势的推进,却构成了对这一理论的挑战。对于布尔什维克而言,如何为其夺取政权和接下来实行无产阶级专政铺平理论道路,就构成了一个重要命题,这不仅关系到对革命队伍内不同派别的政治动员问题,也关系到党内统一问题,还关系到与第二国际竞争欧洲工人运动的政治领导权问题。俄国和德国生产力发展水平不同,两国的社会主义者在革命的性质、任务、领导阶级、社会民主党在革命中的地位作用等问题上,都会产生一系列分歧。而且随着俄国革命形势的不断推进,这些争议性分歧就会显露得越来越不可调和。但是无论怎样,之所以爆发论争,恰恰是因为同时代的社会主义者们既共享同样的马克思主义理论资源,又在一战以前从属于同一个社会主义者的阵营。正是因为这一共同的国际主义世界观,才会产生同志内部的论争。

再看两党所面临的不同形势。十月革命爆发前的俄国,政党合法活动的政治空间和渠道狭窄,这一点和德国社会民主党截然不同。前者不得不更多地开展秘密的地下活动,而后者可以以完全平等的身份参加议会,通过选战的方式分参权力,至少可以拥有帝国议会的代表权。对于俄国社会民主工党来说,他们没有多少言论、结社、游行、示威的自由，任何一次罢工游行都是非法活动，都面临着被镇压的风险。相比之下，德国国内的政治环境和工会的发展程度使任何经济性的罢工不仅可以被允许，还可以通过与资本家妥协，而在合法轨道上解决矛盾。但是在缺少政治自由的俄国，经济罢工和政治罢工都是罢工活动，都是非法的，都是应该被镇压的，故没有明显的界线和区别。任何始于经济问题的罢工随时可能出于政治的缘由而扩大规模，愈演愈烈。然而，在合法斗争渠道成熟的德国，普遍存在的经济性罢工足以解决工人面临的切身利益问题，至于政治上的诉求可以通过参与政权而得到发声。经济罢工爆发程度的推进以及解决问题的权力和资金更是完全掌控在工会领导人的手里。政党并不是想爆发罢工就能爆发得了的，且更多时候没有爆发的必要。此外，在德国，俾斯麦尚能与拉萨尔谈判，可见，工人运动与统治阶级的关系绝非对立，而是有充分可交易的空间。然而，这种情况完全不可能出现在俄国，反对党的声音不能够被纳入现存的政治框架内，革命党与统治阶级无法共同享有相同的国家机器。随着这种社会结构上的矛盾迟迟不能够得到解决，革命党必然指向对现存政权的彻底颠覆。

处于内忧外患的境况之下，在缺乏资产阶级民主的任何形式和手段的条件下，对于一个谋求推翻现存政权的革命党来说，应该采取怎样的组织原则？其进行政治动员的方式，党员与党之间的关系，可否同西欧诸社会民主党保持一致？党内政治生活民主程度在多大程度上可以构成一种对当时俄国社会民主党的责难？这些都是在处理俄德两国知识分子之间的论争中不能回避的问题。

最后，再看卢森堡和列宁两人各自在党内的地位和任务，在两国工人运动中的主要活动和工作,以及卢森堡和俄国工人运动之间的特殊关系。卢森堡在德国社会民主党内并非处于核心权力阶层,她主要从事政治宣传工作;而列宁则是整个俄国社会民主工党的领袖,考虑的是一个政党在危机的形势下如何夺取政权的问题。卢森堡一直以来关心俄国的工人运动情况,这不仅因为她的波兰背景,以及她以俄国问题专家的身份长期在德国社会民主党内掌握话语权,还因为她早年投身于波兰社会民主党的筹建和革命事业。波兰社会民主党的斗争路线不同于波兰社会党民族独立的要求,而是认为民族问题对于波兰工人只具有次要意义,主张波兰工人同俄国工人结成不可分割的阶级斗争同盟。1906年,波兰王国和立陶宛社会民主党更是首次决定以一个自治省的组织加入俄国政党。因此,俄国发生的大小事务直接和她所从事的第二战场的事业成败休戚相关。布尔什维克与孟什维克的党内统一,直接涉及流亡海外的各国社会民主党人建立常设机构和开展相关合作等问题。然而,布尔什维克鼓励民族自决权的主张却和波兰社会民主党追求跨国合作、只保持民族文化自治的纲领背道而驰,更重要的是,这恰恰符合波兰社会党所追求民族独立的路线,因此,在处理列宁和卢森堡就民族问题展开的论争时,卢森堡在波兰战场的情况是必须纳入考察的现象。

卢森堡在不同时期和列宁及其布尔什维克之间的关系一直在变动。早年,针对列宁的《怎么办?》(1902—1903)和《进一步,退两步》(1904),卢森堡在1904年写就《俄国社会民主党的组织问题》一文,对俄国党内的集中制进行批判,这篇文章是卢森堡阐述群众自发性思想的又一个重要文本。1904—1907年是两人思想上的蜜月期,这一时期,卢森堡亲身参与第一次俄国革命,与诸多俄国革命者面谈并交流工人运动的经验。她不仅从波兰社会民主党加入了俄国社会民主工党,还以德国社会民主党和波兰王国和立陶宛社会民主党代表的身份,参加了1907年5月在伦敦举行的俄国的党代表大会,并在会上表达了德国和俄国两党应采取共同合作的观点。1907年,在社会党国际局斯图加特代表大会上,列宁邀请卢森堡加入俄国社会民主工党的分委员会,共同撰写了针对倍倍尔提案的反军国主义修正案。然而,随着布尔什维克和孟什维克渐行渐远,卢森堡重新开启对布尔什维克的批判,并强调保持党内批评自由和党的统一的必要性。1914年,列宁更是对卢森堡的民族文化自治的观点进行公开回应。直到1917年俄国革命爆发,卢森堡虽然在《论俄国革命》(写于1918)中肯定了列宁和托洛茨基在革命中不断推进形势、坚持到底的信念,但是在农民和土地问题、无产阶级专政和社会主义民主、民族自决权等问题上,对布尔什维克的政治策略展开了不留情面的批判。卢森堡不幸在1919年殒身于革命之后,列宁特于1922年2月写了《政治家的短评》一文,称《论俄国革命》是一部"犯了错误的著作",他在文中列举了卢森堡一生所犯的"错误",但是,对卢森堡仍然给予高度评价:"无论她犯过什么错误","她都是而且永远是一只鹰"。

二人的论争在时间上跨度很大,由于其论争的跨国性,涉及不仅一个国家内部的现象,且论争的现象本身也在一直发生着变化,这增加了处理争论问题的难度。本书接下来将重点选择两人论争发生的几个时间节点,从影响深远的几个文本出发,集中关注意义重大的三场交锋,它们分别是:党的组织原则及在革命中的地位作用、民族自决政策和无产阶级专政与社会主义建设问题。

这场论争涉及国际工人运动历史上一个重要的转变阶段。随着马克思主义理论的进一步传播,各国工人运动的特殊问题不断涌现,社会主义的发展道路呈现出东西方同源分流的局面。这场论争的过程也见证着社会主义运动的重心从西方向东方转移,社会主义的领导权从德国社会民主党向布尔什维克转移,欧洲工人运动组织中心从第二国际向共产国际转移。欧洲社会主义运动的国际性和国别性之间的张力,是这场论争发生的条件和背景。这一过程本身也是对发源于西方资本主义发达国家的马克思学说的挑战。换句话说,在之后的学说发展中,马克思主义的国际性和一般性越来越被国别性和特殊性取代。

从1900至1914年,罗莎·卢森堡以德国和波兰两国社会民主党党员的独特身份,站在了理解和观察国际工人运动东西方两条彼此矛盾的发展道路的制高点。一方面,她批判德国社会民主党日渐增长的官僚主义和议会主义,试图用俄国革命的激进经验影响德国;另一方面,布尔什维克逐渐掀起的斗争的新趋势和提出的新方法,也使她敏锐地看到了内在风险,这种风险恰恰有悖于她所追求的社会主义民主的理念。

第二节　有关政党组织原则的论争

一、《怎么办？》面临的三组竞争关系

列宁集中表述其革命家集团理论的文本是《怎么办？》和《进一步，退两步》。为了更好地呈现列宁在这场论争中的合理性，必须首先廓清他的思想资源以及他书写文字时所提出的现实背景。

《怎么办？》一书的副标题是"我们运动中的迫切问题"。那么，什么是工人运动中最迫切的问题呢？在列宁看来，就是党的组织和建设问题，这一问题关系到党的阶级实质、党在社会和革命中的地位与作用等诸多问题。也正是从对这一问题的回答开始，列宁走上了一条如何将马克思学说具体化、俄国化，以服务于发动革命这一现实的目的的道路。《怎么办？》这本小册子虽然是列宁早年写就，有其特意针对的对象和特定的历史环境，但是这个文本中所观照到的许多问题，在他之后的写作和事业中都有所发展和延续。

《怎么办？》一书被后来的孟什维克看作标志着列宁的主张之为一种"主义"形成的开端，并将其作为政治攻击的靶子。孟什维克认为，他们与布尔什维克原则上的分歧早已铸就。但是，这本书写作的最初目的并不是反对孟什维克，而是反对经济派。事实上，从历时性的角度看，这本小册子深度"参与"了俄国社会主义流派发展的三重论争之中。第一重就是"火星报派"和经济派之间的论争。早在孟什维克和布尔什维克两大政治派别的分野形成之前，

俄国工人运动中的主要派别是"火星报派"和"非火星报派"。后者被称作经济派，这一派的代表人物是谢·尼·普罗柯波维奇（S. N. Prokopovich）、叶·德·库斯科娃（Yekaterina Kuskova），其理论阵地是俄国国内的《工人思想报》（Rabochaya Mysl）和《工人事业报》（Rabocheye Delo）。两派的分歧集中在于是否需要建立一个独立的政党。经济派受改良主义思潮影响，援引伯恩施坦的一些说法，认为工人运动的使命在于改善工人的经济状况，因为工人运动并无独立的政治要求，毕竟反对沙皇专制的政治斗争是自由资产阶级的历史任务。这一派别在工人中影响颇大，在相当长的一段时间里，一直存在于俄国工人运动之中，后与合法马克思主义者合流，他们中间多是手工业者与小生产者，并非大工厂内无任何生产资料的零散工人，他们所担忧的无非工人运动的过激发展将威胁到其自身利益。因而，经济派的保守性因俄国资本主义发展不足具有蒲鲁东主义倾向，也因发达国家资本主义和平发展而受改良主义影响。然而，这种对政治问题的回避和斗争的分散状态恰恰是列宁力求克服的。对此，列宁早在"《火星报》编辑部的声明"中就曾明确指出：

> 最近时期我们的运动特别明显的主要特点就是运动的分散状态，即运动的所谓手工业性质……这种分散状态是不符合波澜壮阔的运动的要求的……建立和巩固全体俄国社会民主党人的统一……不是下一道命令就可以办到的，不是只根据某一次代表会议的决定就可以实现的，必须经过一番努力。首先，必须做到巩固的思想一致，排除意见分歧和思想混乱；

275

其次，必须建立一个组织，专门负责各个运动中心的联络工作，完整地和及时地传递有关运动的消息，正常地向俄国各地供应定期报刊。……我们认为这是当前运动的迫切要求。①

《怎么办？》讨论的仍然是这一迫切问题。在序言中，列宁就开宗明义地指出，这本书的主题即回答为什么"火星报派"和经济派"在社会民主党对自发的群众运动的作用这个基本问题上都谈不拢"，"阐述我们（火星报派）政治鼓动的性质和内容的观点"，"说明工联主义政治和社会民主主义政治之间的区别"，"阐述我们对组织任务的观点"，"说明经济派感到满意的手工业方式和我们认为必须建立的革命家组织二者之间的区别"。② 在列宁看来，"火星报派"追求更加政治性的行动目标、更加集中完善的组织，这和经济派松散地只追求个人经济状况的改善，甚至直接质疑建立独立政党的必要性针锋相对。因此，为了吸收更多的工人加入各自的派别，二者需在政治动员层面上展开竞争，这种现实的斗争性也一定程度影响了《怎么办？》的表达，列宁在俄国社会民主工党第二次代表大会上坦承自己在《怎么办？》中的说法有矫枉过正之嫌：

我们现在都知道，经济派把棍子弄弯了。矫枉必须过正，要把这根棍子弄直，就必须把棍子弯向另一边，我就是这么做的。我相信，俄国社会民主党人将永远地把形形色色机会主义弄弯了的棍子弄直，我们的棍子将因此永远是最直的，是最

---

① 《列宁全集》（第2版增订版第4卷），人民出版社2013年版，第312—316页。
② 《列宁选集》（第3版修订版第1卷），人民出版社2012年版，第292页。

中用的。①

  第二重论争发生在"火星报派"和第二国际改良派之间。究其原因,是因为经济派与后来的合法马克思主义者们经常援引伯恩施坦作为理论论据。伯恩施坦否弃革命的辩证法,将工会、生产合作社等经济斗争和议会斗争看作"和平长入社会主义"的手段,这符合俄国经济派的需要。因此,列宁在《怎么办?》中,表面上批判伯恩施坦的改良主义,但实质是批判俄国经济派。普列汉诺夫也曾为此参与对伯恩施坦的批判之中。伯恩施坦作为德国社会民主党和第二国际的重要理论家,自1898年挑起"改良还是革命"论争以来,持续遭遇第二国际正统派和革命派的回击。在列宁看来,英国的费边派、法国的入阁派、德国的改良派和俄国的经济派已经成了"一家弟兄",互相学习,一起攻击正统派马克思主义。② 正因如此,通过对这场重要论争的参与,列宁既向第二国际贡献了俄国反修正主义的鲜活案例,彰显俄国社会民主工党对俄国工人运动的实际代表权和领导权,还能通过与第二国际的主流声音保持一致,从而在与俄国本土各社会主义派别竞争时获得第二国际背书,占据有利地位。当时,第二国际作为国际工人运动的实际领导中心,其指导思想的影响力和共同决议的有效性为当时国际上的工人政党所公认,甚至俄国社会民主工党的纲领草案都是直接参照德国社会民主党《爱尔福特纲领》的理论部分草拟而成。在第一次世界

---

① 《列宁全集》(第2版增订版第7卷),人民出版社2013年版,第253页。
② 《列宁选集》(第3版修订版第1卷),人民出版社2012年版,第254页脚注。

大战爆发以前,列宁不仅在理论问题上对考茨基保有敬重,在联合抵制第二届杜马这一问题上,也听从过考茨基的建议。他在1905年写道:"我在什么地方和什么时候企图在国际社会民主运动中创立任何一种同倍倍尔和考茨基两人的派别不相同的特别派别呢?"①由此可知,列宁的政治书写绝非仅是一个国内党派政治逻辑的产物,国际主义因素也是其中的重要变量。

第三重论争表现在,从后续的政治影响看,《怎么办?》还参与了布尔什维克和孟什维克之间的政治论争。《怎么办?》第一次公开出版时,俄国社会民主工党内和《火星报》编委中,并没有人对《怎么办?》提出实质性的保留意见。当经济派通过批判《怎么办?》,反对《火星报》编辑部制定的党纲草案时,包括普列汉诺夫和马尔托夫在内的《火星报》编辑都表示,仍然赞同列宁这本书对自觉因素以及俄国社会民主工党在无产阶级革命中的作用的提法。后来《怎么办?》之所以遭到谴责,是因为列宁和普列汉诺夫将《火星报》编委从6人裁撤到3人,此举伤害了流亡海外的查苏利奇、阿克雪里罗德和波特列索夫。于是,几位老兵更加同意马尔托夫对党员资格更为温和、模糊的解释,反对列宁和普列汉诺夫严格集中的解释。这一分歧最终于1903年代表大会上围绕党章第一条党员资格问题公开爆发,致使俄国社会民主工党分裂为孟什维克和布尔什维克两派。

传统社会主义思想史的书写中,仅将孟什维克和布尔什维克界定为俄国本土的两个政治理念不同的派别,却忽略了前者与第

---

① 《列宁全集》(第2版增订版第11卷),人民出版社2017年版,第48—49页脚注。

二国际之间更为深刻的亲和力。孟什维克多为海外流亡多年的活动家和知识分子,对俄国本土的工人运动较为隔膜,却欣羡于第二国际内的表率——德国社会民主党的活动方式和群众规模。他们基于第二国际严格的"经济决定论"史观,对俄国的一般历史走向进行推论,认为正是因为俄国政党没有发动革命和掌握政权的历史合法性,所以没有必要建立严密、集中的革命家组织。

与布尔什维主义直接服务于俄国本土革命实践不同的是,孟什维主义是将僵化的"经济决定论"史观简单移用于解释俄国情况的观念学说;与布尔什维克要求建立一支孔武有力的革命家队伍相比,孟什维克更加主张首先培养一支有政治觉悟的、能参加管理国家事务的工人阶级队伍;与布尔什维克推崇工农联盟相比,孟什维克在各种情况下都主张与自由主义者联盟;与布尔什维克颇为灵活多变的政治策略相比,孟什维克更加注重道德层面上的抽象原则;与列宁、托洛茨基主张不断推进革命、激进局势以取得政权为目标相比,孟什维克则认为无产阶级虽然也应该在资产阶级革命中出一份力,但不应该在资本主义未完成经济奠基前越俎代庖。孟什维克推崇的普遍历史观,亟待在俄国革命实践中被赋予具体性内容并实现本土化革新。否则,仅在第二国际的史观下,面对不断前进的丰富的历史进程,俄国的社会主义运动极易丧失改变历史进程的主动性。而《怎么办?》的历史使命正是结合俄国工人运动实际情况,创造性地开辟政治行动的自由空间与可能性,以实现对历史进程的有效介入。

这里需要回应的一个问题是罗莎·卢森堡与孟什维克之间的关系和区别。罗莎·卢森堡对布尔什维克有关民主集中制的批判,更多的是从不涉及孟什维克基于现实政治利益的考虑,但是因为之后现实政治的发展愈来愈有利于布尔什维克,所以,在斯大林时期,她在政治上被定性为孟什维克。这一时期,她的俄文全集不仅被暂停整理出版,而且也被禁止公开讨论了。那么,卢森堡与孟什维克的相似性在哪里?是什么原因使得后来斯大林将罗莎·卢森堡对布尔什维克组织原则的批判当作宣判她是孟什维克的铁证?

罗莎·卢森堡虽然不是在每一个问题上的观点都与孟什维克完全一致①,但是她对群众自发性的强调,有关党和群众之间的关系,对布尔什维克无产阶级专政的批判,与孟什维克如出一辙。他们不仅有相似的结论,也有共同的理论基础。这也在一定程度上解释了为什么卢森堡会被斯大林称作孟什维克,虽然孟什维克在斯大林时代被扩大化地用作所有政治反对派的统称。

《怎么办?》在俄国各社会民主党组织中广泛传播,不少人因为对这本小册子的认同而加入俄国社会民主工党。这本小册子和《进一步,退两步》奠定了列宁的建党原则和他的民主集中制思想。综上,《怎么办?》见证并被裹挟在多重派别之间的竞争中,不同的人在不同的环境下,基于不同的政治目的对这本书产生了不同的评价和意见,围绕这本书的意见变化,亦展现出了一部俄国社会主义发展史。

---

① 例如,罗莎·卢森堡在《论俄国革命》一文中热情赞颂列宁和托洛茨基推进革命形势的政治活动。

二、作为理论源头的马克思学说

虽然马克思的学说最终结论导向革命,但它并不是一个完全服务于革命的操作性指南,也不是不顾条件一味高喊革命口号的学说,而是从细致的分析中证明革命必然性的学说,因为它意在规定革命行动的客观界限。正如马克思在《政治经济学批判》序言中所说:"无论哪一个社会形态,在它所能容纳的全部生产力发挥出来以前,是决不会灭亡的;而新的更高的生产关系,在它的物质存在条件在旧社会的胎胞里成熟以前,是决不会出现的。"马克思对革命的推测和预言建立在对资本主义当前社会经济结构内在矛盾及其发展趋势的实证分析之上。从马克思、恩格斯对于1848年欧洲革命和1871年巴黎公社的失败实践所给出的回应也能看出,他们更多的不是从如何能够从成功意义上进行反思,而是从无产阶级尚未条件成熟的意义上论证其失败的必然性。

马克思有关革命的论述是卢森堡、列宁二人共同的思想资源。马克思有关革命的理论内在于历史唯物主义的宏观解释框架,但是对于具体如何策动革命,在革命的过程中政党应该扮演什么角色和作用却是语焉不详的。或者说,这并不是马克思学说论述的重点,这就使得马克思的论述中留出了思想拓展的空间。在他未做具体论述的地方,就是卢列两人可能进行理论延展的方向。列宁更加侧重于发展"共产党人"这个概念,利用这个已有的概念发展了新的意涵,认为共产党人作为革命中的政治精英,相较于无产阶级大众,具有更高的使命感和责任感,理应在革命中发挥领导作用。然而，卢森堡则坚持唯物史观中对"阶级意识"原教旨意义上的理解，认为革命的阶级意识寓于的历史主体是无产阶级大众。任何政党或个人都无法代替工人阶级自身去思考及行动。

关于无产阶级建党问题，列宁的学说和马克思学说不同的地方在于，它服务于一个特定的政治目的。列宁的著作大多奠定于这一底色上，即便如《帝国主义论》这样的理论著作，也仍具有严格意义的党派性质。有关这个问题，卢卡奇的理解是足够深刻的，虽然他在致力于勾勒列宁和马克思思想一致性上的观点并不令人信服①：

> 列宁的党组织思想包含可说是必不可少的这些因素：根据无产阶级的阶级意识，尽量严格地挑选党员，以及全面联合并支持资本主义社会内一切被压迫者和被剥削者。这样，他辩证地把目的的单一性与普遍性(即严格地按照无产阶级的角度来说的革命领导和无产阶级一般的民族及国际特性)统一起来。孟什维克的党组织概念把这些因素削弱了，把它们混淆在一起，使它们变成折中物，因此在党自身的内部把它们统一起来。孟什维克使自己与被剥削群众(比如，与农民)的

---

① 卢卡奇长久以来被当作西方马克思主义的始祖，梅洛-庞蒂最先持这种看法，而后被默认为常识。事实上，这种看法有其偏见，无论是《历史与阶级意识》，还是1924年写就的《列宁》都业已证明，卢卡奇已经完全成为一名列宁主义者。与其说他对无产阶级阶级意识的强调奠定了西方马克思主义的进路，不如说他试图在哲学基础上为列宁主义做出坚实的论证。而他在《历史与阶级意识》1967年版的后记中谈到要以一种批判的态度来研究列宁，这种见解实则服务于批判列宁主义的变种——斯大林主义。但无论如何，卢卡奇致力于将列宁主义和马克思学说统一起来的工作，忽视了二者之间的不同。

主要阶层隔离开来,而把利益不一致的团体联合在党内,因此使思想和行动无法协调一致……这样组织起来的党就变成是一种不同利益团体的纠结。①

在马克思学说中,作为概念存在的无产阶级是和资产阶级相对立的一个类概念,并不对应一个实体,逻辑的同一性仅在抽象意义上存在。"无产阶级"属于理论语言,服务于马克思的思想表达,在马克思的宏观理论中有其特定含义,它不是基于数据或者经验概括而得来的。"无产阶级"更多的是在理论层面上被使用,在具体的历史叙事中,应该将无产阶级转化为相对应的工人群体。用雷蒙·阿隆(Raymond Aron)的话说,"所谓无产阶级的本质并不存在,真正存在的只是一个其中心或可用特征或特点来显示,但其外延却难以区分的范畴",因为"真正的无产阶级并不是根据产业工人的实际经验,而是根据一种历史学说来界定的"。② 但是,在具体的革命实践中,谁才是工人阶级?什么是工人阶级的目标?列宁接受了马克思在《共产党宣言》中的一个假设,即共产党人比无产阶级本身更清楚地明确无产阶级运动的目标:

共产党人是各国工人政党中最坚决的、始终起推动作用的部分;在理论方面,他们胜过其余的无产阶级群众的地方在

---

① [匈]卢卡奇:《列宁:关于列宁思想统一性的研究》,张翼星译,远流出版事业有限公司1991年版,第47页。
② [法]雷蒙·阿隆:《知识分子的鸦片》,吕一民、顾杭译,译林出版社2012年版,第64、75页。

于他们了解无产阶级运动的条件、进程和一般结果。共产党人的最近目的是和其他一切无产阶级政党的最近目的一样的：使无产阶级形成为阶级，推翻资产阶级的统治，由无产阶级夺取政权。①

列宁建党的出发点就是把党与普通阶级群众区别开来，因为前者有先进性。革命政党不能是完全开放、宽容、自由化的，只有通过严格的规则和纪律才能够让革命目标得以被坚持。所以，列宁非常清楚为什么俄国能够取得革命的成功，而其他国家的社会民主党人遭遇了失败。那是因为"俄国人在理论上和组织上都保持了统一，而其他国家的人则没有"，俄国人"已经清除了同路的修正主义者、经济主义者和社会和平主义者，其他所谓的社会主义政党则坚持放任意识形态上的自由化"。列宁十分清楚的是，"除非并只有建立坦率地创立革命的先锋队政党，革命才有可能广泛传播，俄国共产主义政党是唯一成功的模式"。② 这恰恰表现在列宁所在的俄国社会民主工党和西方社会民主党之间截然不同的组织原则。卢森堡和列宁展开针锋相对的辩论，争论的核心议题就在于对群众性质的不同理解，对群众与领袖之间关系的分歧，以及党在革命中如何发挥作用的不同认识。从理论上看，这源于二者对马克思革命学说在不同方向上的继承和发展。

---

① 《马克思恩格斯文集》（第2卷），人民出版社2009年版，第44页。
② [英]尼尔·哈丁：《列宁主义》，张传平译，南京大学出版社2014年版，第205页。

三、卢森堡与列宁论争的原委

梳理论争的过程和观点,需要观察卢森堡和列宁在书写论争文字的时间前后各自所面对的形势和所关注的问题。

卢森堡在1904年针对列宁《进一步,退两步》而写的论战文章是《俄国社会民主党的组织问题》。这篇文章是在约吉希斯的要求下,应《火星报》约稿而作,此时,《火星报》已经不归列宁掌握①。这篇文章于7月10日发表在《火星报》第69号上,同年7月13日,在德国社会民主党的理论刊物《新时代》上被转载。《新时代》的编者按是这样写的:"本文谈论的是俄国的情况,但是文中所谈的组织问题对于德国社会民主党也是重要的,这不仅是因为我们俄国的兄弟党已经获得了巨大的国际意义,而且也因为我们自己党内也忙于热烈地探讨类似的组织问题。"②

德国社会民主党对这篇文章的转发是列宁与卢森堡这场论争的"注脚",有助于我们进入罗莎·卢森堡写就这篇文章的真实场景。这一转载至少有以下几个原因:其一,由于卢森堡在德国有着俄国问题专家的地位,她关于波兰问题和俄国问题比较有分量的文章一般都会发表在党的最高刊物上,这体现出党报的国际性;其二,罗莎·卢森堡对于俄国革命性质客观界限的强调,及其与孟什维克颇为接近的立场,有助于强化德国社会民主党在欧洲社会主

---

① 列宁自第二次代表大会后从《火星报》编辑部出走,自行成立《前进报》作为布尔什维克的新阵地,他在此后的论战中则称其为"新火星报派"。
② 中央编译局国际共运史研究室编:《卢森堡文选》(上),第498页。

义运动中的领袖地位;其三,这篇文章着重讨论的是如何对待党内机会主义倾向,以及如何理解党内有教养的精英和无产阶级群众之间关系的问题,对于在德累斯顿代表大会刚刚完成对被称作"机会主义分子"的改良派形式上的清算的德国社会民主党而言,具有切中肯綮的意义。

从1898年以来,党内知识分子要求改良的声音一直没有断绝。而从底层群众来看,随着工人的物质条件改善和阶级矛盾的相对缓和,工人群众在经济上既能够获得保证,在政治上也有代表他们的政党能够进入政权,革命情绪从底层开始衰退。这种衰退当然不是一个直线的过程,而是经历着不断反复。工人运动发展的激进程度经历了三个高点:1905—1906年、1909—1910年和1918—1919年。同时,这些也是卢森堡发表激进文章、参与激进活动比较集中的时期。毕竟,日益激进化的现实为卢森堡提供了充分的论据,使得她相信群众中蕴藏着丰富的可能性,会超出日常循规蹈矩的斗争轨道,并终将冲垮任何人为的、保守的行政官僚机构。为了革命的政治目标,刺激德国社会民主党相对保守的现状,卢森堡抽象出了她的"自发群众历史理论",她将这一理论也理所当然地应用到了俄国的现实之中。

这篇《俄国社会民主党的组织问题》和她之后讨论群众自发性的名篇《群众罢工、党和工会》(1906)时隔两年,她对于一些基本问题的立场没有发生任何变化。她着重批判的是德国社会民主党愈演愈烈的保守化倾向,逐渐放弃政治性罢工这一斗争工具并逐渐转入常规议会斗争轨道的做法。随着政党和工会招募更多新的办事人员,政党和工会建立起从中央到地方的行政官僚体系,各自形成了相对独立的组织架构,在具体的工作中遵从特定的办事流程。然而,组织的建设和完善服务于日常斗争的目标。改良斗争政治空间的扩展和社会民主党组织的完善,使得革命愈发变得遥远。

罗莎·卢森堡在这一阶段重点思考的就是领袖与群众之间关系的问题。《破灭了的希望》(1904)一文写于对列宁这篇批判文章之前,二者写作时间非常接近。在这篇文章里,卢森堡引用马克思1845年的话——"历史活动是群众的视野,随着历史活动的深入,必将是群众队伍的扩大"①,用以说明群众自身对于自己任务和道路的认识是社会民主党活动的历史先决条件,即领袖与群众之间的关系应该被倒置,群众并非在领袖集团的背后尾随。② 她在这篇文章中说:

> 领袖的唯一作用在于启发群众认识他们的历史任务。社会民主党的领袖的威信和影响的增长,只能是同他们在这种意义上进行的启蒙工作的量成比例的……一个倍倍尔的"专

---

① 马克思、恩格斯:《神圣家族(节选)》(1844年9—11月),《马克思恩格斯文集》(第1卷),第287页。
② 卢森堡对于领袖和群众之间关系的问题的分析,在之后的文字中还有所延续。1911年,她在《再论群众和领袖》一文中,尖锐地批评了德国社会民主党执行委员会对摩洛哥事件采取的消极的官僚主义态度。她说:"工人阶级绝不是一个七人或哪怕是十二人的党执行委员会,而是有觉悟的无产阶级群众本身。工人阶级在解放斗争中每前进一步,必须同时意味着它的群众的独立思考、独立活动、自主权和首创精神的增长。"还是在1911年,在一篇题名为《信条》的手稿中,她在这个问题上对列宁的批评更加严厉。她写道:"我们就感到不得不起来坚决反对列宁和他的朋友的组织上的集中制,因为他们想要通过纯机械的方式使党受制于党的中央执行委员会中的一个思想上的独裁者,来保证无产阶级运动的革命方向。"(李宗禹编:《卢森堡文选》,第299页。)

政",即他的巨大威望和他的影响,不过是建立在他所进行的启发群众是他们在政治上达到成熟这一巨大事业的基础上……社会民主党运动的主导趋势现在是而且始终是取消资产阶级意义上的"领袖"和"被领导"的群众,取消这个一切阶级统治的历史基础。[1]

在此之前,卢森堡忙于批判伯恩施坦及党内的改良主义问题。党的领袖与群众之间的关系正是这一问题的延续和具体表现。当卢森堡说群众是革命的、党是保守滞后的,她所针对的现象是她在德国社会民主党内观察到的情况。她指出党内存在的现象:"在下面抹煞目标明确的无产阶级核心队伍同无组织的人民群众之间的界限,在上面抹煞党的领导集团同资产阶级认识之间的界限——社会党国会议员在全人类的教育这一基础上靠拢资产阶级文人,二者是配合得很和谐的。"[2]德国社会民主党中的议会斗争道路和改良主义,体现在党的精英通过选举和担任国会议员的方式参与到政府内部上,进而丧失了思想上和组织上的独立性,融化在资产阶级的思想文化和意识形态之中。她批判有教养的精英愈发沉浸于自己的"职业辛劳"。资产阶级的知识精英们通过自由交换意见而共沐于人类精神的优雅精致中,"避开了混乱的阶级斗争和群众的汗臭",并尖锐地反对说,这种高贵的自由思想并不是社会民主主义事业的精神文化的源泉,"而是来自它同这个社会的对立",

---

[1] 中央编译局国际共运史研究室编:《卢森堡文选》(上),第490—491页。
[2] 中央编译局国际共运史研究室编:《卢森堡文选》(上),第494页。

"以处于上升时期的无产阶级大众为基础的"。①

卢森堡看到大卫等德国社会民主党人在选举中节节获胜,他们利用群众对他们的支持,成功晋升议员,进入政府,进而将改良本身当作工作目的。她认为,如果想要抵御改良主义的倾向,就必须重新使无产阶级的坚强核心即党员精英融入无组织的选民群众之中,必须破坏这个资产阶级议会主义倾向的政党堡垒。卢森堡从她在德国的经验事实中,抽象出这组精英与群氓之间的概念关系,并将其运用于对列宁政党原则的评述之中。这一痕迹鲜明地流露在《俄国社会民主党的组织原则》这篇文章中,她说:

> 现代机会主义的一切众所周知的幻想,如过高估计改良工作,阶级合作和党的合作,和平发展等。议会政治也是这种幻想实际上能够进行活动的基础。同时,它把社会民主党内担任议员的知识分子同无产阶级群众隔离开来,在某种程度上使得他们凌驾于无产阶级群众之上。最后,随着工人运动的发展,这种议会政治把工人运动变成政治上进行钻营的阶梯,从而使它很容易成为沽名钓誉的和倒霉失败的资产阶级分子的避难所。②

但是,俄国的情况却与德国截然不同。俄国社会民主工党的政治活动空间狭窄,由于阶级矛盾的尖锐和复杂,布尔什维克几乎

---

① 中央编译局国际共运史研究室编:《卢森堡文选》(上),第497页。
② 中央编译局国际共运史研究室编:《卢森堡文选》(上),第511页。

没有走议会道路的可能,政治组织的建立和活动的目标就只能指向对现存政权的颠覆。列宁有关建党原则的诸多观点可以归纳如下:

与卢森堡认为群众才是历史创造的主体,才能掌握历史进程的客观规律不同,在列宁看来,革命家及其集团是掌握客观真理的人。列宁认为,社会主义学说不可能从工人自发的生活经验中归纳得出,继而进入无产阶级的头脑中,成为他们自觉的阶级意识。相反,"是从有产阶级的有教养的人即知识分子创造的哲学理论、历史理论和经济理论中发展起来的","工人本来也不可能有社会民主主义的意识。这种意识只能从外面灌输进去"。[1] 无产阶级革命家集团告诉无产阶级应该如何思考自身的处境并引导他们摆脱受压迫局面,从而使盲目无知的群众获得了接近真理的机会,自觉地成为驱动历史进步的阶级力量。如果革命家集团不去灌输社会主义的思想体系,那么,工人的天然倾向只能是工联主义[2]的,即工人运动的自发发展只会越来越受到资产阶级思想体系的支配,因为在阶级矛盾如此分裂的社会中,只有这两种思想体系,没有中间

---

[1] 《列宁选集》(第3版修订版第1卷),人民出版社2012年版,第317—318页。
[2] 所谓工联主义,在列宁看来,是一种资产阶级式经济斗争,即必须结成工会、必须同工厂主斗争、必须向政府争取颁布工人所必需的某些法律等等的信念。列宁批判经济派将经济斗争当作吸引群众参加政治斗争的普遍的适用手段。他说这种观点是工联主义式的。由于他们同手工业小生产者之间天然的联系,在具体的斗争中难免降低了政治任务和组织任务的水平以适应最显著而具体的日常经济斗争利益。如果将政治斗争的概念同经济斗争等同起来,那么革命家组织这个概念或多或少就会和工人组织等同起来。但是二者的活动目的完全不同,列宁认为革命家组织是以革命活动为职业的人,为了保证整个运动的稳固性,具有继承性的领导者组织在具体的政治斗争中便不能够持久。不能把革命家降格为为手工业者辩护的人,而要把手工业者提升为革命家。

道路,任何时候不存在非阶级和超阶级的思想体系。①

因此,自觉意识的化身和掌握者,也就是革命家集团,成为列宁组织原则的核心。为了更好地发挥它统帅和灌输工人阶级意识的作用,必须要求它在组织结构上与这样的历史任务相适应:"高度集中、分工细密、步调一致的,它的核心中枢是由少数理论上最强、经验上最丰富、意志最坚决,对工人阶级事业绝对忠诚的职业革命家组成的中央委员会,其责任是为整个运动确定方向,制定行动纲领和策略;它的下面一层是一层层服从中央委员会领导并执行各种任务的下级组织;这个职业革命家组织又要由广泛的群众性外围组织所环绕所支持。"这个被精心选拔出来的革命家组织"依靠自律和团结,就能保证革命家组织始终是阶级群众的可靠领导者"。②

在列宁看来,经济派所主张的,争取完全的公开性和民主制是非常可笑的,因为"在黑暗的专制制度下,在宪警到处进行选择的情形下,党组织的广泛民主制只是一种毫无意思而且有害的儿戏。之所以说它毫无意思,是因为实际上任何一个革命组织从来也没有实行过什么广泛民主制,而且无论他自己多么愿意这样做,也是做不到的。之所以说它有害,是因为实行广泛民主原则的企图,只能便于警察来广泛破获我们的组织,永远保持目前盛行的手工业方式,转移实际工作者的视线,使他们放弃把自己培养成职业革命家这种严重的迫切的任务,而去拟制关于选举制度的详细的纸上

---

① 《列宁选集》(第 3 版修订版第 1 卷),第 256 页。
② 张光明:《社会主义由西方到东方的演进——从马克思到邓小平的社会主义思想史考察》,云南人民出版社 2004 年版,第 114—115 页。

章程。这种民主制的儿戏只有在找不到真正实际事情来做的人们常常聚集的国外,才能在某些地方,特别是在各种小团体中间流行"①。

那么,如何才能保证革命家组织内部协同一致？列宁认为,在革命家集团内部,同志之间的充分信任至关重要。那种认为一旦建立集中制,革命组织成员的行为就不受监督了的想法是幼稚的。这种想法并不明白真正的革命家组织是从经验中知道应该如何利用一切途径清除掉队伍中的不良分子的。至于那些担心集中制的组织将使少数精英集体脱离与工人群众联系的稳固性,而使得地方鼓动工作遭受损失的诘难,列宁对此的反驳是,分散性地方报纸非但不是现阶段斗争中的优势,相反,地方鼓动工作在原则上不坚定,无法提升到政治机关报的高度,无法收集和利用充分的材料来说明全部的政治生活,再加上地方报纸在革命力量的耗费方面非常不经济、出版频率低、手工作坊式秘密出版质量低下,因而,无法照顾到整个运动的利益。所以,统一的组织是十分必要的。

为了反驳经济派和他们的机关刊物《工人事业》对革命人力和财力资源的分散性,他在《怎么办？》中提出应该建立一个统一的覆盖全俄的报纸,"每期出版数万份,经常销行于全俄各地"②。各个地方小组出于统一办报的需要,就需要在各个区域内分配工作,加强联系,进行资源调度,交换材料、经验和人员。于是,"这个报纸周围自然地形成起来的组织,由这个报纸的工作人员构成的组织,就会真能应付一切:从在革命最低沉的时期挽救党的名誉、威望和

---

① 《列宁选集》(第 3 版修订版第 1 卷),第 348—349 页。
② 《列宁选集》(第 3 版修订版第 1 卷),第 378 页。

继承性起,一直到准备、决定和实行全民武装起义"①。这个革命家集团就是革命成功的保障,这也就是为什么列宁会说:"给我们一个革命家组织,我们就能把俄国翻转过来!"②

列宁在《怎么办?》中主张围绕一个全俄报纸而建立党组织的想法,源于他此时的《火星报》编辑身份。此时他所强调的极端集中制也服务于对经济派的批判。他斥责那种分散化、地方化的仅仅满足于在工人组织内部进行经济斗争的工联主义观点,强调建立一个统一的、集中的政党的必要性。但是,在党的第二次代表大会结束之后,《火星报》编辑部被孟什维克控制,他所批判的对象也发生了变化,从经济派变成了孟什维克,列宁对于政党集中制观点的阐发也逐渐嬗变。

孟什维克和经济派不同,在主张建立一个俄国独立政党的问题上,前者与布尔什维克没有分歧。但是孟什维克自认为是广泛民主的捍卫者,所以,列宁为了争取最大多数的支持,需重新调整自己对民主的看法③,即党不反对民主,但是考虑到为了革命的利益,可以根据具体的情景,决定运用民主制的范围,这就是民主集

---

① 《列宁选集》(第3版修订版第1卷),第383—384页。
② 《列宁选集》(第3版修订版第1卷),第418页。
③ 列宁自己之后也承认,当时为了服务于批判经济派,所以在修辞上有一些矫枉过正。他在《怎么办?》中所设想的集中状态,在此书发表后的相当长一段时间里实际上始终没有实现,甚至到1917年俄国革命之前列宁颁布《四月提纲》,布尔什维克内部仍然有诸多派系。随着俄国革命取得政权,在急剧紧张的国内和国际局势下,布尔什维克不得不变得愈加集中化以进行国内镇压,使得《怎么办?》中所说的俄国社会民主工党的集中状态逐渐从理论变成现实,而即便这个时候,列宁本人,也仍然强调民主的必要性。

中制产生的背景①。

列宁的组织原则中对于革命家集团的强调,以及时精英与群众之间的界分,恰恰冒犯了这一时期卢森堡的观点。列宁严格控制党员入党资格,并将其看作一种能够有效抵御机会主义和妥协主义潮流蔓延的机制。然而,卢森堡则认为群众之中则蕴藏着历史进步的汪洋大海。卢森堡和列宁同样反对机会主义,但是他们二人的出发点和路径并不一样。列宁通过严格的界分,目的是塑造核心的革命家队伍,而卢森堡认为,机会主义潮流仅仅出现在有一定经济社会基础的西方,机会主义实际上是进入议会的干部出现资产阶级化的问题。列宁的这种做法,无非在用一个错误的方法去解决俄国工人运动尚不成熟条件下尚未出现的问题。此外,卢森堡也在文章中承认,一旦工人运动开始有自发的发展,随着小资产阶级的破产和资产阶级在政治上的崩溃,以及社会两极化的逐渐对立,机会主义将是必然产物,再严格的党章条文也不可能阻挡这种潮流。这种趋势性的判断,同样来源于卢森堡对德国资本主义发展过程的观察。

四、立论依据与各自的政治环境

罗莎·卢森堡和列宁关于群众在革命中的作用问题认识不一

---

① 民主集中制作为一项正式表达的由党的决定合法化的原则,最早出现在布尔什维克塔墨尔福代表会议的文件中,并在1906年第四次代表大会,即在有孟什维克参加的统一的党代会上,通过并确立为党章第二条:"党的一切组织是按照民主集中制原则建立起来的。"这一表述形式直到1919年第八次代表大会之前都没有发生改变。

致。卢森堡对群众的自发性给予十分热切的信仰,她说:"群众的灵魂就像大海,永恒的大海,始终蕴藏着一切潜在的可能性;风平浪静和狂风激浪,最可鄙的怯懦和最热烈的英雄主义。群众始终是它根据当时环境必须成为的那个样子,它又随时都会突然变成和它现在完全不同的另外一种样子。"①只有群众才蕴藏着运动的首创精神。但列宁却与之持截然不同的看法,他认为将党完全融入群众中是完全错误的,这样做只会使自己由于分布面过于广而削弱了对运动产生的决定性影响,从而削弱了党作为历史性力量的影响力。

罗莎·卢森堡相信历史是工人阶级自己创造的。她从马克思的唯物史观出发,将工人阶级看作推动历史和创造历史的主体。"社会主义是世界历史上第一次这样的人民运动,它的目标和它的历史使命是把自觉的观念、有计划的思想并从而把自由意志灌输到人的社会行动中去。只有我们在战争中并且通过战争学会怎样使得无产阶级挺起身来从统治阶级手中一个奴仆的角色变成自己命运的主人,我们才能抵消这一切苦难与耻辱。"②她认为,无论是在革命的过程中,还是在革命成功之后,对于国家和经济社会的改造都不能仅仅委托于某一个行政机构,或是由极少数的领导者来规定斗争的目标和方向,更不能以少数人对权力的攫取和贪婪,而将群众仅仅当作工具来使用。因为"社会主义社会的本质在于大

---

① 1917年2月罗莎·卢森堡写给玛蒂尔达·符尔姆(Mathilde Wurm)的信,引自奥·弗莱希姆海姆:《〈俄国革命〉导言》。载《国际共运史研究资料增刊(卢森堡专辑)》,人民出版社1981年版,第141页。
② 李宗禹编:《卢森堡文选》,第322—323页。

多数劳动群众不再是被统治的群众,而是自己的全部政治和经济生活的主人,而且在有意识的、自由的自觉中领导着这全部的生活"①。

以上是卢森堡对于布尔什维克极端集中制的批判的立论依据。她认为,客观的历史进程总是形成于人们的认识之前,只有在连续不断的行动中才能迸发工人的首创性,所以,布尔什维克的党的领导制定的斗争策略必然是保守而且滞后的。因为斗争策略是根据阶级斗争以及工人的整体形势来制定的,然而中央委员会没有"上帝之眼",不能够获得斗争过程中的全部细节,这是他们在认识上注定的局限。如果由中央委员会来决定一切,将不能发挥全党的策略灵活性。因为自上而下的领导跟不上瞬息变化的形势,也无法发挥党和群众之间协调一致的特性。最后,只不过用一种"毫无生气的看守精神"来取代了"积极的创造精神",因而,这一思想过程是"集中监督党的活动而不是使它开花结果,是缩小而不是发展,是束缚而不是联合整个运动"②。在卢森堡眼中,革命运动不是定制的,不是根据党的决议而产生的,它是在一定历史条件下自发产生的。所谓自发,并不是混乱,不是无计划,也不是没有领导,而是领导和群众之间息息相关,领导能够有意识地表达群众的情感和要求,不应该"从意愿的立场出发对群众的工作进行主观判断,而是从历史必然性的立场出发对群众罢工的根源进行客观考察,只有这样,才能理解讨论这个问题。"③

---

① 李宗禹编:《卢森堡文选》,第 409—410 页。
② 中央编译局国际共运史研究室编:《卢森堡文选》(上),第 508 页。
③ 中央编译局国际共运史研究室编:《卢森堡文选》(下),第 39—40 页。

卢森堡对于政治自由的考量并非如同自由主义者那样,建立在天赋人权自由平等的抽象观念之上,而是扎根于对群众自发性的信任之中。同前文卢森堡对考茨基的批判一样,卢森堡的这一观点是从保证党和群众以及整个无产阶级运动的活力的角度出发的:"党内生活正常发展的关键,即社会民主党的生死攸关的问题在于,党员群众的政治思想和意愿要始终保持生动活泼的状态,它们能够日益使党发挥主动性。"①卢森堡认为,群众是革命的,而党是趋向于保守的。党的执行委员会起作用的前提条件是,党能够反映无产阶级意识的动向,"一个像社会民主党这样的党的最理想的执行委员会应该作为全党议员的最顺从、最迅速和最准确的工具发挥作用。但是如果它的行动能力的自然源泉即党的意愿没有表达出来,如果批评的思想、党员群众自己的首创精神发挥不出来,那么最理想的执行委员会也会一事无成,将不由自主地陷入官僚主义的拖拉作风"②。

在卢森堡看来,列宁在《怎么办?》和《进一步、退两步》中陈述的组织原则是"极端集中制"的,这和她本人在西欧社会民主党的政党日常活动经验相关。在有政治自由的国家里观察俄国,这种组织原则无疑是"极端的"。但是,无论是列宁在《怎么办?》中所提出的原则,还是他之后略微"软化"的对该项原则的重新表达,将民主作为一种联系群众的工具和途径,都和卢森堡有着本质的差别。

列宁所主张的组织原则是塑造权责分明、问责明晰、严格服务于革命的纪律森严的组织。这个组织能够且必须被塑造的根本原

---

① 中央编译局国际共运史研究室编:《卢森堡文选》(下),第310页。
② 中央编译局国际共运史研究室编:《卢森堡文选》(下),第311页。

因在于,俄国还没有成熟的无产阶级的土壤,更没有经过良好政治训练的无产阶级及其阶级意识。从历史唯物主义的角度上说,俄国即将爆发的革命也不会是无产阶级的革命,所以,阿克雪里罗得在俄国社会民主工党"四大"上才会说:"俄国的社会关系并没有成熟到可以超出资产阶级革命的程度;历史越来越强烈地迫使工人和革命者走上资产阶级革命的道路,使他们不自觉地成为资产阶级的政治仆从,而不是走真正的社会主义革命的道路,为无产阶级施行政治统治进行策略上、组织上的准备"。① 阿克雪里罗得认为,这种情况是由俄国社会民主工党所面临的双重矛盾和要实现的目标所决定的。在这个历史关头,党的地位和社会使命处于本质上的矛盾状态之中,除了通过不断的政治宣传,力求提高工人群众的政治独立性之外,只能在政治上同资产阶级采取妥协的办法。②

与之相对的,列宁在之后《社会民主党在民主革命中的两种策略》一文中则表达了与孟什维克截然不同的看法。他虽然在一定程度上承认"在俄国这样的国家里,工人阶级与其说是苦于资本主义,不如说是苦于资本主义的发展得不够",因而"要最充分地保证资本主义获得最广泛最自由和最迅速的发展……从无产阶级的利益着想,资产阶级革命是绝对必要的"③。但是,列宁并不认为这场革命就应该把革命的领导权交给资产阶级,也不认为无产阶级应该在革命过程中充当资产阶级的仆从,即在革命成功之后要将政

---

① 《列宁选集》(第3版修订版第1卷),第543页。
② [俄]亚伯拉罕·阿谢尔编:《俄国革命中的孟什维克》,中共中央党校科研办公室1985年版,第65—66页。
③ 《列宁选集》(第3版修订版第1卷),第540—541页。

权移交资产阶级政权,仅仅满足于在联合政府中当一个反对党。相反,他认为,"要尽最大的努力参加革命,最坚决地为彻底的无产阶级民主主义、为把革命进行到底而奋斗"①。在列宁看来,虽然"新火星报派"在口头上声称保证组织形式上的独立性,但如果不掌握群众武装,不去主导并建立无产阶级和农民的民主专政,就会在事实上融解于资产阶级民主派之中。这种"认为实现民主革命不是社会民主党人的事情,而是民主派资产阶级份内的事情"的观念,将会使革命的规模缩小②。无产阶级应当做的是"把民主革命进行到底,这就要把农民群众联合到自己方面来,以便用强力打破专制制度的反抗,并麻痹资产阶级的不稳定性。无产阶级应当率先进行社会主义革命,这就要把居民中的半无产者群众联合到自己方面里,以便用强力打破资产阶级的反抗,并麻痹农民和小资产阶级的不稳定性。这就是无产阶级的任务,而新火星派在他们关于革命规模的一切议论和决议中,却把这些任务看得非常狭隘"③。

虽然列宁在《社会民主党在民主革命中的两种策略》中阐述的思想在1917年革命中被更新了,但是在这一时期,他的思想却是一贯的:和孟什维克相比他对于俄国革命任务的理解,是更加主动激进的,即俄国社会民主工党应该在即将到来的革命中承担领导力量。这就要求建立一个完全服务于推动革命的集团组织。灌输理论解决了因资本主义发展不足而没有独立的、政治成熟的无产阶级意识的问题。无产阶级政党的双重革命任务、革命家集团和阶

---

① 《列宁选集》(第3版修订版第1卷),第543页。
② 《列宁选集》(第3版修订版第1卷),第599页。
③ 《列宁选集》(第3版修订版第1卷),第591页。

级意识灌输理论,三者自洽地解决了如何在欠发达的俄国爆发无产阶级革命的理论难题。

卢森堡对列宁的批评,不仅来自德国的经验事实,还有更加深刻的理论基础,那就是革命阶段论,即俄国当前的革命只能是资产阶级革命,无产阶级政党不可能跃出其界限。在这一点上,卢森堡和孟什维克是一致的。也就是说,对于当前的俄国无产阶级而言,最重要的事情不是革命和夺取政权,这也不是当前的历史任务,重要的是保持一个斗争倾向,保持和群众密切互动,进而促进工人阶级政治觉悟的增长。卢森堡认同建党是必要的,她也明白在缺乏民主自由的俄国建立一个无产阶级政党的艰难,因为原本工人阶级的政治团结应该是在资产阶级社会中自发实现的,但是俄国由于资产阶级孱弱,必须由党来进行人为的历史干预,即将无产阶级从政治上的极端分散状态引导到最高的组织形式上去,将自发的群众塑造为有自觉斗争目的独立阶级。对于列宁这种认为少数精英群体可以代替无产阶级,提前行使他们的历史使命,并促进革命形势推进到下一个阶段的想法,卢森堡认为其注定会被历史证明是肤浅的和徒劳无功的。她用十分具有黑格尔特色的语言,表达了她对这种组织原则将带来的灾难性后果的看法,这段话被后来的新左翼和自由主义者广泛引用,并将其当作对苏联集权主义的准确预言:

> 历史上的人的高贵的主体在自己的历史过程中有时喜欢做这种跳跃。被俄国的专制制度压倒并碾得粉碎的**"我"**,通过以下方式得到了报复的机会:它借助于革命的思想界人士

登上了宝座,并且作为密谋委员会以根本不存在的人民意志的名义宣布自己是万能的。但是客体表明自己更强大些,鞭子很快就获得了胜利,因为它是历史发展过程中的现阶段的合法表现。最后,历史发展过程的更加合法的孩子——俄国工人运动登上了舞台,它已经有了一个最美好的开端,破天荒第一次在俄国历史上创造了真正的人民意志。但是,现在俄国革命家的"我"又以最快的速度把事情颠倒过来,并且再一次宣布自己是历史的万能的舵手,而这一次是以社会民主党工人运动中央委员会的陛下的身份出现。在这里,胆大艺高的杂技演员没有看到,承担舵手所起的这个作用的唯一课题是工人阶级这个**集体的"我"**,它坚决要求拥有自己犯错误的权利,自己向历史辩证法学习的权利。最后,我们还要在我们中间坦率地说:真正革命的工人运动所犯的错误,同一个最好的中央委员会不犯错误相比,在历史上要有成果得多和有价值得多。①

卢森堡对俄国工人阶级状况的认识及表述,是就其理想状态而言的。她对于当前的俄国无产阶级应该采取什么积极措施,没有任何实质性的建议。对于制定一个详细的组织章程这项迫近的政治任务而言,卢森堡也承认自己的阐释没有任何指导性意义,因为"这归根结底取决于党在这个时期进行活动的具体条件"②。和孟什维克一样,她既反对建立严格集中的无产阶级政党,又要求进

---

① 中央编译局国际共运史研究室编:《卢森堡文选》(上),第517—518页。
② 中央编译局国际共运史研究室编:《卢森堡文选》(上),第508页。

行抽象意义上的宣传。至于直接促动革命这件事,她则认为应该保持权力的让渡,不仅资产阶级革命成功后不能夺取政权,无产阶级革命的活动主体也应该让渡给无产阶级自身。

然而,主体一词是十分抽象的,与其说这是对政治观点的表述,毋宁说更服务于历史哲学的阐释。依据马克思的历史唯物主义,受制于革命阶段的限制,当下俄国没有爆发无产阶级革命的希望,无产阶级政党只能进一步等待。政党只能教育群众,让他们按照历史发展规律去做。所谓等待,等的就是俄国经济社会的进步,而在政治意义上,则意味着俄国应继续作为第二国际中的落后国家,在德国社会民主党的领导下配合世界革命的到来。毕竟德国作为更加发达的资本主义国家将率先取得革命的成功。

从对改良主义的批判,到对领袖和群众关系的思考,再到群众自发论的提出,笔者试图勾画出卢森堡思想发展的轨迹。她对于俄国党组织原则的批判无疑是深刻和有预见性的。然而,与当代的左翼自由派们将她的思想作为超越历史的思想资源这种做法相比,还原出这场论争相应的约束条件和历史背景,为其言辞找到对应的现象,理解其批判列宁这一政治行为背后的动机,才是本项研究力图做到的。

总结二人有关民主集中制原则的论争:卢森堡和列宁针对同一个话题展开了论争,即政党组织原则背后的实质问题——领袖和群众的关系。在论争中,二人各自所关心的问题不同。卢森堡考虑的问题是,精英和政党日益脱离大众的危险在于其忽视群众的自发性,进而丧失在德国进一步推动革命形势的可能;然而,列宁关心的问题则是在群众自发性不足以爆发革命的俄国,如何才能通过精英和政党的带领,促动革命的爆发。

他们在论争中各自使用的核心概念也不同。卢森堡着力发展阶级意识这一概念,即重视群众自发性中所蕴藏的真正推进历史进步的力量。而列宁则将无产阶级阶级意识的化身界定为"革命家集团"的自律、互信和协同一致,将俄国无产阶级意识尚未足具,这一本来约束革命爆发的因素,转化为建立革命操作指南的前提和背景,进而用"灌输论"来克服理论上的约束。

卢森堡和列宁之所以发生论争,是因为双方都担心对方的观点和主张可能对己方产生不良的影响。与此同时,二人也在国际上竞争马克思学说的解释权和话语权,并维护各自所在的社会主义政党的组织方式。

按照卢森堡在论争中对于德国形势的判断,无法回答的操作性问题是:在具体的革命中由谁去领导并真实推动革命的爆发,特别是在德国改良的趋势已经从底层工人开始蔓延的形势下,应该如何推动革命爆发。按照她对于俄国形势的主张和看法,俄国也不会发生之后十月革命那样的形势变化,即便发生,也是一场注定会失败的革命。然而,列宁对于俄国形势判断的"正确"恰恰在于,他的主张并非仅从理论上得出对形势的判断进而顺应形势,而是主张积极地制造形势和影响形势的走向,这才使得俄国能够走到十月革命的那一天。对于卢森堡来说,对革命理论正统性的坚持无法引发现实的革命;而列宁则用发展了的革命理论为革命的成功铺平了道路。

第三节　有关民族自决的论争

一、波兰社会主义的两条道路

要完整理解卢森堡的民族思想，首先要考察波兰问题的特殊性和波兰社会主义运动的实际情况。近代以来，波兰被俄国、普鲁士、奥匈帝国三国同时瓜分，反对殖民统治、争取民族解放是波兰社会主义运动的目的。事实上，波兰的社会主义运动一直存在两条发展路线。在最初无产阶级政党活动被扑杀后，带有民族主义倾向的势力在博莱斯瓦夫·利曼诺夫斯基（Bolesław Limanowski）身边重新集结，成为波兰贵族民族运动的延续，并吸引了相当一批身处巴黎、伦敦的波兰流亡者。1892年，利曼诺夫斯基等人创建波兰社会党（Polska Partia Socjalistyczna），该党将国内分散的社会主义组织集合起来，把建立独立的波兰民主共和国作为最低纲领。虽然该党在理论上将马克思主义作为思想资源，但其运用马克思主义的目的是争取波兰民族独立，而非推进无产阶级的世界革命。同时，在与俄国社会主义者合作的问题上，波兰社会党始终坚持民族独立优先，认为任何跨国合作都应以主权平等和民族独立为前提条件。

与之相对的另一支社会主义力量则认为，在波兰，阶级问题比民族问题更迫切。波兰的无产阶级不仅遭受殖民者的欺压，还遭受着国内外资产阶级的共同剥削，而且这些剥削从阶级压迫上看是无差别的。因而,与民族压迫相比,阶级压迫具有第一性和根本性。正因市场一体化的前提和阶级问题的无国别性,这一支社会主义力量主张与俄国的劳工运动进行合作,共同推翻俄国的专制统治。在此背景下,以尤里安·马尔赫列夫斯基、列奥·约吉希斯、罗莎·卢森堡为代表的持国际主义立场的革命者,从波兰社会党中分离出来,于1893年成立了一个名为波兰王国社会民主党(SDKP)的新党,并以《工人事业》作为党的机关报纸。

这两个政党的名称本身即反映出各自截然不同的政治纲领。波兰社会党用"波兰"强调全波属性,即该组织的活动不受三国"瓜分线"的地域限制,其政治诉求是恢复民主统一和政治独立。正因该党坚持民族主义立场,故在策略上,该党拒绝同俄国建立任何联系。而波兰王国社会民主党名称中的"波兰王国"则标志着该组织的活动区域仅包含沙皇俄国控制下的波兰地区,因而后者的行动策略就是与俄国工人运动进行必要的国际联合,以推翻俄国的封建专制统治。正如马尔赫列夫斯基所言:"我们是根据自己的理论在一定的领土上,也就是在无产阶级必须与全俄的无产阶级携手奋斗的那部分波兰领土上建立组织的。"

波兰王国社会民主党的理论依据是经济发展阶段论。罗莎·卢森堡早在她的博士论文《波兰工业的发展》中就论证过,波兰的资本主义发展将越来越依赖俄国,波兰与俄国将越来越走向原料、劳动力和市场的一体化。如果波兰单方面追求民族独立,将使波兰工业失去俄国市场,也将剥夺波兰工人改善就业和生活的机遇。

事实上,被瓜分的波兰分属于三个社会发展阶段截然不同的国家:普鲁士享有相对广泛的政治自由和普选权,奥匈帝国的普选权尚有待争取,俄国则几乎完全处于专制制度的控制下。因此,在卢森堡看来,对于一个无产阶级政党来说,在波兰的不同地域制定一个统一的最低纲领是不可能的。对于俄属波兰而言,斗争环境尤其严酷,受制于沙皇专制等诸多现实条件,社会民主党的斗争目标及所能采取的斗争方式都很难说是社会民主主义性质的。俄属波兰与俄国相近的经济发展水平,使得两国在反对专制统治、发展资本主义经济以及反抗资产阶级压迫等目标上利益一致。只有通过国际无产阶级协同一致,促使世界革命爆发,才能彻底结束一切形式的阶级剥削与民族压迫。对此,卢森堡说道:"今天对于加利西亚的无产阶级来说,他们和整个奥地利的无产阶级共同进行的争取普选权的斗争就是这样一种以现实情况为依据的政治行动。对于波森和西里西亚的无产阶级来说,这个政治纲领就是同德国社会民主党采取共同行动。对于俄属波兰的无产阶级来说,这一纲领就是与他们的实际生活情况相适应的也是俄国整个无产阶级共同的口号:推翻专制制度。"[1]

波兰社会主义运动的两条路线之争是卢森堡展开有关民族问题论述时的重要语境,因为反对波兰社会党的民族路线是她进行政治言说的重要目标之一。卢森堡认为,波兰社会党所谓"民族独立"的口号,是将斗争的注意力转移到了和阶级问题毫不相干的方向上,这对于工人阶级的事业来说是一种有害无益的空想。和波兰社会党所主张的民族主义路线相比,卢森堡所领导的波兰王国

---

[1] 中央编译局国际共运史研究室编:《卢森堡文选》(上),第9页。

社会民主党奉行更为彻底的国际主义路线,这与她本人的政治经验直接相关。当时,卢森堡的政治舞台既在东方也在西方,既在德国社会民主党从事政治宣传,又亲身参与波兰的阶级解放工作。在她看来,波兰的民族解放事业除了与俄国社会主义运动合作,除了与整个欧洲社会主义运动融为一体之外,没有别的出路。她也凭借丰富的政治经历和卓越的理论头脑而成为第二国际重要的左派思想领袖。

当时,各国社会主义政党都受第二国际的领导,虽然这种领导更多是一种政治上的领导,组织上较为松散,但至少在第二国际的层面上,同时存在两个代表波兰社会主义运动的政党彼此竞争,甚至第二国际还曾拒绝过卢森堡为《工人事业》编辑部匿名所作的委托书。在1896年第二国际第四次(伦敦)代表大会上,波兰社会党提交的会议议案是"波兰的独立和自治无论对于整个国际工人阶级运动,还是对于波兰无产阶级自己都是一种必要的政治要求"[1],而波兰王国社会民主党的决议则是"把呻吟在俄国专制主义枷锁下的所有民族的无产阶级联合起来,以进行反对专制主义的共同的斗争;在俄国获得政治自由不仅事关民族的无产阶级,而且事关整个无产阶级的运动"[2]。由此可知,两党都在第二国际层面争夺波兰社会主义运动的代表权。

作为第二国际理论家的卡尔·考茨基,在对待波兰两党关系的问题上,又是如何裁量的呢?他的态度与处理俄国孟什维克与布尔什维克分歧时十分类似,他并没有明确支持或反对任何一方,

---

[1]《国际共产主义运动历史文献》(第17卷),中央编译出版社2015年版,第22页。
[2]《国际共产主义运动历史文献》(第17卷),第23页。

而是在二者之间进行调停。针对波兰的情况,考茨基曾提出两个原则:"完全支持民族自决权"和"同情所有在各种专制压迫下受苦的工人"。① 这一模棱两可的态度是可以理解的,毕竟第二国际作为一个松散的国际组织,为了最大限度地实现国际团结,须尽可能在各国社会主义者的不同派别之间保持中立,不能在两党分歧上明显表露偏向。

二、卢森堡对马克思的理解与继承

关于民族问题,马克思和恩格斯早就有所讨论。无论是卢森堡还是列宁,都在一些基本问题上共享相似的理论渊源。特别是卢森堡,她的观点深植于马克思和恩格斯对民族问题的论述逻辑。早在《共产党宣言》中,马克思和恩格斯就表达过对民族问题的基本看法,即民族问题应从属于阶级问题,不能离开无产阶级斗争的整个历史过程而单独讨论民族问题。民族主义和一切虚妄的道德、法律一样,不过是作为资产阶级统治工具的意识形态的组成部分。在唯物史观的历史叙事中,民族国家的产生本身就是资本主义发展的结果。民族国家和资产阶级的统治一样,都只是世界历史发展的一个必经阶段,都将伴随着欧洲社会主义运动的联合和对资本主义生产方式的扬弃,而被世界社会主义取代。

但是,自从 1848 年革命以来,欧洲的民族解放运动蓬勃发展,马克思和恩格斯开始从之前抽象原则层面的讨论,进入对各种民

---

① 《国际共产主义运动历史文献》(第 17 卷),第 23 页。

族运动实际情况的分析之中，提出了革命的民族运动和反革命的民族运动两种不同性质的界分，得出对于不同性质的民族运动应采取不同斗争策略的结论。譬如，对于波兰的民族独立运动而言，马克思就曾积极肯定它的历史进步意义，主张全力支持波兰的独立运动，但这并不意味着他背离了《共产党宣言》时期所申明的原则。马克思之所以支持波兰独立，主要基于以下两个理由：其一，这场运动坚决主张土地革命，其革命对象是封建土地所有制，革命性质已超越了其他仅仅反对外国压迫者的民族独立运动的意义，具有民主主义和社会进步的面向；其二，波兰的独立将使欧洲的反动堡垒受到严重打击，有利于欧洲的资本主义发展和无产阶级队伍的壮大。从中可知，马克思是从欧洲工人运动的整体趋势出发来评估波兰民族运动的积极意义的。

而到了世纪之交，罗莎·卢森堡却反对波兰民族独立。但是，不能仅从结论来看她与马克思之间的理论传承关系，而应从她思考问题的方法与角度着手。这是因为马克思主义建立在历史唯物主义基础上，主张对具体问题进行深入分析，避免撇开具体时空背景套用各种理论公式。从彼时到此刻，俄国的经济社会发展获得了巨大的进步，工人运动本身也取得了重大进展。正像1902年考茨基在《斯拉夫人与革命》一文中对俄国所作的评价：

> 现时《与1848年不同》可以认为，不仅斯拉夫人加入了革命民族的行列，而且革命思想和革命活动的重心也愈来愈移向斯拉夫人那里。革命中心正从西向东移。19世纪上半叶，革命中心在法国，有时候在英国。到了1848年，德国也加入了

革命民族的行列……揭开新世纪序幕的一些事变使人感到,我们正在迎接革命中心的进一步转移,即向俄国转移……从西欧接受了这么多的革命首创精神的俄国,也许现在它本身已有可能成为西欧革命动力的源泉了。轰轰烈烈的俄国革命运动,也许会成为一种最强有力的手段,足以铲除在我们队伍中开始蔓延的萎靡不振的庸俗习气和鼠目寸光的政客作风,促使斗争的渴望和对我们伟大理想的赤诚重新燃起熊熊的火焰。俄国对于西欧来说早已不再是反动势力和专制制度的堡垒了。现在的情况也许恰恰相反。西欧正变成支持俄国反动势力和专制制度的堡垒……俄国的革命者如果不是同时必须跟沙皇的同盟者——欧洲资本作战,也许早就把沙皇打倒了。我们希望,这一次他们能够把这两个敌人一起打倒,希望新的"神圣同盟"比它的前驱垮得更快一些。(原载于1902年3月10日《火星报》第18号)[1]

由此可知,包括考茨基在内的第二国际人士,都需重新审视俄国之于西欧革命的意义,也正是因为俄国取得的进步,斯拉夫民族也加入进步民族的行列之中,波兰民族独立也不再仅仅因为它可能会拆解欧洲最大的封建堡垒而具有进步的意义;相反,波兰的工业发展已使得其在政治与经济上越来越与俄国难以分割。因而,无论是从坚持阶级问题具有第一性原则着眼,还是以是否有助于欧洲总体工人运动发展的进步趋向的标准来看,卢森堡有关波兰

---

[1] 转引自《列宁选集》(第3版修订版第4卷),第134页。

民族运动的主张,对马克思的思想遗产都是有直接的继承性。在这一问题上,罗莎·卢森堡本人是这样陈说的:

> 因此,科学社会主义创始人的那些话根本不能也不应该被理解成对波兰无产阶级的实际的日常纲领的指点,因为这些话只涉及对外政策中的偶然情况,并不涉及波兰的内部阶级斗争和波兰社会发展过程的结果。一般说来,那些话就其来源和特点来说,更多是属于那一美好时代的,那时"波兰人和革命者——至少在民族意义上说——是同义语",在波兰的一次起义和另一次起义之间国家始终处于群情激愤之中。但是现在,无论是前一种情况还是后一种情况都早已成为过去并被人遗忘了,因为从那时以来,在俄属波兰——波兰的心脏和所有的民族起义的策源地——已经完成了这样一件大事,即农奴制已被彻底废除,资本主义大工业正在发展。可见,波兰的社会关系也被颠倒过来了。1848年波兰的"革命者"——贵族——在经济上和政治上已经破产。一个新的角色——资产阶级——登上了舞台,现在他担任第一小提琴手,而且在那里演奏的不是民族歌曲《波兰还没有灭亡》,而是俄国的赞歌《上帝保佑我们的沙皇》。[①]

马克思对民族问题仅提出了一些纲领性的、极具指导性的意见,但受当时斗争形势所限,民族问题并不是最迫切的,所以他对

[①] 中央编译局国际共运史研究室编:《卢森堡文选》(上),第31页。

民族问题的讨论并无具体所指。这也导致之后的马克思主义者如列宁和卢森堡得以在有关民族问题上进行发展，并各自给出"民族自决"和"民族文化自治"的不同阐释。

马克思相关理论的特点与近代民族问题本身的复杂性有关。马克思、恩格斯对阶级和民族关系的阐述建立在阶级分化、工人阶级占据劳动大军绝大多数这些重要理论假设上。但民族发展的历史进程并不完全遵循逻辑推演，不同民族国家在历史发展进程中，会面对诸多复杂情况和变数，即便民族内部的阶级对立消失，民族之间的矛盾也很难终止，甚至在一定条件下还可能被重新激化，演变为民族间的敌对关系。因此，简单将阶级理论应用于民族问题的解释中，将阶级因素划归为分析民族问题的唯一变量，很难为处于不同经济发展阶段的不同民族国家提供普遍通行的解释。

进一步而言，工人的经济状况和他们获得解放的条件本来就超越了民族界限。毕竟对于国际垄断资本而言，不同国家的工人都只是这个链条中的一环。但悖谬的是，各国工人又生存在特定的国家和阶级关系中。因此，虽然马克思在《共产党宣言》中号召"全世界无产阶级团结起来"，但他也不得不承认各国的工人阶级"首先必须取得政治统治，上升为民族的领导阶级，把自身组成为民族，所以它本身暂时还是民族的"[①]。按马克思和恩格斯在《共产党宣言》中所言，民族的存在只是暂时的，但未能估计"暂时"有多长。第一次世界大战的爆发及哈布斯堡王朝的覆灭，更加推动了民族解放运动的发展。为了在俄国革命中最大程度地获取各个

---

① 《马克思恩格斯文集》（第2卷），第50页。

民族的支持,进而倾覆沙皇俄国旧的统治阶级,列宁提出了"民族自决"的口号,试图从帝国主义世界中突围。在国内矛盾丛生、国际严厉封锁、世界革命前途渺茫等多重压力下,新生的社会主义政权不得不因政治安全的考量,进一步强化民族国家的面向。

虽然卢森堡和列宁作为左派都致力于世界革命早些到来,但是对于民族解放是否有助于世界革命,以及二者之间的辩证关系和先后顺序,卢森堡和列宁之间却多有争议。之所以存在争议,是因为他们二人都有各自基于现实的政治考量。回顾和评估这场论争,不仅应该注意到他们共同的理论渊源,更应深入历史事实中探讨致使他们分流的不同政治语境。

三、卢森堡与列宁有关民族问题的论争

卢森堡所属的波兰王国和立陶宛社会民主党在与俄国社会民主工党的合作中,希望在所有涉及组织与宣传问题上保持自主权,即有自己的代表大会、委员会和新闻报纸,而列宁则出于革命的现实考虑,希望尽可能地将民主集中制的组织原则贯彻到底,拒绝崩得与波兰王国和立陶宛社会民主党所提出的自主要求。于是,双方处于一种谁领导谁、谁免于被谁领导的权力斗争当中,随之而来的就是理论上的说服工作,这即是这场论争的直接背景。

卢森堡认为,在列宁的理论中存在矛盾之处:他一方面坚持包括专制的沙皇俄国在内的所有国家都有民族自决权,但另一方面却反对这些国家中的社会主义者谋求民族自治,也就是说,列宁既希望促成国际主义者在反对沙皇的共同任务中进行合作,又希望

这种合作能够在俄国社会民主工党的主导下展开。因此,卢森堡在1904年的《俄国社会民主党的组织问题》一文中表达了她不认同这种组织原则,担心这一原则会抑制群众自发性,窒息党内民主的观点,意在为波兰王国和立陶宛社会民主党争取独立的政治活动空间。

然而,形势在1905年俄国革命时发生了扭转。为了更加有效率地促进这一时期各个工人党之间的政治合作,两党迅速接近,波兰王国和立陶宛社会民主党首次决定,以一个自治省的身份加入俄国社会民主工党,卢森堡本人也在这一时期投身于华沙的革命活动之中。1906—1908年,卢森堡与列宁二人关系十分密切。但好景不长,随着革命潮流的退却,1908年卢森堡写就长篇论文《民族问题和自治》,阐明波兰王国和立陶宛社会民主党在民族问题上的基本观点,并对俄国社会民主工党党纲第九条"民族自决权原则"(以下简称"党纲第九条")进行抨击。

卢森堡的阐述主要从以下几个方面展开:其一,民族自决权不具有实践性,仅仅是形而上学的空话,因为如果人民的自决权实现了,民族的自决权也会自动实现,但没有前者的后者,不过是在资产阶级意识形态的控制下将人民整合进民族国家;其二,民族自决权与马克思一直以来对待民族问题的基本立场格格不入;其三,民族自决权与资本主义的发展趋势不符,因此难以落实;其四,民族自决权无法处理民族利益与阶级利益之间的矛盾,因为在没有解决阶级问题之前,民族问题是不能够被彻底解决的,具有"平等外观"的资产阶级民族国家,本质上是建立在对少数民族的歧视和压迫之上的。总而言之,"资产阶级的历史使命是创造现代的民族国家,但是无产阶级的历史任务是消灭作为资本主义政治形式的国家,他们在这个过程中,作为一个有觉悟的阶级形成了,为建立社会主义制度而努力"。[1]

列宁对卢森堡的回击不是立即发出的,在专门回应卢森堡之前,列宁先写了一篇《关于民族问题的批评意见》,直截了当地呈现了他在思考民族问题过程中所面临的现实掣肘。当时的俄国,社会经济落后,既存在因资本主义发展不足而面临的反封建的任务,又需回应因无产阶级解放思想广泛传播而形成的反对资本主义的诉求;而且工人政党和资产阶级政党并存,反封建和反资本主义的历史任务艰难沉重。此外,因沙皇的殖民统治和俄国境内多民族聚居,民族矛盾纷繁复杂,民族问题、阶级问题相互交织,同一民族内又存在不同阶级怀揣各自政治诉求彼此竞争的情况。当时,列宁所领导的布尔什维克党的政治目标就是团结沙皇俄国范围内一切可以团结的力量,共同完成反对封建主义和资本主义的双重任务。然而,实现这一目标却面临诸多困难,各方面的反对与质疑都共同指向了党纲第九条。

在《关于民族问题的批评意见》一文中,列宁指出自己要反对的是以下几种来自不同派别的民族意见:其一是来自封建的、教权的、"反动的"大俄罗斯殖民观点,它希望仍然能够维持沙皇的旧有统治;其二是来自资产阶级具有民族主义倾向的政党,包括波兰社会党、乌克兰民族社会党以及俄国境内的资产阶级自由派,主要以摆脱殖民统治、实现民族独立和国家统一为诉求;其三是来自崩

---

[1] Horace B. Davis (ed.), *The National Question Selected Writings by Rosa Luxemburg*, Monthly Review Press, 1976, p. 167.

得，它追求废除阶级压迫、民族压迫和种族压迫，目的是在俄国建立犹太人的民族文化自治；其四是不同"民族的""非大俄罗斯"的社会民主党人们日益发展的民族动摇思想；最后，还有来自孟什维克和取消派的批判，他们在民族问题上的看法，更多地是和俄国自由派站在一起。列宁将阶级原则看作用来区分敌我的第一性原则，指出民族文化取决于各个国家、阶级之间的相互关系，那种抽象地将民族文化作为一个整体和另一个民族对立起来的观点，"是资产阶级的（而且常常是黑帮-教权派的）骗局"。为了团结尽可能多的工人民主派，他强调各民族的工人要"无条件地统一，并且完全打成一片，以对抗各种资产阶级的民族主义"，提出"工人民主派的口号不是'民族文化'，而是民主主义的和全世界工人运动的各民族共同的文化"①，目的是提取用以反封建的"民主主义"和用来反资产阶级的"社会主义"，进而武装自己、动员群众、削弱对手。

这里值得一提的是，列宁对崩得工人代表李普曼的反对意见。李普曼认为，列宁所追求的"国际文化"实现的前提是每一个民族的文化自治。列宁反诘道，每一个民族都有民主主义、社会主义等不同文化，重要的是这种文化是否先进。欧洲犹太工人一半生活在半开化的俄国境内，另一半生活在文明的世界里，后者充满国际主义精神和对先进运动的同情，但是身处于沙皇俄国的前者，即犹太崩得分子仍然保守地维护着帮会的特点和资产阶级性——这是落后的社会条件所决定的，李普曼担心，俄国社会民主工党要将犹太人的民族性"同化"到各个不同民族的工人运动中，并让他们共

---

① 《列宁全集》（第 2 版增订版第 24 卷），人民出版社 2017 年版，第 123—125 页。

享一个名字"社会民主党"。针对这一担忧,列宁指出,"同化"正是资本主义已经做且正在做的事情,资本主义就是要打破任何民族的壁垒,这种同化本身代表着历史进步,只有反动的、市侩的、帮会的犹太人才会反对同化,而代表一般历史发展趋向的无产阶级应当赞同一切打破壁垒的东西,"应该一同通过组织上最紧密的统一和打成一片,维护无产阶级运动共同的或各民族共同的文化,以绝对宽容的态度对待用何种语言进行宣传的问题和在这种宣传中如何照顾一些纯地方的或纯民族的特点问题。这就是马克思主义的绝对要求。任何鼓吹把一个民族的工人同另一个民族的工人分离开来的论调,任何攻击马克思主义的'同化'的言论,任何在涉及无产阶级的问题时把某个民族文化当做整体同另一个据说是整体的民族文化相对立等等的行为,都是资产阶级民族主义,应该与之作无情的斗争"。① 罗莎·卢森堡也和李普曼一样,主张"民族文化自治",但她和崩得的出发点不同:前者接受同化,主张放弃犹太分离主义,将犹太民族的文化让位于更高的国际主义文化;后者则不接受同化,以犹太民族自身的解放作为终极奋斗目标,二者都反映出犹太工人力求通过欧洲社会主义运动追求平等的愿望。

正是在这样的阶级划线和政治划线的现实环境里,列宁展开了对卢森堡的批判。在列宁看来,俄国社会民主工党党纲第九条所承受的来自多方面的进攻——无论是取消派、来自崩得的弗·李普曼,还是来自乌克兰民族社会党的批判(和波兰社会党具有相同的民族独立诉求),他们所援引的论据和说理逻辑都在一定

---

① 《列宁选集》(第3版修订版第2卷),人民出版社2012年版,第345—346页。

程度上重复了卢森堡《民族问题与自治》中的观点。这在一定程度上也能解释为什么卢森堡的文章写于1908年,而列宁直到1913年才进行对她的批判——因为在这场迟到的回应中,列宁可以毕其功于一役地反击此前所有批评他的声音。

列宁在《论民族自决权》一文中,对卢森堡的批判是这样展开的。

其一,列宁指出,所谓民族自决就是与异族集团的国家分离,卢森堡仅因资本主义的发展,就断定弱小民族的自决权必将成为虚幻。这是在用经济问题置换政治问题,这种置换是十分危险的,是对一些更关键问题的掩盖。

其二,列宁批评卢森堡没有使用具体的历史研究法,分析各个时代不同民族国家,即"资产阶级民主改革早已完成的国家和没有完成的国家"之间民族问题的差别,"对于前者——大多数西欧国家而言,民族问题早就已经解决了";而对于后者,资产阶级革命尚且没有完成,需要先获得民族独立,再实现无产阶级革命对民族国家的扬弃。① 在列宁看来,普遍承认民族国家的分离权和普遍反对资产阶级的民族主义口号并不矛盾。这是因为列宁所支持的民族独立从来都不是由资产阶级政党领导的,他的目的是通过民族解放运动瓦解沙皇俄国的统治,并促使所有社会主义者共同加入他的队伍。

其三,列宁批评卢森堡出于反对波兰民族主义和波兰社会党的目的,才反对俄国马克思主义党纲领中支持民族分离的立场,认

---

① 参见《列宁全集》(第2版增订版第25卷),人民出版社2017年版,第237页。

为她的这一出发点虽然可以理解,但在政治结果上帮助了成分复杂、打着大俄罗斯旗号的反动力量——包括沙皇俄国所有旧的统治因素——官僚、贵族的联合专制、教权以及资产阶级等,而所有这些群体都试图用整齐划一的"民族文化"代表俄罗斯境内所有民族。列宁认为,卢森堡所追求的"民族文化自治",最终的政治后果就是用反动力量和资产阶级自由派的纲领代替马克思主义者的纲领。

这场论争仍有后续,1916年列宁写就《社会主义革命和民族自决权》(提纲)。同年,卢森堡以尤尼乌斯为笔名,发表了《社会民主党的危机》(也称尤尼乌斯小册子),进一步提出"反对一切民族主义、只有社会主义才能实现各民族独立"的观点。俄国十月革命爆发后,卢森堡在《论俄国革命》中提出了更加长远的担忧:虽然布尔什维克基于革命现实的考虑,指望通过民族自决,"使芬兰、乌克兰、波兰、立陶宛、波罗的海国家、高加索等等统统成为俄国革命的忠实同盟者"[①],但历史可能会向着事与愿违的方向发展,民族自决权的提出恐将为诸多代表民族主义倾向的资产阶级政党提供上台的理由,届时将在事实上瓦解国际工人运动,并对世界革命造成不小的阻碍。

四、民族议题与殊异的政治任务

卢森堡反对列宁的自决权,认为这将等同于支持被压迫民族

---

① 李宗禹编:《卢森堡文选》,第390页。

的资产阶级;而列宁不同意卢森堡对民族自决权的态度和民族文化自治的观点,觉得这将助长大俄罗斯的反动力量。无论对列宁还是对卢森堡而言,封建地主、贵族、教权派和各国的资产阶级都是他们共同的敌人,他们的最终目标是一致的,即在社会主义条件下,实现所有民族的平等和融合。但是,二人在解决民族自决问题上所采取的路径是不同的。列宁本人深知二人之间的区隔,但他认为,如果卢森堡因此对俄国的情况指手画脚,那就犯了错。而今天的我们,既然获致了已逾百年的历史后见,回过头重新评析二人的看法,当然不能仅仅满足于是非对错的简单评判。

卢森堡所代表的波兰王国和立陶宛社会民主党反对民族分离,因为波兰当时被俄、普、奥三个国家占领,如果在这一背景下主张民族自决的话,实际上就等于赞成瓜分波兰。卢森堡和崩得的主张是相近的,后者将改变犹太人被压抑的诉求寓于无产阶级的解放和民族国家的废除之中,最终的目的也是获得平等的公民权益。而对于卢森堡来说,她在西线(即在德国社会民主党内)的工作,是要为波兰社会民主党争取在第二国际中的实际利益和地位;而在东线的工作则是要不断扩大波兰社会民主党的合作范围和合作对象,如崩得、立陶宛社会民主党、俄国社会民主工党都包括在内。卢森堡的民族文化自治主张,目标是将少数民族从单一民族的压迫下,从民族国家之为资产阶级国家机器的普遍压迫下解放出来。届时,所有的民族都能彼此相互尊重文化风俗,共同生活在一个自由平等的社会之中。

但是,对于列宁来说,当前俄国的无产阶级还远没达到反对资产阶级这一历史阶段,由于俄国远远落后于西欧的发展,俄国的无产阶级所肩负的革命任务是双重的,且当务之急是清除封建主义的残余势力。当1917年瞬息万变的革命形势到来之际,布尔什维克夺取政权的首要目标就是推翻沙皇帝国的统治,一切服务于这一政治目标的手段都可充分运用,民族问题则可以充当这一称手的工具,成为无产阶级革命的加速器。

在卢森堡看来,波兰独立问题是一个可以还原到资本主义绝对发展上进行分析并加以解决的问题。在当前资本主义民族国家这个既有的框架内,民族自决不仅不可能实现,也没有任何意义。也就是说,不存在单独的民族问题,重要的是"人民的自决权力"。如果没有实现人民的自决权,民族自决将沦为一种被利用的意识形态话语,借以分裂无产阶级的国际团结。而只有实现了无产阶级的民主权利,打破当前民族国家对于无产阶级国际团结的区隔,才能在社会主义制度下,实现名副其实的民族解放。卢森堡揭示的路径,是联合一切跨国家的工人阶级,自下而上地进行颠覆革命。如果人民普遍都能够实现社会主义的民主,民族问题也将彻底消失,到那时,民族之间的融合和平等将不是在民族国家范围内实现,而是在世界范围内实现了。

但列宁并没有将民族问题还原到经济领域,而是在政治意义上将其看作一个独立的问题。他将民族问题的解决分成两步走:第一步,让沙皇帝国分裂成众多小国家,这当然并没有解决民族问题,但是分裂过程本身就是对封建势力的反叛;第二步,需在此基础上进行世界范围内的无产阶级革命,真正解放所有受压迫的民族和阶级。而他的民族自决策略,就是为了完成第一阶段的任务。列宁认为,消灭各个民族之间的隔离状态和实现融合的理想应在

321

社会主义实现后再去解决,这一远景对于第一步都未完成的当下,并无直接指导意义,只能沦为空话,因为"被压迫民族的工人和压迫民族的工人之间的信任和阶级团结都将无从谈起"。① 可见列宁对于民族问题的认识具有高度的现实感。

列宁与卢森堡基于各自的政治语境和政治任务讨论民族问题。针对大俄罗斯压迫边疆少数民族的情况,列宁为了最大限度地打击大俄罗斯反动力量,不得不支持各个民族的平等;卢森堡则从被压迫民族出发,看到只要资本主义秩序存在一天,抽象的民族平等就不存在,因为被压迫民族在经济上对压迫民族存在依赖。"民族自决"的口号只能在既有的框架下强化资产阶级的意识形态,进而造成对国际无产阶级共同事业的阻碍。列宁首先考虑的是俄国的无产阶级革命的率先成功,而卢森堡则始终关切国际无产阶级的普遍平等。卢森堡对列宁民族自决之为革命策略的批评,并非缘于她的浅薄——没有看到俄国的困境是由其特殊的历史所决定的——相反,她认为,对俄国无产阶级来说,不存在正确的策略,因为"不管它选择什么策略,都将是错误的"②,无产阶级革命走进了历史的死胡同,只有通过一场世界革命才能解除一切苦难。

在百余年后的今天,重新回顾列宁与卢森堡关于民族问题的思考,包括他们在探索解决民族问题路径时所涉及的其他相关问题,对于构建符合中华民族整体利益的民族观,形成符合中国实际

---

① 《列宁选集》(第 3 版修订版第 2 卷),第 565—566 页。
② 罗莎·卢森堡:《刻不容缓的当前问题》,见《斯巴达克书信》1958 年柏林德文版,第 352—353 页,转引自《国际共运史研究资料增刊(卢森堡专辑)》,第 171 页。

的民族理论,或许不无思想方法上的启示与借鉴。进一步而言,在新时代铸牢中华民族共同体意识,固然需要参考马克思主义发展史上的各种有价值的思想资源,但更不能忽视从中华文明发展史、中国近代革命史,以及中国社会主义建设与改革开放历程,特别是党的十八大以来民族工作的巨大成就与基本经验出发,进行理论思考。与此同时,亦需避免教条化地理解国际共运史上的理论主张,并进行脱离历史背景和政治语境的阐发。

第四节 有关无产阶级专政的论争

一、风云际会的 1917 年革命

列宁对"无产阶级专政"的特殊关注是 1917 年革命催生出来的,直接服务于布尔什维克打碎旧的国家机器、夺取政权和巩固政权的现实目的。1917 年 2 月 23 日到 3 月 2 日,沙皇政权在 8 天之内迅速土崩瓦解。彼得格勒工人大罢工是这场革命的序幕,二月革命的转折点是从自发的工人罢工和示威游行,转变为以卫戍部队士兵为主体的武装起义。在这一过程中,哥萨克骑兵的漠不关心、工人阶级从自发到自觉的转变,以及沙皇俄国军队在前线的溃败和国内矛盾的风起云涌共同促成了二月革命的成功。

然而,革命是在没有革命者参加的情况下开始的。二月革命爆发的时候,各个革命政党的主要领袖大多不在首都彼得格勒,甚至不在俄国:列宁和马尔托夫在瑞士,托洛茨基在纽约,策烈铁里

(Irakli Tsereteli)和唐恩(Fyodor Dan)在西伯利亚流放地,切尔诺夫在巴黎。① 从二月革命到十月革命期间,布尔什维克必须对两个最为迫切的问题给出回答:如何对待临时政府,以及如何对待继续进行的战争。但无论是俄国社会民主工党中央委员会还是彼得堡委员会,都决定依然支持临时政府。国内的孟什维克则延续着党自1905年革命以来对俄国革命发展阶段的判断,即当前的革命是资产阶级革命,当前的临时政府是现有条件下最先进的政府,党在当前的任务就是促进民主革命的发展,因为"现在强行加速与资产阶级各阶层分离的过程,对我们是不利的,必须赢得时间,以便巩固革命的成果,做好与临时政府作斗争的准备"②。

然而,此时尚在国外的列宁和托洛茨基并不这么看,他们对于社会主义革命的未来并不乐观。③ 列宁1月初在苏黎世的社会民主党青年党员会议上说:"我们这些老年人,也许看不到未来社会主义革命的决战了。"④但是,他的态度很快就因为形势的转变而做出了转变。在3月6日给瑞典社会民主党发的电报中,列宁就转而

---

① 姚海:《俄国革命》,人民出版社2013年版,第94—95页。
② [俄]布尔扎洛夫:《论布尔什维克在1917年3—4月的策略》,《苏联历史论文选辑》第三辑,生活・读书・新知三联书店1965年版,第71页。
③ 托洛茨基在2月27日示威转变为起义的那一天,就意识到了"我们是第二次俄国革命开始的见证人"。在国家杜马临时委员会发表《告俄国人民书》宣布杜马将组建新政府,负责国家和社会秩序之后,托洛茨基在纽约的《新世界报》上写道:"罗将柯和米留可夫之流们谈论秩序还为时过早。在巨浪滔天的俄罗斯,明天还不会平静……彼得格勒的事态只是开端……第二个巨浪将冲过罗将柯和米留可夫之流的头顶……革命将产生自己的政权……走向胜利的人民的革命机关。更主要的战役和更主要的牺牲还在后面。"托洛茨基和列宁完全分享对事实相同的判断。转引自姚海:《俄国革命》,第226页。
④ 《列宁全集》(第二版增订版第28卷),人民出版社2017年版,第333页。

表明:"我们的策略是:完全不信任新政府,不给新政府任何支持。"①在《远方来信》中,他修改了《社会民主党在民主革命中的两种策略》中的观点,认为俄国发生的革命不会停止在资产阶级阶段,而将很快地向着下一个阶段过渡。列宁回国后,更是发表了《论无产阶级在这次革命中的任务》(又称《四月提纲》),其核心问题就是要解决政权的问题。他公开提出,布尔什维克要依靠无产阶级和贫农,将目前的革命转变为社会主义革命,提出"全部政权归苏维埃"的口号。布尔什维克党中央和彼得格勒委员会都拒绝接受这个纲领,都把列宁的提纲看作"乌托邦式的",认为列宁这些提法不切实际,表明列宁长期脱离俄国环境,并不了解事实真相。②布尔什维克加米涅夫说:"列宁没有提供具体的指示,因为他把目前的形势估计得和1871年一样,然而,我们这里还没有1789年和1848年完成了的东西……政权不在苏维埃手里。革命是资产阶级性质的。"③孟什维克则对列宁的《四月提纲》更加震撼,认为列宁在"胡言乱语""搞反革命宣传"。波格丹诺夫评价列宁的话是精神病人的胡话。这种党内的意见分歧和充分讨论一直存在,延续到十月革命夺取政权之后,由此也可以说明,党内的工作风气是相当活泼和民主的。

"四月危机"后,第一次临时政府垮台,该政府仍然没能解决和平问题,这招致社会革命党和社会民主党两个党派的不满,要求召

---

① 《列宁全集》(第2版增订版第29卷),人民出版社2017年版,第8页。
② [美]罗伯特·文森特·丹尼尔斯:《革命的良心》,高德平译,北京出版社1985年版,第72页。
③ [俄]布尔扎洛夫:《论布尔什维克在1917年3—4月的策略》,第69页。

开制宪会议的呼声日益高涨。到了7月,临时政府计划对德进攻失败的消息再次传来,一方面立宪民主党人遭到因二月革命而瓦解的十月党人、进步党人和保皇派军官团等沙皇力量的抛弃;另一方面又受到二月革命的参与者社会民主党、社会革命党的攻击,军事基础彻底崩塌。在这种极为混乱的形势下,9月爆发了"科尔尼洛夫叛乱"。随着反革命最后的挣扎被剿灭,最激进的派别布尔什维克才终于有机会登上历史的舞台。十月革命前后党内分裂进一步扩大化,社会民主党和社会革命党重新进行了势力组合,孟什维克与社会革命党的右派达成一致,要求继续战争;而社会革命党的左翼则与布尔什维克站在一起,要求不惜一切代价,尽快结束战争。当列宁作为十月革命的精神领袖在11月6日回到斯莫尔尼宫以前,托洛茨基已领导革命士兵和起义工人占领了彼得格勒。苏俄中央委员会发表《告俄国公民书》,宣布临时政府已经被推翻,颁布《和平法令》和《土地法令》,支持民族自决,成立工农苏维埃政府,执行无产阶级国家的各种职能,实行无产阶级专政。①

对于新政权来说,无产阶级专政学说是重要的理论支撑。布尔什维克在瞬息万变的革命形势中满足了人民群众"土地、面包、

---

① 关于革命历史的实证研究有非常多著述。历史学家克莱恩·布林顿(Crane Briton)可能是最早也是最有影响的进行革命比较研究的学者,以他为代表,革命问题研究主要试图总结和归纳革命过程中的一般规律:"革命由旧秩序的瓦解发展而来,经过革命的蜜月时期,依次出现温和派统治、反革命派的攻势、激进派的崛起、恐怖统治和道德统治,最后是'热月党人'统治。"从这四个阶段可以看到权力变得越来越集中,而且革命的群众基础变得越来越弱。一个十分有趣的事实是,每一次危机之后,革命联盟都会分裂成一个偏向保守的掌权者和一个更为激进的反对派,每一次反对派的掌权都使得社会控制进一步强化。参见:Crane Briton, *The Anatomy of Revolution*, Prentice Hall Press, 1965, pp. 248-249.

和平"的要求，取得了政权，但是国内的诸多政治派别并没有就此甘心，都希望摆脱在野状态，谋求分享权力，使得新兴的政权受到诸多挑战，时刻处于危机之中。这些不同的势力派别都在利用各自的方式对新政权施加影响。比如，布尔什维克能够成功夺取政权明显是因为孟什维克的失败——孟什维克的部分右派与社会革命党人合流。而社会革命党人则在市参议会下设社会安全委员会，将其作为与布尔什维克进行斗争的中心，从布尔什维克的各个政权组织中召回自己的成员，拒绝加入苏维埃政府。甚至为了加速布尔什维克的破产，成立以郭茨为首的"拯救祖国与革命委员会"，组织彼得格勒的士官发动叛乱。立宪民主党中央委员会的诸多成员也加入了"拯救祖国和革命委员会"之中，与此同时，他们也在和俄国南方的白卫军取得联系，向白卫军提供大量资金援助。为了配合白卫军的反革命活动，立宪民主党代表米留科夫（Pavel Milyukov）应阿列克谢耶夫的请求起草了《白卫军宣言》，直到1918年5月末，立宪民主党的官方刊物仍然没有停止发行，仍在坚持宣传反对新政权的声音。[1] 而由高尔察克（Alexander Kolchak）、邓尼金（Denikin）和尤登尼奇（Nikolai Yudenich）所率领的白卫军，更是直到1920年才被红军战胜。为了尽快恢复社会秩序，巩固权力，布尔什维克不得不采取一系列相应的策略，以上这些派别都是新政权迫切要施以专政的对象。

无产阶级专政学说为新政权给出了无产阶级政权的权力运行方案。苏维埃政府在摧毁旧的国家机构的基础上，重建了一整套

---

[1] 参见叶艳华：《十月革命后非布尔什维克党的策略转变》，载《哈尔滨市委党校学报》2008年第6期。

新的权力机关,废除了旧的军队、警察、法庭、监狱,废除了旧的教会特权和等级制度,代之以人民委员会各个部门,还有人民法院、工农检察院、工人警察以及工农红军;没收了地主、皇室和寺院的土地,交给农民;接管了银行、铁路和工厂;实行8小时工作日制,生产交由工人监督。为巩固革命政权,还成立了以捷尔任斯基主持的全俄肃反委员会(ЧК,简称契卡)。而无产阶级专政的学说就是为上述措施的实行提供了理论依据与合法解释,列宁在《国家与革命》的撰写中,花费了大量时间精力研究巴黎公社政权建设的经验教训。在如何把国际战争变为国内战争,如何最大限度动员工农群众的自发力量,并以此作为新政权的民主保障,如何对待地主、旧贵族和旧官僚,在所有这些问题上,列宁正是以巴黎公社为参照蓝本,以马克思的《1848年至1850年的法兰西阶级斗争》为思想资源,以俄国特殊的苏维埃运动为历史起点,构建出了一整套有实操性的无产阶级专政的国家学说。

那么此时,德国的情况是怎样的呢?第一次世界大战爆发之时,在德国社会民主党内只有卡尔·李卜克内西和奥托·鲁尔(Otto Rütto)两位议员公开反对战争公债。罗莎·卢森堡则由于强硬的反战态度,不幸于1915年2月18日被捕,一年刑期后又在1916年7月10日再次被捕。与此同时,那些坚决反对战争,承认国际主义和阶级斗争绝对优先地位的一部分人从党内分离出来,主张建立新的工人国际,领导统一的世界各国反帝和革命的斗争①,这些人就是"斯巴达克团"。另外,伯恩施坦、哈阿兹和考茨

---

① 卢森堡此时在监狱中起草《关于国际社会民主党任务的提纲》,参见《罗莎·卢森堡全集》德文版第四卷,第45—46页。

基也因反对战争而从德国社会民主党内独立出来。1915年6月19日,三人联名署名的《当务之急》,要求在自由协定的基础上实现真正的和持久的和平,却遭受到党内仲裁委员会的批评。他们和主张以战争促革命的斯巴达克派不同,被称为中派。由于拒绝对第三次军事拨款法案投赞成票,以哈阿兹为首的30名中派议员在国会投了弃权票。终于,在1917年1月,34名斯巴达克团成员和123名中派成员一共157人,在柏林召开由社会民主党反对派组成的全国代表会议,以艾伯特为首的社会民主党内的右派不堪忍受,由执行委员会出面,向全党发出号召,主张把一切反对派开除出党。

1917年4月，所有反对派在哥达重新成立德国独立社会民主党。① 自始,德国社会民主党才在组织上真正分裂。正如卢森堡在1917年1月6日以格拉克这个笔名在《斗争》周刊上发表《致志同道合的朋友们的公开信》中所言：

---

① 德国的左派除了斯巴达克派之外，还有两个有影响力的派别，一个是以约翰·克尼夫为首的不来梅左派，另一个是以尤利安·博尔夏特为首的柏林左派。不来梅左派的刊物是《工人政治周刊》(*Arbeiterpolitik*)，柏林左派的刊物是《光线》杂志(*Lichtstrahlen*)。在对待和中派关系的问题上，不来梅左派和柏林左派同斯巴达克派存在根本分歧，他们反对斯巴达克派参加独立社会民主党，主张和中派彻底决裂，建立左派自己的独立政党。1917年1月7日举行反对派联合代表会议后，不来梅左派提出一个口号"打破同中派建立联合战线的幻想！左翼激进分子的队伍联合起来！依靠我们自己的力量！"然而，卢森堡和他们不同，她反对分裂。长久以来，列宁批评德国左派的理由是他们在事实上和组织上和考茨基走向联合。但是，这一指责是不符合事实的，因为卢森堡和考茨基在思想上的分裂远远早于列宁。参见 Tony Cliff, *Rosa Luxemburg* (1959), https://www.marxists.org/archive/cliff/works/1969/rosalux/index.htm。不仅如此，"罗莎·卢森堡反对分裂也常常被人批评为是德国革命失败的原因之一"。诚然，没有一个及时创建起来的、有自己的干部队伍的革命党，这对当时的局势产生了不利的影响。然而，问题不像人们通常所说的那样简单。德国社会民主党是德国工人阶级的唯一政党，它有五十多年的历史并在群众中享有极高的威信，在这样的条件下实行分裂是极其困难的，而且总是意味着将同群众断绝一切联系。如果从这个在柏林……工人中占多数的独立社会民主党中再进一步分裂出来，那就要冒着在斯巴达克派周围形成一个真空的危险，而正是在这一时刻，他们最需要的是有可能对群众讲话，以便在斗争中领导群众并且对培养群众的革命觉悟发生影响。如果原则不能化为行动，那么捍卫这些原则的纯洁性也就毫无益处。不来梅的革命派小组没有参加独立社会民主党，但他们并未因此建立起自己的组织；如果斯巴达克派当时没有继续留在独立社会民主党内……那么他们的情况很可能也会如此。当时德国的情况同俄国党内斗争的情况很不相同，俄国党的分裂首先是在流亡的领导人一级中进行的，而且俄国若干年的相对平静曾使他们能够进行自己秘密的组织工作"。参见莱·巴索：《罗莎·卢森堡的革命辩证法》，转引自《国际共运史研究资料》(第5辑)，人民出版社1982年版。综上，仅仅从俄国革命的成功经验来裁定德国党忽视了德国与俄国不同的实际情况。

> 自 1914 年月 4 日以来,德国社会民主党的分裂和瓦解过程就开始了。党内的右派和中派之间围绕着分裂问题展开了争吵,两派都企图把分裂的罪行归咎于对方,但是无论右派还是泥潭派,他们有关党的存在的基本条件的全部观点,完全同出一辙。谢德曼一伙和哈阿兹一伙都认为,协会、领导机关、代表会议、全体大会、账簿和党证都是党。双方都没有看到,协会、领导机关、党政和账簿,转瞬之间已经变成了一文不值的废物。……双方都没有看到,他们关于社会民主党是分裂还是同一的争吵,只不过是琐事一桩,因为,时至今日,德国社会民主党作为一个整体,已全然不复存在了。①

卢森堡生命的最后阶段大多是在监狱中度过的,但是她始终没有放弃世界革命,始终反对党内的中派和右派。这也就是为什么卢森堡会将俄国革命看作世界革命的先兆和信号,俄国的十月革命对于德国的斯巴达克团有直接的示范性,为卢森堡提供了鲜活的事实,用以佐证资本主义秩序已然走向崩溃,昭示了世界革命的希望,坚定了她的国际主义路线,并对党内的中派与右派否决革命可能性的说法给出了现实的有力回击。

---

① 罗莎·卢森堡:《1918 年德国十一月革命》,邸文选译,商务印书馆 1990 年版,第 57 页。

二、马克思的相关阐述及意涵

"无产阶级专政"最早是马克思在何处提及的？列宁和卢森堡有关无产阶级专政的理解和马克思对该问题的阐述有什么承续联系？马克思最早在《共产党宣言》中讲到类似和无产阶级专政有关的内容："工人革命的第一步就是使无产阶级上升为统治阶级，争得民主"，"无产阶级将利用自己的政治统治，一步一步地夺取资产阶级的全部资本，把一切生产工具集中在国家即组织成为统治阶级的无产阶级手里，并且尽可能快地增加生产力的总量。"[①]在《1848年至1850年的法兰西阶级斗争》中，马克思又谈到了这个问题。针对1848年法国革命激化为内战时，无产阶级"团结在被资产阶级用布朗基来命名的共产主义周围"，这种思想"就是宣布不断革命，就是无产阶级的阶级专政"。[②] 1852年，在给约瑟夫－魏德迈(Jose-pheydemeyer)的信中他更加精准地使用了"无产阶级专政"这个说法，他在信中说："无论是发现现代社会中有阶级存在或发现各阶级间的斗争，都不是我的功劳。在我以前很久，资产阶级历史编纂学家就已经叙述过阶级斗争的历史发展，资产阶级经济学家也已经对各个阶级做过经济上的分析。我所加上的新内容就是证明了下列几点：1.阶级的存在仅仅同生产发展的一定历史阶段相联系；2.阶级斗争必然导致无产阶级专政；3.这个专政不过是达

[①]《马克思恩格斯文集》(第2卷)，第52页。
[②]《马克思恩格斯文集》(第2卷)，第66页。

到消灭一切阶级和进入无阶级社会的过渡。"①而在《法兰西内战》中,为了对公社失败教训进行总结,他指出:"无产阶级不能像统治阶级及其互相倾轧的各党各派在历次胜利的时刻所做的那样,掌握现存的国家机体并运用这个现成的工具来达到自己的目的。"无产阶级"掌握政权的第一个条件是改造传统的国家工作机器,把它作为阶级统治的工具加以摧毁",这是因为"奴役他们的政治工具不能当成解放他们的政治工具来使用"。② 这本书被用来当作引述无产阶级专政的经典文献。然而在书中并未提到"无产阶级专政"这个术语,只有在《法兰西内战》未发表的二稿中有一处提到了"专政",但其所指并不是巴黎公社。在几个月之后,美国一家报纸发表《纪念国际成立七周年的通讯》,文中以第三人称报道了马克思曾经提到巴黎公社时说:无产阶级要解放,就"必须先建立无产阶级专政"。而恩格斯在马克思死后为《法兰西内战》做第三版序言的时候,为了反驳社会民主党内一些谈无产阶级专政色变的机会主义者,才明确说"什么是无产阶级专政,请看巴黎公社这一说法"③。

以上是对马克思关于无产阶级专政这个概念的表述所进行的简要回顾。马克思自己写作的文本中很少直接提及"无产阶级专政"的字眼,仅在1848年革命和1871年论及巴黎公社的时候讲过。在马克思看来,"专政"是一种临时的策略和手段,是在社会主义革命过后,为了恢复秩序,在一个特殊阶段内实行的手段,并不是政

---

① 《马克思恩格斯文集》(第10卷),第106页。
② 《马克思恩格斯文集》(第3卷),第218页。
③ 《马克思恩格斯文集》(第3卷),第111—112页。

权确立之后所保持的长期的法治状态。马克思之所以赞同布朗基的革命专政,主要赞同的是它以暴抗暴的立场。但对于其另一个含义,即依靠先进少数来强制落后多数的想法,马克思和恩格斯一直是持反对意见的:"由于布朗基把一切革命想象成由少数革命家所进行的突袭,自然也就产生了起义成功以后实行专政的必要性,当然,这种专政不是整个革命阶级即无产阶级的专政,而是那些进行突袭的少数人的专政,而这些人事先又被组织起来,服从一个人或某几个人的专政。"①

这里必须说明的是,马克思讲的"专政"是一种内战时期以暴抗暴的临时措施,他之所以主张暴力是因为在无产者普遍缺乏民主权利的历史阶段,如果不使用暴力,阶级斗争就没有其他的斗争渠道了。而且,在马克思所身处的阶级矛盾十分尖锐的19世纪,统治阶级对待任何形式的反抗普遍采取镇压策略,因而,如果不承认被压迫阶级有使用暴力作为争取自己权利的手段的话,那就是不承认"普遍人权",也等于承认任何压迫都是合理的。所以,切不可因为马克思在19世纪斗争环境极端恶劣之时对暴力手段的强调,就认为马克思是主张依靠打砸抢烧以夺权的野心家或无政府主义者,更不可对当时的工人群众的悲惨境遇缺乏起码的同情式理解,仅因为后世资本主义增强了自我协调社会矛盾的能力,就动辄推崇"告别革命论",这种评述都是欠缺历史感的表现。正是因为时代变迁了,随着西欧国家的民主化愈来愈趋向正轨了,马克思时代下这种"以暴制暴"的想法,才较少有人提及。那么,列宁的

---

① 《马克思恩格斯文集》(第3卷),第358页。

"无产阶级专政"又是在何种意义上继承和发展了马克思的相关论述呢?

拿马克思和恩格斯认为最能代表"无产阶级专政"原型的巴黎公社来说,他们赞美巴黎公社废除国家机器,并不如列宁在《国家与革命》中所说的那样,主张摧毁旧的国家机器后并代之以新的,并不是主张废除"资产阶级常备军"后而建立"无产阶级常备军",而是赞赏其弱化强制之后只保留民兵。同样地,他们对于巴黎公社废除中央集权制国家这一经验进行赞扬的原因也是中央集权的政府"让位给生产者的自治政府",它将国家职能归还给了社会,还给了由人民监督的承担责任的勤务员"。①

列宁则在《国家与革命》中对马克思有关无产阶级专政的初步想法进行继承并发展:"在这里我们看到马克思主义在国家问题上一个最卓越最重要的思想及'无产阶级专政'……这个思想的表述。"②他吸取了马克思有关以暴制暴的说法,将其解读为摧毁一个旧的国家机器的同时,更要建立一个新的国家机器,而且新旧国家机器的重要区别就在于,使用机器的主人和镇压的对象相互颠倒,而不变的是镇压的职能。列宁的相关表述是这样的:

> 阶级斗争学说经马克思运用到国家和社会主义革命问题上,必然导致承认无产阶级的政治统治,无产阶级专政,即不与任何人分掌而直接依靠群众武装力量的政权。只有使无产阶级转化成统治阶级,从而能把资产阶级必然要进行的拼死

---

① 《马克思恩格斯文集》(第3卷),第155—156页。
② 《列宁全集》(第31卷),人民出版社2017年版,第22页。

反抗镇压下去,并组织一切被剥削劳动群众去建立新的经济结构,才能推翻资产阶级。无产阶级需要国家政权,中央集权的强力组织,暴力组织,既为的是镇压剥削者的反抗,也为的是领导广大民众即农民、小资产阶级和半无产阶级来调整社会主义经济……国家即组织成为统治阶级的无产阶级,马克思的这一理论同他关于无产阶级在历史上的革命作用的全部学说,有不可分割的联系。这种作用的最高表现是无产阶级专政,无产阶级实行政治统治。①

与之相对的,卢森堡对于"无产阶级专政"的认识又是怎样的呢？1918年2月,卢森堡为斯巴达克团起草政治纲领并作了一些重要修订,这篇《斯巴达克同盟想要什么？》最终经德国共产党成立大会通过为该党正式的纲领性文件。在这篇文章中,卢森堡写道：

> 无产阶级为了实现自己的目的不需要恐怖,无产阶级仇恨和憎恶残杀人类。它不需要这种斗争手段,因为它反对的不是个人,而是制度,因为它不是抱着天真的幻想的破灭必然会引起血的报复。无产阶级革命不是少数人按照他们的理想使用暴力塑造世界的绝望尝试,而是负有历史使命,要把历史的必然性变成现实的广大的亿万人民群众的行动。②

卢森堡强调原则,申明"无产阶级专政"就应该让无产阶级亦

---

① 《列宁全集》(第31卷),第24—25页。
② 中央编译局国际共运史研究室编:《卢森堡文选》(下),第528页。

即人民来进行统治,而列宁则思考如何做才能捍卫原则,亦即建立无产阶级专政后,采取怎样的措施才能够确保人民的统治不至受到威胁。卢森堡更加关切未来的无产阶级革命应该如何作为推进历史阶段进步的起点,并为千百万的劳动者在革命中赋权,而列宁更加着眼于当现实中无产阶级革命爆发之后,采取怎样的策略才能在革命后的过渡阶段继续捍卫这项伟大的事业。

三、对"无产阶级专政"的不同界定

俄国十月革命胜利之后,卢森堡积极评价苏维埃是工人阶级专政的第一次历史性试验。这个新生的政权既受到国际上的帝国主义扼杀,又在国内反动集团的夹缝中图存,既无力开展公开的、普选的民主制,也没有充足的物质基础来实践社会主义的蓝图。但即便如此,卢森堡仍然高度肯定了俄国革命的无产阶级革命性质[1],热情颂扬了布尔什维克的革命精神与革命行动:"布尔什维克表明他们能做到一个真正的革命政党在历史可能性的限度内所能

---

[1] 不同于考茨基根据历史唯物主义的革命条件和列宁执政之后所采取的各种措施,将俄国革命看作资产阶级革命,不承认其具有社会主义革命的性质,罗莎·卢森堡则基于世界历史的整体发展,即"要么社会主义,要么就在野蛮状态中灭亡"的总体判定,积极肯定其无产阶级属性,因为她在俄国革命中看到了无产阶级的有意识的行动,以及使人类免于毁灭的希望。至于爆发社会主义革命的物质基础问题,卢森堡则从资本主义经济的整体性出发,认为这完全可以通过世界革命来弥补。卢森堡和考茨基对于俄国革命性质的不同判定,反映出二人对于资本主义发展趋势截然不同的看法:前者认为无产阶级革命对于挽救资本主义于野蛮状态有着决战性的意义;而后者则看到"超帝国主义"时代下,资本家为了防止经济破产必将采取调节策略,且并不看好爆发世界革命的可能。

做到的一切"①,"他们的十月起义不仅确实挽救了俄国革命,而且也挽救了国际社会主义的荣誉。"②她在1917年4月给玛尔塔·罗森鲍姆的一封信中写道:"俄国发生的美好事情对我的作用就像是一贴延寿剂。来自那里的消息对我们大家来说都是一个福音,我坚定不移地相信,一个新的时代正在开始,战争再也不能长久持续下去了。"③

除了前文所说的卢森堡在民族自决问题上和列宁的论争外,卢森堡还批评了新政权的土地政策。列宁为了最大限度地获取农民对新政权的支持,主张将土地分给农民,取消农村所有的地主的债权。但卢森堡认为,这一做法非但没有解决农民内部的社会和经济不平等问题,反而加深了阶级矛盾。此外,每一个人重新成为小地主,也会为接下来土地国有化的社会主义改造制造了人为的障碍。这样一种基于理想原则所做的外在批判其实并未能积极肯定列宁在打击地主的土地私有财产权上的进步意义,毕竟这种基于土地所有权的生产关系长久以来曾深深禁锢着这片土地上的农民。

在卢森堡对新政权的所有批判中,最受重视的就是她对"无产阶级专政"的批判,这和她批判布尔什维克的组织原则道理相似。后者批判的是党内的民主问题,前者批判的是国家政权的民主问题。如果说列宁的民主集中制处理的是一个革命党内部的组织动

---

① 罗莎·卢森堡:《论俄国革命·书信集》,殷叙彝等译,贵州人民出版社2001年版,第35页。
② 罗莎·卢森堡:《论俄国革命·书信集》,第10页。
③ 罗莎·卢森堡:《论俄国革命·书信集》,第13—14页。

员问题的话,那么他的无产阶级专政思想则是在国家范围内对民主集中制原则的应用,其目的在于联合、团结尽可能多的社会力量,镇压和排除反对革命的反动力量。

在1917年11月12日选举召开的立宪会议中,总共选出了715名代表。其中,社会革命党人获得了绝大多数的选票(412人),布尔什维克只获得了183张选票,这样一来,布尔什维克没有办法在立宪会议上十分顺利地贯彻自己的主张。这也是直接导致1918年1月布尔什维克党驱散立宪会议的导火索。布尔什维克不仅在立宪会议的政权结构的问题上,在言论自由问题上也同样贯彻了专政的原则。布尔什维克党在其颁布的《出版法令》的决议中写道:"恢复所谓的出版自由,即简单地把印刷厂和纸张还给资本家和毒害人民意识的人,是对资本意志的不能容忍的投降。是放弃工农革命的最重要的阵地之一,这无疑是反革命的措施。"[1]换句话说,颁布《出版法令》和取消立宪会议一样,都是为了巩固无产阶级政权的必要手段。

托洛茨基和列宁着眼于革命的特殊状态,出于实用主义的考量,评估召开立宪会议的意义。托洛茨基认为,虽然"十月革命前的几个月是群众向左转,工人、士兵和居民自发地涌向布尔什维克的时期,而这一过程在社会革命党内部表现为左翼通过削弱右翼得到加强。但是在社会革命党员的名单上,老的右翼党员的名字仍旧占了四分之三……这一情况使人对立宪会议已在多大程度上

---

[1] 托洛茨基:《托洛茨基亲述十月革命》,施用勤译,陕西人民出版社2008年版,第408页。

落后于政治斗争和党派组合的发展有了一个明确的概念"[①]。在此基础上可以推断的是,"认为任何由普遍的人民选举产生的人民代议机构在一切革命期间都是无效的"[②]。托洛茨基评估在当前这个特殊的历史时期,召开立宪会议不仅是极其无效的,也将十分影响革命形势向下一个阶段的推进:"由于为争取政府权力进行了公开和直接的斗争,工人群众在极短的时间内积累了大量的政治经验,迅速地从本身发展的一个阶段提高到另一个阶段。国家愈大,它的技术设备愈不完善,民主机构的笨重的机制就愈不适应这一发展。"[③]托洛茨基的这段表述背后自然有其一整套革命论的思想基础。事实上,列宁早年在《社会民主党在民主革命中的两种策略》中,也表达过类似的看法,即在资产阶级革命推进到无产阶级革命的过渡阶段,社会民主党不应该把领导权舍弃给立宪民主党,而应该在整个过程中牢牢抓住领导权。社会民主党的领导核心,即革命家集团应该最大限度地发挥对民主化的主导作用,而如果此时召开立宪会议,就是在主动放弃这一历史主导权。由此可以看出,无论是托洛茨基还是列宁,都共享同一个理论前提,那就是在俄国这样一个落后的国家里,只有受压迫最深的无产阶级才是最具革命性的,才是能将革命阶段以及民主化进程推进到底的,而在不断革命的进程之中,任何眼下的妥协都可能为自己招致掣肘,并导致反动力量的增长,不利于将革命继续推进下去。

十月革命是由布尔什维克与左翼社会革命党人共同合作领导

[①] 托洛茨基:《托洛茨基亲述十月革命》,第408页。
[②] 托洛茨基:《托洛茨基亲述十月革命》,第409页。
[③] 托洛茨基:《托洛茨基亲述十月革命》,第410页。

的。胜利之初,虽然人民委员会中是清一色的布尔什维克,但那是社会革命党的右翼和孟什维克不承认新政权而主动退出之故。"全俄铁总执委会"(由社会革命党右翼和孟什维克组成)和布尔什维克进行谈判时,商讨组成清一色的社会主义者联合政府,要求将列宁和托洛茨基排挤出中央委员会;与此同时,布尔什维克内部也存在分歧,特别是当列宁仅希望用谈判为外交做掩护之时,这场谈判的破裂也就在所难免了。列宁并非意识不到扩大统治基础对于其政权稳定的重要性,列宁更从来都没有提出过一党专权的理论,相反,他在理论上一直是同意组建联合政府的。他在二月革命后所提出的"一切权力归苏维埃"至少有以下几个考虑:第一,由苏维埃取代临时政府来承担筹备召开立宪会议的责任;第二,排除以立宪民主党为代表的自由派左翼,建立社会民主党和社会革命党主导的左派党联合政府,但在联合党内与党外各股势力的操作过程中必然会遭遇到各种掣肘和复杂状况;第三,布尔什维克通过武装夺取政权,本身就存在政权的合法性问题。所以,这时候列宁强调专政是不依赖法律的政权。

对布尔什维克的夺权之举,其他各党派是不服气的,列宁和托洛茨基的新政权一直被看作少数人的政权,因此,其他派别都把希望寄托在立宪会议上,试图参与权力。立宪会议召开后,不仅完全出乎布尔什维克的意料,布尔什维克又面临其他左翼派别在权力上的直接冲突,这才出现了驱散立宪会议这一幕。但即便如此,直到《布列斯特和约》签订之前,布尔什维克仍然和左翼社会革命党保持着不错的合作关系,甚至讨论将两个主张社会革命的政党联合起来的问题。而由于《布列斯特和约》的签订,这种分歧日渐变得不可调和,左翼社会革命党人最终退出了政府。1922年的社会革命党的审讯案最终结束了十月革命前后多党并存局面,演变为一党专政的局面。①

对于这一切,卢森堡虽从未亲身参与其中,也无法感知革命随时处于危急存亡的局面,但这并不等于她对于暴力革命的特殊阶段无法理解:"中间等级、资产阶级和小资产阶级的知识分子在十月革命以后抵制苏维埃政府达几个月之久,使铁路交通、邮政电讯,学校和行政机构陷于瘫痪。"在这样的关键时刻,"不言而喻不得不采取一切镇压措施如剥夺政治权利、不发经济生活资料等等来反对他们,用铁拳来粉碎他们的抵抗。正是在这时社会主义的专政得到了表现,它为了维护整体利益",但是,"如果用一种限制选举权的方式,宣布普遍剥夺广大的社会阶层的权利,在政治上把他置于社会之外,而在经济上却没有能力在这一社会本身的范围内为他们提供位置,而这种剥夺权利的做法并不是为了一个具体的目的而采取的具体措施,而是作为普遍的规定持久发生影响的话,那么这就不是专政所必需的,而是一种缺乏生命力的临时凑合的做法"。②

卢森堡强调的其实是公共政治生活的常态,在她看来这种常态会被革命时期所施行的具体策略所决定并造成深远的影响。因此,召开立宪会议和实行民主制度不能够仅仅出于实用性的考量,相反,应该看到它们具有价值上的优先性。

---

① 参见郑异凡:《有关十月革命的几个问题——在德国召开的1917年俄国革命国际学术讨论会纪要》,载《当代世界社会主义问题》1997年第4期。
② 中央编译局国际共运史研究室编:《卢森堡文选》(下),第499页。

首先,卢森堡批判托洛茨基看待这一问题的思考方式,即不能因为立宪会议已经过时了,不能够代表瞬息万变的新形势了,就取消立宪会议,相反,应该召开新的制宪会议选举;不能将民主机构看作僵死的结构,而忽视了人民群众和这个制度之间的互动联系;不能因为群众在政治上不成熟和代议制机构的落后而抛弃群众和代议制度,相反,恰恰是因为有了生机勃勃的群众运动,才能够不断提升群众行使政治权利的成熟度,才能保证代议制机构更加完善。在卢森堡看来,"立宪会议、普选权、言论和集会自由"是"人民群众的民主主义的基本自由的全部设施"。卢森堡承认资产阶级的民主代议制有其局限性,也因此批判考茨基将议会政治的发展看作向社会主义民主迈进的道路是十分幼稚的。然而,列宁和托洛茨基所找的方法——取消代议制——却比代议制所造成的局限更加糟糕。因为它堵塞了唯一能够纠正一切社会机构(包括所有组织严密的政党、官僚集团所共有的缺陷)的源泉,这就是广大人民群众的积极的、不受限制的、朝气蓬勃的政治生活。她说:"没有自由的、不受限制的报刊,没有不受阻碍的结社和集会活动,广大人民群众的统治恰恰是完全不能设想的。"[1]因为如果"自由受到了限制,国家的公共生活就是枯燥的,贫乏的,公式化的,没有成效的,这正是因为它通过取消民主而堵塞了一切精神财富和进步的生动活泼的源泉"[2]。针对列宁认为无产阶级专政就应该剥夺"压迫阶级"(在具体实施中必然是一切对政权的反对者)的民主权利,并将他们排除到民主机构之外,她说了一段被之后左翼自由主义

---

[1] 中央编译局国际共运史研究室编:《卢森堡文选》(下),第500页。
[2] 中央编译局国际共运史研究室编:《卢森堡文选》(下),第502页。

者广为引用的话：

> 只给政府的拥护者以自由，只给一个党的党员以自由——就算他们的人数很多——这不是自由。自由始终是持不同思想者的自由。这不是对于"正义"的狂热，而是因为政治自由的一切振奋人心的、有益的、净化的作用都同这一本质相联系，如果"自由"成了特权，这一切就不起作用了。①

其次，卢森堡还批判列宁与托洛茨基在思考这一问题时，忽略了无产阶级专政对群众的教育职能。针对列宁认为"资产阶级不过是镇压工人阶级的工具，而社会主义国家是镇压资产阶级的工具"，是颠倒过来的资产阶级国家，卢森堡批判其为简单化了的认识。因为无产阶级专政相较于资产阶级统治，其本质的不同恰恰在于对全体人民群众进行政治训练和教育。在卢森堡看来，无产阶级专政应该是什么样呢？"无产阶级专政就是社会主义意义上的民主"，"是阶级的专政，不是一个党或一个集团的专政，这就是说，最大限度公开的、由人民群众最积极地、不受阻碍地参加的、实行不受限制的民主的阶级专政"。② 这一专政必须是阶级的事业，而不是极少数领导人以阶级的名义实行的事业，这就是说，它必须处处来自群众的积极参与，处于群众的直接影响下，接受全体公众的监督，从人民群众日益发达的政治教育中产生出来。

布尔什维克的一系列措施不仅触怒了卢森堡，还触怒了所有

---

① 中央编译局国际共运史研究室编：《卢森堡文选》（下），第500页脚注。
② 中央编译局国际共运史研究室编：《卢森堡文选》（下），第504页。

在西欧长期处于广泛的政治自由和议会活动中的社会民主党人。西欧社会民主党的诸多知识分子都加入了对列宁以及新政权的批判之中。在其中，最有代表性的是考茨基的《无产阶级专政》(1918)①。针对考茨基的批评，列宁还特意写了一本回应的小册子——《无产阶级革命和叛徒考茨基》。有鉴于这两个文本在社会主义思想史上具有重要价值，在后世经常被拿出来讨论，而本书在之前的章节中又曾专门涉猎过卢森堡和考茨基的论争，考茨基对苏维埃政权的批判亦可作为卢森堡批判的一个重要的参照，因此，本章有必要简要地回顾这两个文本的主要观点。

考茨基撰写《无产阶级专政》一文主要是为了回击党内赞成列宁的一方，因为"俄国同志今天所遇到的那些问题明天也可能对西欧具有实际意义"且影响着西欧的宣传和策略。② 考茨基在这篇文章中提出了两个重要的命题：其一，民主是一种程序上的制度安排，并不涉及阶级内涵。民主赋予政治斗争以形式、"民主构成了建设社会主义生产方式的必不可少的基础"③，因为"只有在民主的影响下，无产阶级才能达到它实现社会主义所需要的成熟程度"④。对于考茨基来说，民主还是无产阶级取得政权的工具。对于长期在西方政党议会体制和普选权开放的社会中进行阶级斗争的考茨基来说，民主是一种普遍的制度规定，一种被广泛承认的游戏规则，一种愈加发展完善的公共产品。正是在这样的制度安排

---

① 同样加入这场批判的还有奥地利社民党的奥托·鲍威尔，他的《布尔什维主义还是社会民主主义？》也十分具有参考性。
② 王学东编：《考茨基文选》，第 324 页。
③ 王学东编：《考茨基文选》，第 342 页。
④ 王学东编：《考茨基文选》，第 345 页。

下,当无产阶级是少数派的时候,可以自我保存,也是在这样的制度安排下,无产阶级政党可以进行选举、参与政权,并随着无产阶级运用民主能力的发展,而日益获得选票和阶级力量的增长。他说:"对我们来说,社会主义和民主是不可分割地联系在一起的。没有民主,就没有社会主义。"①因而,列宁驱散立宪会议对于考茨基来说是难以设想的。他批判列宁说道:"如果居于少数地位的无产阶级通过一种短暂状态,即与另外一个阶级结成联盟而取得了统治地位,而又打算用取消民主、取消少数派权力和取消反对派使这种短暂状态永久化,那么这将是目光最短浅的实用主义政策。无产阶级自己是在摧毁那唯一能使它在那种短暂状态以后赖以巩固自己地位、进一步展开工作和展开斗争的基础。"②

其二,考茨基对于民主这种"非阶级性"的认识,还和他将作为一种在民主体制中进行自我"组织"的政党和作为一种"阶级利益代表"的政党进行区分有关,更和他将一个政党的治理与一个阶级的统治区分开来有关。在他看来,"阶级是一种经济学概念,而不是法学概念",只有一个严密的组织才能中性地执行治理的职能,而阶级"构成了一种不定形的、随时流动着的群体;要确切地划分这个群体的界限是完全不可能的事"③。也就是说,一个无产阶级的政党并不能作为一个政权的组织本身而代替整个阶级行使权力,一个阶级的统治也并不等于一个代表阶级利益的政党的统治。因为"尽管每个政党都首先是代表阶级利益的。同一个阶级的利

---

① 王学东编:《考茨基文选》,第326页。
② 王学东编:《考茨基文选》,第395页。
③ 王学东编:《考茨基文选》,第338页。

益可以用各式各样的方式采取多种多样的策略方法来代表。同一个阶级利益的代表者,按其策略方法的差别性,也可以分成不同的政党",然而,"很难会有一个阶级拥有能够单独统治一个国家的那样强大的力量。如果一个阶级取得了政权而又不能靠自己的力量来保持这个政权,那么它因而就要寻求同盟者。如果它有可能获得不同的同盟者,那么在统治阶级利益的代表者中间就产生了不同的意见和党派倾向性"①。在考茨基看来,列宁在驱散立宪会议后,"竟把向来是一个阶级的战斗组织的苏维埃变成了国家组织",并将其确立为无产阶级专政的一种政体形式,这是在用排除阶级敌人、排除其他社会主义政党的方式"培养宗派狂热"而非"培养阶级觉悟"。② 于是,考茨基得出结论说:"专政并没有证明是一个在与大多数人民相对立的情况下,在一个国家里取得政权的社会主义政党来以确保其政权的一种手段;专政只能证明是这样一种手段:它向一个社会主义政党提出了许多它力不胜任的任务,使它为了解决这些任务而弄得筋疲力尽和狼狈不堪。这时,专政很容易会损坏社会主义思想本身的威信,它不是促进,而是阻碍社会主义思想的发展。"③

针对考茨基的如上观点,列宁在《无产阶级革命和叛徒考茨基》一文中尖锐地予以回击,批判了考茨基将民主作为一种非阶级性的、程序性的工具的观点,针锋相对地提出考茨基迷恋民主的"纯粹性",看不见它的"资产阶级性","始终如一地主张多数既然

---

① 王学东编:《考茨基文选》,第340页。
② 王学东编:《考茨基文选》,第363页。
③ 王学东编:《考茨基文选》,第402页。

是多数,就用不着粉碎少数的反抗,用不着对少数实行暴力镇压,只要对破坏民主的情况实行镇压就够了。考茨基迷恋于民主的纯粹性,无意中犯了一切资产阶级民主派常犯的那个小小的错误:把形式上的平等(在资本主义制度下是彻头彻尾虚伪骗人的)当做事实上的平等!"[1]列宁指出资产阶级民主的有限性,他认为资产阶级民主本身就是压迫工人的工具,对于工人来说,这种民主"不能不是狭隘的、残缺不全的、虚伪的、骗人的民主,对富人是天堂,对被剥削者、对穷人是陷阱和骗局。这一真理作为马克思主义学说的最重要的组成部分,是马克思主义者考茨基不能理解的。正是在这个根本问题上,考茨基不去对那些使一切资产阶级民主变为对富人的民主的条件进行科学的批判,反而奉献出一些使资产阶级称心快意的东西"。而列宁认为,真正的无产阶级专政,废除的正是这种虚假的民主,取而代之,苏维埃政权建立起另外一种民主,"这是民主在世界历史上空前的扩大,是假民主变为真民主,是人类摆脱资本的桎梏,而资本使任何一种甚至'民主'最共和的那种资产阶级民主变得面目全非和残缺不全"[2]。然而,列宁论证说,"无产阶级民主比任何资产阶级民主要民主百万倍;苏维埃政权比最民主的资产阶级共和国要民主百万倍"[3]。

考茨基批判列宁的新政权一方面是出于原则与理念,但另一方面更主要的是写给党内的激进派。1917年俄国革命的爆发,震动了欧洲的共产主义运动。欧洲的左翼知识分子普遍将其作为世

---

[1]《列宁全集》(第2版增订版第35卷),人民出版社2017年版,第253—254页。
[2]《列宁全集》(第2版增订版第35卷),第386页。
[3]《列宁全集》(第2版增订版第35卷),第249页。

界革命的信号,特别是在旷日持久的战争已让人感到欧洲文明没落之际,俄国革命昭示了由无产阶级大众创举的新世界熠熠生辉。整个欧洲蔓延的革命情绪从1917年一直持续到1923年,欧洲各工人政党中的激进派别则纷纷以新兴的苏维埃政权为文明灯塔。对此,考茨基则采取刻意使之降温的态度。他对于革命一贯持有的温吞立场也触怒了卢森堡。卢森堡在给路易莎·考茨基的信中写道:俄国革命是否能够维持下去,"不是因为统计表明俄国的经济发展很落后,像你的聪明的丈夫所估计的那样,而是因为高度发达的西方的社会民主党是由一些卑鄙可怜的胆小鬼组成的,他们将冷眼旁观,听凭俄国人流血致死"[1]。因而,可以看出,虽然卢森堡在《论俄国革命》中善意批判了无产阶级专政的部分策略,但那毕竟是革命同志内部的争议。与她真正格格不入的是考茨基不革命的立场,她十分担忧的是,世界革命如不能随之兴起,恐将使俄国革命陷入孤立,这一结果势必造成世界社会主义的共同损失,每一个社会主义政党都不能置身事外。

四、同一话语与迥然的政治形势

对比考茨基与列宁,可以看到不同的政治形势与任务对各自的规定。考茨基将民主作为一种基础性的规定,将其看作代表不

---

[1] 罗莎·卢森堡1917年11月24日致信路易莎·卢森堡,参见《罗莎·卢森堡致卡尔和路易莎·考茨基的信》1923年柏林德文版,第210页。转引自[东德]安·拉席察、君·拉聪:《罗莎·卢森堡在德国工人运动中的作用》(摘录),载《当代世界与社会主义》1981年第A1期。

同阶级利益的不同政治派别,用以达成广泛政治妥协的必要手段和工具;而列宁将民主看成阶级的民主,即应该由代表无产阶级利益的暴力机关,规定实行民主的范围及方式。对于前者而言,不存在从资本主义民主到社会主义民主明显的社会断裂,因为社会民主党应致力于实现的是社会革命,这是一个长期的实践过程。伴随着新的生产方式的建立,整个社会结构也将随之发生深刻的变化。这一过程可以持续长达几十年之久,也无法预估这一过程结束的确切时限。这一过程进行得愈和平,社会革命就愈成功。[①] 而对列宁来说,国家机器和暴力机关具有严格意义上的阶级属性,无产阶级革命胜利的唯一途径,就是用暴力革命打碎旧的国家机器,并代之以无产阶级行使的权力机关。

无产阶级革命应该如何实现?革命之后应该怎么办?无产阶级专政应该采取怎样的形式?这些问题在俄国革命成功后,成为了同时代几乎所有社会主义者的共同议程。陈述考茨基和列宁对这些问题的不同思虑,目的也是标定卢森堡在这场论争中所处的位置。

[①] 王学东编:《考茨基文选》,第353页。

正如阿伦特所言,卢森堡在她的同时代社会主义者中十分"孤立"①。卢森堡同时反对考茨基和列宁,其中考茨基者维护的是民主,但是前者指的是资产阶级的民主,甚至考虑以此作为社会主义变革的替代品;列宁维护的是专政,虽说是无产阶级专政,但有演化为少部分人专政的风险。因为取消了代议制民主后,如何保证群众自发性与社会进步的源泉,则需要进一步思考制度性的保障。对此,卢森堡认为,考茨基与列宁之间的论战反映出,二人都将"专政"和"民主"对立起来,真正的无产阶级专政应该是"最大限度公开的、由人民群众最积极地、不受阻碍地参加的、实行不受限制的民主的阶级专政"②。需要做的是,用民主的方法达成最大多数的工人群众对少数人的专政,这一专政必须处处来自群众的积极参

---

① 阿伦特将卢森堡对无产阶级专政的认识解读为一种"共和精神"。阿伦特对卢森堡的肯定和她对于"革命"这一问题的理解有关,阿伦特对革命的定义是:"只有发生了新开端意义上的变迁,并且暴力被用来构建一个全然不同的政府形式,缔造一个全新的政治体,从压迫中解放,以构建自由为起码目标,那才称得上革命。"所谓的"共和精神",亦即建立有限政府以保障公共自由的精神。因此,对于革命者来说,"最重要的是改变社会的结构,而不是政治领域的结构"。在这个意义上,阿伦特认为"大多数所谓的革命根本就没能构建自由,甚至也无法产生对公民权利和公民自由的宪法保障这一有限政府之福,这是一个千真万确而又令人悲哀的事实"。俄国革命后建立的"电气化加苏维埃"就是"革命吞噬了自己的孩子"的典型表现。阿伦特指出这一公式将党的作用和技术手段生硬嫁接起来,这是一种"非马克思主义的政治与经济的分离"的分析思路。列宁作为政治家的身份压倒了他的马克思主义信仰,当"他决定布尔什维克政党是电气化和苏维埃两者唯一的推动力时,他就放弃了理性的、非意识形态的国家经济发展的可能性以及新制度的自由潜质"。因此,阿伦特认为,只有将宪政民主作为政治秩序确立下来的美国革命,才算得上一场真正成功的革命。参见[美]汉娜·阿伦特:《论革命》,陈周旺译,译林出版社 2007 年版,第 23、14、203、53—54 页。
② 李宗禹编:《卢森堡文选》,第 404 页。

与,处于群众的直接影响下,接受群众的监督。卢森堡主张用群众运动的方式弥合"民主"与"专政"在概念上的对立,她说:

> 我们始终把资产阶级民主的社会内核同它的政治形式区别开来,我们始终揭示形式上的平等个自由的甜蜜外壳所掩盖着的社会不平等和不自由的酸涩内核——不是为了抛弃这个外壳,而是为了激励工人阶级,叫他们不要满足于外壳,去夺取政权,以便用新的社会内容去充实这一外壳。如果无产阶级取得了政权,它应当创造社会主义民主制去代替资产阶级民主制,而不是取消一切民主制,这是无产阶级的历史使命。但是社会主义民主制并不是在乐土中才开始的,那时社会主义经济的基础已经创造出来,社会主义民主制将作为现成的圣诞节礼物送给曾在这一期间忠实地支持了一小撮社会主义独裁者的恭顺的人民。①

这场论争不是发生在列宁和托洛茨基刚刚取得十月革命胜利之时,也不是发生在布尔什维克独自掌权的背景之下,而是发生在从夺取权力到巩固权力的特殊阶段。对于列宁和托洛茨基而言,新政权是在革命形势愈加激进化的情况下取得的,再加上国内和国际的各种敌对势力的颠覆与干预,都使得新政权时刻岌岌之危。如何处理危机局面,迅速恢复秩序,稳固权力,并在理论上赋予权力以合法性,对于列宁和托洛茨基来说是当务之急。即便考茨基

---

① 罗莎·卢森堡:《论俄国革命·书信集》,第33页。

和卢森堡对俄国革命再报以怎样的同情,也仍然不可能真正理解革命者对于政权可能得而复失的忧心,更无法理解革命危急存亡之际对反动派复辟的恐惧。如何将革命的果实巩固下来,如何在制度上保障苏维埃的民主,有关这些问题一直是列宁晚年不断探索的方向。

卢森堡对列宁的批判始终隔着时间和空间的距离,二人对权力的认识也有着显著的差别。首先,因为二人所面临的政治任务不同,所以二人对无产阶级专政的认识大为不同。对列宁来说,无产阶级专政是布尔什维克这个唯一正确的革命党用来打击一切反对派时不可缺少的权力形态,而对卢森堡来说,无产阶级专政是广泛的社会主义民主本身。其次,他们二人和组织的关系不一样,列宁是主导一个组织运行的核心,权力和组织的现实主义逻辑牢牢地制约着列宁的言行;而卢森堡和政党组织的距离相比,她离群众更近,其目的恰恰是用群众的自发性给任何组织运行的僵硬逻辑注入永恒的活力,取消任何组织的稳固性及其带来的官僚主义等诸多缺陷。对于列宁来说,无产阶级的权力需要由一个领导集团代为行使,而卢森堡认为无产阶级应该直接行使权力,不需要假以他人之手。

对于实现夺取和巩固政权的迫切而又现实的政治目标来说,列宁的策略取得了成功;与之相应的,罗莎·卢森堡在政治上却是失败的,她既没有能够制止西欧社会主义运动中越来越强大的改良趋势,也没有能够劝说布尔什维克实行她所建议的无产阶级专政。

第四章
总结与展望

第一节　形势、任务与判断

　　所谓形势,不是观察到的事实,也不是人们有意构建的概念,而是介于二者之间的用概念汇聚的事实。形势既不是完全主观的认定,也并非全然客观的存在,而是将主观认识运用到分析纷繁杂乱的事实中形成的判断。马克思学说本身是一个关于规律的理论,即随着平均利润率降低,两极分化和工人的普遍贫困,资本主义爆发周期性危机造成资本主义的生产方式难以为继。而拯救这一历史趋势的唯一凭靠就是无产阶级革命,彻底扬弃私有财产权和社会大生产之间的背反关系。这一理论建立在马克思对资本主义实证研究及其批判之上,它所阐明的不仅是作为一种结论的客观必然性,也不仅是无产阶级革命作为策略方案的政治导向,它给出的更是一套历史唯物主义的认识工具。

马克思的学说和所有其他书斋式思想家的学说不同的是,它不仅要认识世界,还要改造世界。他一方面进行理论著述和时事评论,另一方面直接领导和亲身参与工人运动,两条路线既并行不悖又彼此促进。这种理论与实践之间的关系在马克思时代下是可以自我消化的。但是,在后马克思时代,如何将既成的体系化学说与不断更新的工人运动实践结合起来,就需要开辟一个应用和阐释马克思学说的理论空间。掌握话语权的第二代马克思主义者在这一共同话语空间里,各自诠释和解读马克思学说,进而服务于各自的政治活动和政治目的。也正因如此,那些被马克思之后的马克思主义者们发展了的马克思学说,才是真正影响19世纪末以来世界社会主义运动的理论源泉。正因后世马克思主义者们要应对的现实问题层出不穷、复杂多样,20世纪的世界社会主义事业才呈现出多样性、复杂性的景观。

为什么从19世纪末到20世纪初,第二国际的社会主义者之间发生了一系列的论争?要回答理论上的问题,须从现实中寻找答案。不同的马克思主义理论家面临的形势不同,各种不同形势下需要解决的现实问题不同,解决问题的方式方法又各有不同,这些就是他们产生论争的原因。为了能够深入论争中,就需充分考察不同理论家依据各自的政治身份和环境,在何种程度上使用和发展马克思的概念工具,基于对政治形势的不同判断,通过理论著述如何达成自己的政治任务。这一过程中,他们虽然使用同一套马克思主义的概念语言,却对相同的概念赋予了不同的内涵,把相同概念和不同现象嫁接关联,发展出新的概念与概念之间的逻辑关系,在马克思"元理论"的基础上形成了各具特色的应用层面的理论。有趣的是,应用理论的再造更不是一个书斋工作,理论再造的成功与否,直接关涉马克思主义理论家们的话语影响力和政治权威。特别是这些理论家们分属于一个世界社会主义阵营内的不同国家,或者一个国家内的不同社会主义政党,或者一个社会主义政党内部的不同派系时,这些论争需要处理的复杂现象就更多了。

因此,作为论争载体的文字,只不过是这一系列认识机制的结果。本书的意图正在于,尽力还原出论争文字产生的现实场景,以及理论家个人身处的复杂的政治环境,从而使作为思想载体的文字与作为历史载体的个人,相互映衬、对比、旁证,这样之后,才能对个体在特定环境中的认识能力与局限给出合于公允的评估。

在有关改良还是革命的问题上,卢森堡看到的形势和伯恩施坦不同。后者看到了19世纪末随着资本主义自身协调能力的增强,资本主义秩序并不会必然走向崩溃的新趋势,而罗莎·卢森堡则从明显的垄断的事实中看到了截然相反的趋势,即随着资本主义秩序逐渐扩张到非资本主义地区,将无法实现资本的再生产。这两种对于趋势完全相反的判断,使他们在有关德国社会民主党的工作内容上,产生了完全不同的看法。也就是说,罗莎·卢森堡关于如何促动革命的问题,在伯恩施坦看来根本无意义,对于他来说,更重要的是如何通过选举进入政府,推行有利于改善工人阶级福利待遇以及社会公平的政策。所谓的社会主义并不必然导致一个灾变性的革命,最终目的是没有的,不断接近社会主义目标的运动才是一切。

在有关是否要采取群众罢工作为阶级斗争手段这一问题上,

卢森堡看到的形势和考茨基不同。卢森堡将政治性的群众罢工看作促动革命的最好方式。卢森堡受到1905年俄国革命形势的鼓舞,认为在群众自发性风起云涌的阶段,政党更应该发挥坚强的政治领导作用,帮助群众更好地认识到自身的使命,凝聚工人阶级的阶级意识。然而,对于考茨基来说,轻举妄动可能招致统治阶级的镇压,他联想起"非常法"时期无产阶级的力量曾经被摧毁的形势。对于考茨基来说,眼前的优先事项是如何防止党内的激进派和改良派之间不至于造成分裂。为了能够保持党在思想上的统一,他不得不在理论上进行某种妥协——既不放弃革命,又不主张将政治性的群众罢工作为主要斗争手段,而是在口头上将革命无限期向后推延。

在有关民主还是专政的问题上,卢森堡和列宁虽然在历史趋势和革命问题上一致,但他们各自所面临的政治任务却是不同的,因而主张不同的政治策略,二人在诸如土地政策、民族政策和无产阶级专政的形式等一系列具体策略上都发生了分歧。卢森堡认为,布尔什维克这些眼前的举措虽然有利于稳固新政权,但是从长久来看,都是和生产社会化、国家消亡的历史趋势,以及社会主义民主的宗旨相违背的。与此同时,列宁在内政外交的压力下面临着巩固政权的迫切任务,不得不联合一切可能联合的力量,对沙皇政权进行最有力的打击,不得不采取一切可能采取的非常手段打击对新政权构成威胁的势力。

综上,对形势的判断左右了认识,对认识的表述服务于政治的任务。这就是笔者书写论争所希望达成的结论:人在历史中,人是历史的,人就是历史。

第二节　1917年俄国革命和1918年德国革命

罗莎·卢森堡和列宁都认为,1917年的俄国革命只是世界革命的序幕,布尔什维克为夺权所采用的诸多策略的困境,都将随着西欧无产阶级革命爆发,和俄国获得物质援助后而得以消除。俄国革命的确使得整个欧洲社会民主党,特别是德国社会民主党内的革命派为之激动。1918年11月,德国在前线战败的局势已定,此时斯巴达克团在国内掀起了革命,并在多处成立工人代表苏维埃,俨然有夺权之势态。然而,为什么德国革命失败了?长久以来,解释主要有两种:一种是主观主义的解释,把问题归结为德国社会民主党的背叛和斯巴达克团的组织不力;另一种则是根据历史唯物主义的方法,从客观条件中寻找原因。

为了能够更好地理解世界社会主义运动在东西方的历史分野,有必要摆脱"历史发展阶段不同"这种理论话语,进入这两场革命的具体对比之中,评估卢森堡所面临的政治形势和她所期待看到的有何不同。

首先,需要对比德意志帝国和沙皇俄国的政治结构。正如马克思所言,德意志帝国实质上是"一个以议会形式粉饰门面,混杂着封建残余,同时已经受到资产阶级影响、按官僚制度组织,以警察来保卫的军事专制制度的国家"①。

---

① 《马克思恩格斯文集》(第3卷),第21—22页。

德意志在帝国层面的政治控制能力和沙皇俄国相比是较弱的。各个邦联都有很强的自治能力,国家的政治权力分散地掌握在容克贵族及普鲁士军官团手里。而俄国和法国类似,中央集权已经深入地方,行政系统一旦失灵,就是全国性的,圣彼得堡和巴黎的革命火焰顷刻之间就能够点燃整个国家。

1918年德国革命和1917年俄国革命一样,都是在内忧外患的背景下爆发的。布尔什维克以"土地、面包、和平"作为口号,动员革命。战争的旷日持久使前线的沙皇士兵无心再战,当革命的车轮开动起来,革命的队伍迅速吸引了士兵、农民、工人、民族主义者等诸多政治力量。那些加入的士兵在征兵入伍之前,多半以务农为业,且多是缺乏土地的"贫下中农"①,长期生活在土地匮乏的状况下,他们的"相对剥夺感"更强。然而,如果考察德国一战中的军队构成就会发现,参加一战的德国军官多是出身于容克地主和小知识分子阶层,而他们的士兵多出自自耕农。德国革命爆发后,基尔水兵扮演了重要的角色,他们率先掀开德国革命的序幕。

和俄国革命不同的是,德国当时在政治上并不是只有革命这一条出路,相反,德国的可能性更多,变数更大。此外,多方的形势都导向同一个可能性更大的结果:德皇退位,将政权交付于德国社会民主党人艾伯特、谢德曼手中。前线鲁登道夫将军1918年10月在"关于要求停战、进行和谈及组成帝国国会多数派政府向最高统帅部军官所做的说明"中谈道:"我西线部队会丧失最后的立足点,

---

① 但是仔细考察士兵的群体就会发现,和步兵相比,炮兵和骑兵改换政治方向并没有那么迅捷,因为能够当上炮兵这种技术兵种的,多出身于较为富裕的农民家庭或小知识分子阶层;当哥萨克骑兵则更需要自己配备马匹。

溃不成军,如潮水泛滥,通过莱茵河,将革命思想的毒素带入德国。这种灾难必须绝对避免……我已请求陛下,现在要想方设法接纳我们应该特别感激的社会民主党内的那一集团参加政府。我们要关注他们进入内阁,他们则应缔结目前必须缔结的和约,我们应承担我们行为的后果。"①

1918年11月8日,德意志帝国首相马克斯·冯·巴登亲王致信威廉二世:

> 为了承袭王位,控制老的社会民主党,组织群众转向激进阵营,必须取缔独立社会民主党和斯巴达克派耸人听闻的口号。这类口号所引起的群情激奋,将在停战条件公布之后大大高涨……因此,我奉劝陛下不要接受社会民主党提出的最后通牒,而应该通过一种比较民主的解决方式拯救君主制政体……一旦人们在停战谈判中接受重新选举立宪国民议会的要求,并不在重新改变德国人民的国家形式时,陛下应毫不迟疑地表示坚决退位……这种解决方式似乎有下述优点:1.皇室不向社会民主党屈服,而是迫使社会民主党向皇室让步;2.皇太子殿下放弃皇位和王位问题以及摄政问题,可以延后解决;3.重新选举期间君主政体思想比共和政体思想占据优势;4.群众迫切的革命情绪将由无政府状态引入合法轨道,从大街引向选区……在此期间,帝国局势日趋紧张。据慕尼黑报道,国防部已被工人士兵苏维埃占领,整个城市已完全掌握在工人

---

① *Dokumente zur Deutschen Beschichte* 1917-1919, VEB Deutscher Verlag der Wissenschaften Berlin, 1975. S. 45-46.

士兵苏维埃手中。①

德意志帝国的内阁副大臣威廉·冯·拉多维茨（Wilhelm von Radowitz），则在写给最高统帅部代表尤勒斯·门诺·冯·林堡-施蒂鲁姆（J. P. van Limburg-Stirum））伯爵的信中提到："一定要使得社会民主党在他的党员面前保持体面……一旦社会民主党受到政府的冷遇而停止合作，顷刻间他就会失去使它的选民，特别是各个职工会同意政府的兴趣和可能性。而一旦这些人落入独立派手中，那么随后爆发的罢工事件的危险将变得一发不可收拾。"他明确提到，社会民主党存在和独立派勾结起来的可能，而只要他们联合起来，提出不要延长战争的警告，提出"要选举权、不要饥饿、不要挨冻"的口号，对全国施加影响，那么，这种危险就会立即出现，所以，一定要做社会民主党人的后盾。对此，他也不忘警告道："绝对不能忘记，如果坏分子不受他们自己领袖的控制，那么，俄国的榜样也会在我们这里发生作用，而且可能造成严重的后果。"②大家都在用不同的方式使用俄国革命的价值，但是几乎所有的反动力量都在试图避免俄国革命的情况在德国重演。

威廉二世作为旧的统治集团的象征，在国内外压力之下只能选择退位，但是，以普鲁士军官团和容克地主为核心的旧的统治阶层不仅不乐意，而且也不可能放弃手中的政治权力。在一战战败的国内外压力下，他们形式上将政权交给德国社会民主党，开启了

---

① Berthold/ Neef: *Militarismus und Opportunismus gegen die Novemberrevolution*, Dietz Verlag, 1978. S. 134-135.
② *Dokumente zur Deutschen Beschichte* 1917-1919. S. 29-30.

民主化，实质上却最大限度地保存旧的权力结构并迅速恢复国内秩序，避免遭遇和俄国革命一样的结局。

如果从另一个方向叙述，德国社会民主党之所以能够成功交接到政权，也是右派积极努力的结果。对于威廉二世，他们进行威逼胁迫；对于巴登政府，他们则坚决表明抵制革命及无政府状态的立场。1918年10月17日，德国社会民主党中央理事会在"就该党参政所持态度和要求继续坚持的呼吁书"中谈到："德国内政的改革，绝不能通过实施一种布尔什维主义的混乱来进行，决不能通过制造血流成河的战场，以及给德国人民带来不幸的内战来进行……我们要通过和平改革，把我国政体引向民主制，把经济生活引向社会主义。"①此外，德国社会民主党也要防范另一种可能，那就是万一他们不能成功地交接到政权，就将采取第二方案："如果星期六中午12点德皇仍不退位，他们便准备同独立社会民主党人一道组织政府，号召他们的追随者举行起义。"②德国社民党之所以能够顺利交接，是因为他们手中握有统治集团最为惧怕的武器。

如果我们把聚焦的目光从政治权力的斗争中移开，在广角镜头中还会看到一些和政治权力交接不直接相关却对政局走向有着重要影响的一批人：德国的实业家们。1918年10月9日，德国钢铁工业家协会总裁约翰·赖歇特(John Richter)在杜塞尔多夫钢宫（德国钢铁工业巨头集会的宫殿）做了垄断巨头会议的报告。他准确地预测道："目前马克斯·冯·巴登亲王和冯·帕耶尔先生的政

---

① *Dokumente und Materialien zur Geschichte der Deutschen Arbeiterbewegung*, Reihe ii, 1914–1945, Band 2, November 1917–Dezember 1918, Dietz Verlag, 1957, S. 251–254.
② 罗莎·卢森堡：《1918年德国十一月革命》，第59页。

府不能持久,很快将被推翻。据推测,政府的寿命不会超过4—5周……因此,在国家和政府权力摇摇欲坠和政局极不稳定的情况下,对企业界来说,只有在工人团体方面才能找到强有力的同盟者,而这就是工会……如果能够在组织起来的广大工人群众中唤起一种联合起来和团结一致的思想共鸣,同企业主一起解决重大的经济和政治问题,那么,似乎存在一条适应德国工业界利益的兴旺发达的未来的道路,因此也就存在着得救的希望。"[1]德国战败毫无疑问对工业界是一个巨大的打击,德国工业界认为,唯一能够把这种打击降到最低的政治同盟者就是工会的政治代言人——德国社会民主党。

与此同时,美国的力量也不容忽视。威廉·博列特(William Bullitt)在1918年11月写信给美国总统时说:"如果我们不予以艾伯特政府足够的帮助,德国将要布尔什维克化。"1918年12月27日,美国派了一个特别的代表团到德国,代表团的首脑也曾抱怨艾伯特和诺斯克不用非常手段镇压革命运动。

此外,和俄国革命不同的是,德国社会主义运动中一直存在一个介于改良派和革命派之间的温和派。温和派是双方都努力争取合作的一方,并始终对暴力革命的道路有一种制动的作用。1918年6月,弗兰茨·梅林就德国工人运动不同流派的问题在致布尔什维克党的一封公开信中曾牢骚满腹:"独立派缺乏新闻自由和集会自由,缺少为选举进行宣传的任何有效的武器。反之,亲政府的社会党人却一应俱全……但是独立派的失败有更为深刻的真实根

---

[1] *Dokumente zur Deutschen Beschichte* 1917-1919, 1975. S. 52.

源,独立社会民主党缺乏团结工人群众并带领他们共同前进所需要的冲劲和吸引力……他们之中有很有才干的人,而且他们肯定都想成为最优秀的分子。但是,他们作为一个党派来说,却生不逢时。他们与亲政府的社会党的分裂过于迟缓、过分犹豫,并过久地参与了它进行的罪恶活动。他们绝不是在一种共同的信仰的基础上联合起来,在许多问题上,其中也包括一些重要问题,二者存在着意见分歧。"[1]德国独立社会民主党在革命中始终是一支妥协的力量,他们既拒绝加入右派和政府妥协,但也迟迟无法团结在一起,而斯巴达克团又是在革命的相当长的一段时间里都和独立社会民主革命保持组织上的一致。后来的德共领导人恩斯特·台尔曼(Ernst Thälmann)认为,德国革命的失败,应归罪于缺乏一个精明强干的列宁式的政党,这种说法并非没有根据,他说:

> 1918年德国革命的悲剧,1919年1月斗争、1920年卡普暴动之后的斗争、1921年3月斗争,直到1923年10月。一方面客观成熟了的革命形势,和另一方面由于缺少一个目标明确的布尔什维克政党而产生的德国无产阶级主观方面的弱点之间的矛盾……无论是革命的本能,无论是被杀害的我党的奠基人斯巴达克同盟个别领袖具有的无与伦比的英雄气概,都不能代替一个钢铁般的、在革命烈火中锻炼成钢的先锋队的存在。卡尔和罗莎之所以恰恰成了惨无人道的社会民主党反革命的牺牲品,成了诺斯克艾伯特和谢德曼以及被他们收

---

[1] 罗莎·卢森堡:《1918年德国十一月革命》,第150页。

买的刺客的牺牲品,是因为他们还未能给德国无产阶级缔造出俄国无产阶级赖以取得胜利的武器——布尔什维克政党……1918年11月9日距今已有10年了。从革命斗争的初期,继之而来的1919年至1923年革命的严重违纪,随之出现的资本主义相对稳定时期,到1923年10月,由于我党的不成熟,由于当时的领导人布兰德勒和塔尔海默尔犯了严重的错误,资产阶级反革命和社会民主党叛徒取得了最后的胜利。[1]

综上,可以看到,德国革命的失败不全然是从历史唯物主义的分析方法所得出的根本原因,即条件改善的底层工人阶级不想革命,也不单纯是因为德国社会民主党的"背叛",更不仅仅因为斯巴达克同盟没能组织成列宁一样的政党;而是说,其背后有着千头万绪的复杂的历史线索,这些偶然性的因素汇聚,以必然性的形势,导向和俄国革命截然不同的结局。从理解真实历史的发生这个意义上讲,历史哲学所能带给我们的启迪,并不一定比它可能给我们带来的误导更多。罗莎·卢森堡本人,也正是在这样复杂的政治境况下,被当作了德国社会民主党右派上台的祭品。历史的真实发展走向和她从马克思学说中所获得的教益和预测截然相反。

---

[1] Ernst Thälmann: *Reden und Aufsätz. Zur Geschichte der deutschen Arbeiterbewegung*, Band ii, Dietz Verlag, 1956. S. 9–15.

第三节　卢森堡之死

　　1919年1月11日，德国间谍首脑部社会民主党服务处悬赏10万马克捉拿李卜克内西和卢森堡。李卜克内西和卢森堡此时躲藏在柏林的纽科伦工人区，一个错误的警报使得他们被迫迁移到威尔莫尔村。1月13日，卢森堡在《红旗报》上发表《纸糊的小屋》，嘲笑反动派的胜利和统治是纸糊的小屋，终究会坍塌。1月14日，还是在《红旗报》，她发表《柏林秩序井然》，谴责德国社会民主党是叛徒，指出反革命建立的秩序是建筑在沙滩上的，而革命是永存的，革命必将通过失败和胜利的一系列环节，最终走向自己的伟大目标，这是她公开发表的最后一篇文章。1月15日晚，当德国共产党的同志威廉·皮克去往他们的容身之所，送去供检查时使用的身份证时，发现房子已经被军队包围了。卢森堡和李卜克内西被带到了艾登旅馆，那里是柏林警卫骑兵师的间谍和凶杀中心，直接受命于诺斯克。当晚，二人被枪杀，尸体被扔到了柏林的护城河中，将她从艾登旅馆拖上汽车的人是中尉弗格尔。

　　卢森堡的遗体直到5月31日才被找到。而诺斯克则在担忧遗体找到是否可能会成为群众运动新的导火索。他在回忆录中写道：

　　　　警察总监欧根恩斯特突然说出这样一句话，找到她了。我奇怪地问，找到了谁。他补充道，那个罗莎……我的两个客人忧虑地估计这个星期天柏林会出乱子,假若早报登载失踪的尸首被找到了……部长和警察总监的忧虑是星期天在尸体收容所一带的街道上会人山人海,可能会引起激烈的游行示威。骚扰在所难免,流血也是必然的,柏林笼罩着大雷雨的气氛,不能预料柏林要出什么事。我没有这些顾虑。我同意派兵封锁尸体收容所附近的街道,用以对待任何制造纠纷的企图。但是我不能使我的两位来客相信危险很少可能存在。欧根·恩斯特再三要我想出一个出路。卢森堡夫人在柏林安葬太危险了,要设法将她葬在别处。在这之前不久,我曾到过马克地方的曹森兵营,在那里我布置了士兵,以防御柏林尚在威胁中的政治瓦解。共产党人要想到那里游行示威,他们会碰得头破血流。我叫人将尸体送到那里去:尸体只许用汽车装运,并且在夜间运送。正如所期待的,柏林的报纸骇人听闻地利用了卢森堡夫人的尸体被寻到了的消息……共产党的《红旗报》和独立社会民主党的报刊骂我是侮辱尸体的人。死者的党内友人请求领回尸体。我规定,不能在柏林举行请愿游行,只准在坟地开个追悼会。[①]

让我们从卢森堡死亡的悲痛中暂时摆脱出来,思考这样一个问题:如果卢森堡没有死,或者说没有在此时死,那她会到哪里去呢?她回不到波兰,那里是她的敌对派波兰社会党毕苏斯基当权,那里实行军事独裁,更谈不上保障犹太人的自治;她在德国恐怕也

[①] [德]弗雷德·厄斯纳:《卢森堡评传》,孔固、李度译,生活·读书·新知三联书店1964年版,第143页。

留不下,那里是普鲁士军官团的"木偶"德国社会民主党的右翼当政,是她曾经激烈批判过的"腐败官僚"和"革命叛徒"治下的孱弱的民主;她可能也去不了俄国,那里的革命在若干年后的未来,将如同她的预言一样,出现斯大林时期的官僚化蜕变。罗莎·卢森堡在生前所经历的所有政治论战中,都失败了。历史证伪了她对于形势的判断。政治现实及历史的发展将她碾成齑粉,无论是在思想还是在肉身上。她在和伯恩施坦的论争中失败了,后者对资本主义生命力的判断比她准确,德国社会民主党不仅离"革命"渐行渐远,而是直接以改良的方式取得了政权;她在和考茨基的论战中失败了,后者的判断立足于群众罢工现实发生的局限条件,而非来自理论的推理和遥远俄国的经验;她在和列宁的论争中也失败了,后者的理论完全服务于爆发革命的现实诉求,摆脱了所谓原教旨理论在词句与逻辑上的制约,列宁以发动革命的紧迫性重置了理论前提,从而最大限度地解放了政治行动能力的可能性。

　　罗莎·卢森堡是永远的左派,她致力于消解一切组织和权力的局限性,致力于促进包括犹太人在内的普遍意义上的人的解放。尽管卢森堡在政治上失败了,肉体上陨灭了,甚至她的"幽灵"都没有应许之地可供安放,但是在第二次世界大战之后,她在西方左翼知识分子中仍然有很高的地位,她的诸多思想仍然受到今天左翼的重视和赞扬。她对于自由的渴望一如她生前的遗愿:在墓碑上什么都不写,只刻下"zwi-zwi"——山雀的歌唱。

第四节　卢森堡的思想遗产

卢森堡理论的高度自洽性与她遭遇现实时的失败形成鲜明对照，但是并不能简单因政治上的失败就宣告她在理论上的"死亡"。今天，应该如何评估罗莎·卢森堡的思想遗产呢？内特尔说，她的思想应该属于所有严肃地讲授政治思想的地方。西方的左派如何认领卢森堡的思想遗产？作为中国的社会主义者，是否应该简单效法西方左派的纪念方式？我们又应该如何评估和纪念她呢？

1919年1月，她与卡尔·李卜克内西在德国革命中被普鲁士军官团残忍杀害。她的死看似与遥远的中国革命无甚关联，殊不知，在那个世界革命风云激荡的年代里，她的革命精神曾鼓舞着远在万里之外的中国革命者。早在1922年李达的《女权运动史》中，曾如是记录她坚定的革命精神：

> 卢森堡和捷特金是德国社会民主党中最急进的分子，当爱尔伯特、谢致孟登取得德国政权的时候，卢森堡（当时捷特金有病）即与加尔·李卜克内西等组织斯巴达克斯团，率领一班共产主义者起事，要建设劳农德国，虽然招了最热烈最悲壮的失败而至于被害，可是伊那种革命精神，给后来的德国共产党以极大的刺戟。现在德国共产党的向前猛进，实是受伊德

热血的洗染而来的。①

1923年《中国青年》上,也将其界定为超乎德国国界的世界范围内的无产阶级战士:

> 卢森堡不是德国的,伊是世界无产阶级的。伊和现在还活着的柴特金是世界社会革命运动中的一对女战士。在过去的三四十年间,伊们驰驱于德国以及世界社会革命运动的战场上,恶战苦斗,百折不回,要把热血染红了德国,而且要染红了全世界。②

此外,据今天的我国近代革命史研究,在19世纪30年代的中央苏区和鄂豫皖苏区,革命文化的普及曾经极大地繁荣了广大工农群众的政治文化生活。大家不仅知道革命导师马克思和列宁,也知道卢森堡和李卜克内西等国际工人运动领袖。苏区工农群众政治觉悟和政治理论水平的提高,进一步加深了他们对共产党的信赖和对苏区事业的热心。

罗莎·卢森堡作为一名俄属波兰出生的犹太人,在苏黎世大学接受政治经济学的学术训练,在德国社会民主党内从事理论宣传工作。1905年俄国革命爆发后,她又回到波兰社会民主党从事革命组织动员工作,并在促进无产阶级国际团结、反战等问题上与

---

① 李达:《女权运动史》,载中共一大会址纪念馆编:《中共一大代表早期文稿选编》(上册),上海人民出版社2011年版,第172页。
② 秋人:《女革命家——卢森堡》,《中国青年》1925年第3卷第64期。

布尔什维克及其他中东欧的工人运动组织长期保持密切合作。除了公开发表的言论,她在私人书信中,时常流露出对殖民地人民苦难的同情。可以说,无论是她的理论关切还是她的政治活动范围,始终是在国际主义的框架内进行的,这在第二国际时期也绝非孤例。对于一战爆发之前第二国际的大部分马克思主义者而言,只有在普遍意义上将无产阶级从私人资本与社会劳动的所有制矛盾中解放出来,才能谈及随之而来的民族解放和妇女解放。这样一套理论上和道义上的国际主义方案,至少在第二国际的组织架构与共同决议中,曾发挥过一定的正向作用,也有力推动了国际共产主义运动的开展。正如考茨基所言,如果不是因为存在这种道义约束,第二国际恐怕在战争以前早已分崩离析。今天看来,她的这种世界观,在错综复杂的国际形势下,尤其值得重视和弘扬,毕竟,正是这样一种为联合世界无产阶级共同反对帝国主义压迫而殒身不恤的国际主义情怀,曾在当时中国革命者心中如空谷余音,引起强烈共鸣。

罗莎·卢森堡的思想在其同时代的社会主义者中是十分独特的。她在国际工人运动日益民族国家化的潮流下推崇国际主义方案;在改良主义逐渐成为主流的德国社会民主党,批判渐进改良的道路;在工会中立化的趋势下,仍建议工会配合政党采取政治性群众罢工的手段;当大国政治的逻辑已占据主导,帝国主义战争日益逼近时,她却自始至终反对军国主义和世界大战;在俄国革命似乎昭示新世界降临之际,她却在激动之余表达了对布尔什维克一系列政策可能潜藏危机的隐忧。如上每一种意见都使她身处逆流之中,不断遭遇理论上的论辩。然而,这些看上去散见的、不合时宜的观点,却能够在其理论内部实现自洽和融贯。时势使然,虽然她在德国革命中牺牲了,但她的思想遗产却能够越出特定的时空,时至今日,依然值得重视。

卢森堡曾与改良派代表人物伯恩施坦在有关资本主义崩溃的必然性问题上产生论争。后者认为随着托拉斯、卡特尔等垄断组织的出现、信用体系的建立、交通条件的便利和海外殖民的开拓,资本主义已不断增强了自我协调能力,依靠一点一滴的改良就能够和平长入社会主义。因而,革命的最终目的是微不足道的。在这场论争中,卢森堡充当了马克思学说整体性的捍卫者。她重申了辩证法的基础性地位,指出伯恩施坦只是为资本主义新的表象所迷惑,看不到资本与劳动的本质矛盾从未被真正撼动。资本主义在地理范围上的扩展只不过是将国内矛盾转嫁到国际层面上,虽然阶级矛盾在表面上不再激化,但也只不过是将破坏性更大的经济危机暂时延缓。这样一种建基于马克思主义政治经济学底色,并推导出无产阶级必须发动革命的系统性学说,以"要么社会主义,要么野蛮状态"为其口号,否认任何改良中间道路的历史可能。在此后的一百年里,虽然社会民主主义的实践在一定程度上促进了社会公平,但丝毫未能阻挡规模日甚的经济危机周期性地卷土重来:1929—1933年的大萧条、1973—1975年和1980—1982年两次石油危机、1997—1998年亚洲金融危机和2008年的次贷危机都在一次次表明,资本主义制度的矛盾根源始终无法自我革除。从这个意义上讲,有关资本主义表现形式之流变及其本质属性之不变的辩证关系,仍然值得今天的社会主义者沿着卢森堡的脚步持续跟进,此乃她的思想遗产之一。

卢森堡反对伯恩施坦的"资本主义适应论",她拿出与之竞争的正面论述则是"资本积累论"。这是她在德国社会民主党党校教授"国民经济学"时系统思考的成果,该理论也奠定了她帝国主义批判的理论基础。她的"资本积累论"重点回应了当时资本主义在流通领域出现的新现象。她从社会再生产切入,反思《资本论》第二卷中提出的社会再生产图式,追问资本积累如何可能这一问题。她发现,随着资本积累率的提升,消费资料越卖不出去,生产资料越供不应求。因此,资本积累不可能在资本主义生产方式内部实现,只能通过不断排挤落后的生产形态而发展起来,帝国主义就是在这种经济动力下应运而生的。无论是对农民经济的入侵,还是国际借款、保护关税、开拓殖民,都是为实现这一目的所采取的手段。而当资本积累在空间上囊括全部非资本主义空间之时,帝国主义走到了垂死的关头。同时代的社会主义者如布哈林,虽并不认同卢森堡将资本输出的直接动因归结为市场问题,但在如何将帝国主义的历史终点转化为世界革命的历史起点的意义上,卢森堡却使同时代的革命者们深受裨益。此外,由于卢森堡认为资本主义需要剥削某种外在于它的存在才能稳定自身,她所开创的这种资本主义空间批判的范式的意义,在全球化时代再次凸显。比如,依附论所强调的资本主义"中心—边缘"结构、沃勒斯坦所指出的"世界体系"的不平衡论,大卫·哈维论证资本主义如何通过反复制造他者,不断找到新的外部从而吸收资本与劳动剩余的"内外辩证法",都是卢森堡所开创的这一范式的历史回声。因此,即便她对帝国主义命运的历史研判可能仍被证明操之过急,但这种思考问题的进路却对分析今天的资本主义仍有启发意义。此乃她的思想遗产之二。

俄国十月革命爆发后,罗莎·卢森堡第一时间表达了她的激动心情,歌颂"布尔什维克体现了西方社会民主党人所不具备的行动能力",并认为"他们的十月起义……拯救了国际社会主义的荣誉"[①]。但与此同时,针对布尔什维克实施的一系列政策,她却提出了善意的批评,包括《布列斯特和约》的签订、土地政策、民族政策和解散立宪会议。值得说明的是,她批评的出发点多是从理论原则展开,且论述的政治语境更多地指向尚未觉醒的德国。由于她此时身处狱中又常年习惯于在德社党内开展合法斗争,对于布尔什维克所身处的危急存亡的战争革命形势和特殊局限毕竟存在隔膜。譬如她认为,《布列斯特和约》的签订是对无产阶级国际道义的背弃,殊不知这是列宁迅速结束战争实现和平的有效手段;她指出,分农民以土地的纲领并未凸显社会主义属性,殊不知此乃捍卫无产阶级政权工农基础的绝佳方式;她批评民族自决政策将有可能增强新独立民族的资产阶级力量,殊不知拆解沙皇俄国及其反动势力才是布尔什维克最具优先地位的现实策略。更为重要的是,她担忧摒除立宪会议将有可能使无产阶级专政丧失社会主义民主,压抑群众的首创精神与自发性,造成事实上一小撮人的专政。但值得说明的是,这种忧虑在她出狱后亲身参与德国革命之时就有所纠正。在1918年11月发表在《红旗报》的文章中,她注意到反革命势力正在以国民大会为掩护,收编革命力量。对此,她明确指出:"今天抓住国民大会不放的人……是伪装的资产阶级代

[①] 罗莎·卢森堡:《论俄国革命》,载李宗禹编:《卢森堡文选》,北京:人民出版社2012年版,第384页。

理人,议会痴呆症昨天是一种虚弱的表现,今天是骑墙态度,明天就是对社会主义的背叛。"问题的正确提法应该是"是立宪会议还是工人士兵代表苏维埃?"因为历史已经将这两种不同类型的阶级组织对立起来了,第三条道路是没有的了。① 虽然德国革命最终偃旗息鼓,但罗莎·卢森堡对群众首创精神的强调,和社会主义民主之为更广泛民主的思考,不仅与列宁晚年的探索殊途同归,更对今天社会主义国家的民主建设具有重大的启示,此乃其思想遗产之三。

罗莎·卢森堡的主要著作可以被概括为反对改良主义、资本积累论和社会主义革命战略战术条件研究等。回顾她的生平与思想,可以看到多重进步面向:反战人士、社会主义民主理论家、言论自由捍卫者、富于批判的左翼知识女性……这也是为什么汉娜·阿伦特虽然长期反对社会主义,但却经常自比于罗莎·卢森堡。而卢森堡的不幸牺牲也反过来证成了她作为无产阶级战士的一生。百年来,西方左派不同阵营一直在各自的立场上重塑罗莎·卢森堡的思想遗产,甚至经常把她塑造为20世纪国际共运事业遭受挫败的某种隐喻式形象。比如,一些反共反苏人士,当他们不愿意援引哈耶克和弗里德曼时,则更倾向于引证卢森堡对俄国革命的善意批评,将其塑造为既非布尔什维主义亦非社会民主主义的第三条道路;一些人道主义马克思主义者则将卢森堡对驱散立宪会议的批评和反战的形象,与青年马克思对异化的批判嫁接起来,构筑出马克思主义人道主义所谓的"正统";奈格里、哈特的

---

① *Rosa Luxemburg*, *Ausgewuhlte Reden und Schriften*, Dietz Verlag, Vol. II, S. 623.

《诸众》和拉克劳、墨菲对激进民主的论述，都试图在新的社会运动的背景下重新为卢森堡的"群众自发性"做进一步阐发；而拉封丹们则将她对德国社会民主党保守主义和官僚化的批判与德国共产党在1918年德国革命中的民主遗产充分继承，将卢森堡树立为新成立的德国左翼党（die Linke）的精神丰碑，汇入到资本主义国家政权的竞逐之中。如上对罗莎·卢森堡的遗产认领，普遍存在的一个问题是，将其塑造为一个文化斗争和政治斗争的符号，剪裁掉她理论中作为奠基的、在马克思主义学说内部最受争议的"经济决定论"。换句话说，任何有关资本主义灭亡的必然性的讨论都已在西方文化左派的讨论中退场了。所谓"经济基础""辩证法""上层建筑"这些词汇，早已被看成过时之物。而作为卢森堡讨论一切战略战术问题的理论根基——马克思主义政治经济学，以及她所身处的革命的政治时势，全都被抽掉了，仿佛卢森堡的一切理论创见全是在真空中完成的。于是乎，女革命家卢森堡的形象变成了一个任人打扮的小姑娘，变得面目模糊，宛如乡愿。

既然如此，在百年未有之大变局的今天，我们应该如何纪念她？

首先，应恢复列宁对她的评价。众所周知，列宁曾在1922年的《政论家信札》对其盖棺定论："鹰有时比鸡飞得低，但鸡永远不能飞得象鹰那样高。罗莎·卢森堡……虽然犯了这些错误，但她始终是一只鹰，不仅永远值得全世界的共产党人怀念，而且她的生平和她的全部著作（德国共产党人延缓她的全集的出版太久了，他们在艰苦斗争中遭到空前惨重的牺牲也只能使他们在某种程度情有可原）对教育全世界好几代共产党人来说都将是极其有益的。"只可惜由于历史进程的曲折性,列宁为其出版全集的愿望在其死后中断了。斯大林曾在《论布尔什维主义历史中的几个问题》等文章中认定战前左派社会民主党人无论在组织上和思想上都是软弱的,认为卢森堡和托洛茨基犯了同样的错误,并将其贬抑为"自发论者"。我国自19世纪80年代以来,已逐渐纠正苏联式教条主义的偏颇之见,在卢森堡研究上取得了丰硕成果,特别是中文版《罗莎·卢森堡全集》的编纂,相信定能还卢森堡思想一个无产阶级革命者的理论全貌,泽被学林。

其次,我们应重申罗莎·卢森堡在政治经济学方面的理论贡献,尤其是她对帝国主义的批判。事实上,一些左翼经济学家仍然在坚守马克思主义政治经济学范式,如琼·罗宾逊(Joan Robinson)、保罗·巴兰(Paul Baran)、保罗·斯威齐(Paul Sweezy)等人,他们都曾将自己的理论渊源接续马克思和卢森堡,继续讨论以经济垄断、帝国主义和世界范围内的剥削为特征的现代资本主义经济的运行,探索资本主义如何向社会主义的过渡。特别是在数字技术比如AI技术大规模投入社会经济生产之时,如何重新以马克思主义政治经济学的范式和对世界社会主义运动的关怀为驱动,通过分析和扬弃数字资本主义时代成果,拓宽数字社会主义道路,而非仅仅满足于西方左派对资本主义秩序的道德与哲学批判,这一理论重任,亟待今天中国更多的理论工作者承担起来。

最后,19世纪60年代以来,罗莎·卢森堡之为进步女性知识分子的形象经常被女权运动塑造为一面旗帜。由于社会经济结构的变化,身份政治如今在西方国家已成为塑造代议制民主的重要议程。殊不知,卢森堡思考女权问题的基本路径与一些仅在资本主义框架下谋求平权的资产阶级女权斗士并不一致,和那些动辄宣扬男女对立、不婚不育的粗陋女权观点更不可同日而语。卢森堡的政治革命活动和理论思考从来没有因性别的缘故而受限,她的关注点始终能够越出性别这个二级命题,直指更为普遍的政治经济结构。在她看来,女性解放从来都不是一个独立问题,而是伴随着阶级翻身和更普遍的社会主义革命才能彻底实现。在1914年庆祝国际妇女节的纪念文章中,她写道,和资产阶级妇女仅仅将劳动局限于私人生活范围不同,无产阶级妇女对广泛社会劳动的参与使得她们和男性一样获得了"人之为人"的权利。她热情地号召:"无产阶级妇女们,在资本主义社会下你们是穷苦者中最穷苦的,无权者中最无权的,赶快加入女性和全体人类的解放事业中来吧!社会民主党将为你的荣誉加冕,赶快奔往战斗的壕沟和前线去!"[1]纵观革命战争年代中国共产党领导的妇女解放运动,以及新中国成立后的妇女工作,无疑在东方响应了卢森堡当年的这些呼吁。

　　罗莎·卢森堡在与她同时代的社会主义者的论争中都失败了,她的失败应该被放入历史中,用历史的发展本身给出解释。在笔者看来,卢森堡之谴责西欧的改良主义和批评布尔什维克所采取的政策,固然有自己的理论逻辑和相当的批判力度,但她终其一生却未能真正理解那一时代资本主义的全球性扩展所造成的"历史的错位"。一方面,她忽视了俄国的经济与社会基础远没有达到爆发独立的无产阶级革命的程度——俄国所发生的革命实质上只

---

[1] Peter Hudis, Kevin Anderson (eds.) *The Rosa Luxemburg Reader*, p. 245.

能是"先锋队"所灌输、所领导之下的革命,在这种情况下,她对列宁和托洛茨基的理论的批评和对"这一专政必须是阶级的事业,而不是极少数领导人以阶级的名义实行的事业"的呼吁,虽然尖锐、犀利、原则性强,但却无法转化为在具体革命实践中可操作性的意见[1];另一方面,她主张通过世界革命为俄国革命摆脱物质条件匮乏的困境,并因此严厉谴责西欧社会民主主义的"背叛",却未能深入把握由于资本主义中心地区的发展与自我修复潜力和由此而来的阶级群众的心理变化,以及革命的前途愈益变得不可能的事实。此外,她主张群众通过大众民主自发实现自治的社会主义方案,在现代国家的复杂社会条件下也缺乏程序上的可操作性。

　　罗莎·卢森堡的思想体系圆融而自洽,然而,她的政治实践却曲折而坎坷。她的言语充满机锋,手起刀落,革命理想犹如长明灯塔,从未陨没。然而,复杂多变的现实却屡屡挑战着她的体系性学说。回顾罗莎·卢森堡论战的一生,可以深刻理解一位思想者兼行动者的高远与局限、努力和遗憾,亦可以从她为国际主义奋斗的一生中,获致一种力量感。这种力量感绝非仅仅来自对某种"主义"的虔信,而是手拿"批判的武器",一次又一次孤勇地冲进理论与实践之间的灰色地带,并随时敢于接受惨淡现实对自己的"武器的批判"。

---

[1] 参见《论俄国革命》,李宗禹编:《卢森堡文选》,人民出版社2012年版,第404页。

参考文献

(一) 罗莎·卢森堡著作

[德]罗莎·卢森堡:《狱中书简》,傅惟慈等译,花城出版社2007年版。

[德]罗莎·卢森堡:《论俄国革命·书信集》,殷叙彝等译,贵州人民出版社2001年版。

[德]罗莎·卢森堡:《资本积累论》,彭尘舜、吴纪先译,生活·读书·新知三联书店1959年版。

[德]罗莎·卢森堡:《社会改良还是社会革命?》,徐坚译,生活·读书·新知三联书店1958年版。

[德]罗莎·卢森堡:《论文学》,王以铸译,人民出版社1983年版。

[德]罗莎·卢森堡:《国民经济学入门》,彭尘舜译,生活·读书·新知三联书店1962年版。

[德]罗莎·卢森堡、[苏]尼·布哈林:《帝国主义与资本积

累》,柴金如译,黑龙江人民出版社1982年版。

中央编译局国际共运史研究室编:《卢森堡文选》(上),人民出版社1984年版。

中央编译局国际共运史研究室编:《卢森堡文选》(下),人民出版社1990年版。

中央编译局国际共运史研究室编:《国际共运史研究资料增刊(卢森堡专辑)》,人民出版社1981年版。

李宗禹编:《卢森堡文选》,人民出版社2012年版。

Rosa Luxemburg, *Gesammelte Werke*, ed. Annelies Laschitza and Günter Radczun, 6 vols, Dietz, 1970.

Rosa Luxemburg, *Gesammelte Briefe*, ed. Laschitza and G. Radczun, 5 vols, Dietz, 1982.

Rosa Luxemburg, *Selected Political Writings of Rosa Luxemburg*, ed. Dick Howard, Monthly Review Press, 1971.

Rosa Luxemburg, *Selected Political Writings*, ed. Robert Looker, Jonathan Cape, 1972.

Rosa Luxemburg, *Comrade and Lover: Rosa Luxemburg's Letters to Leo Jogiches*, ed. Elzbieta Ettinger, Pluto, 1979.

Rosa Luxemburg, *The Letters of Rosa Luxemburg*, ed. Georg Adler, Peter Hudis and Annelies Laschitza, Verso, 2011.

(二)有关罗莎·卢森堡的研究著作

[苏]罗·叶夫泽罗夫、英·亚日鲍罗夫斯卡娅:《罗莎·卢森堡传》,汪秋珊译,人民出版社1983年版。

[德]赛德曼:《罗莎·卢森堡与列奥·约吉谢斯》,曹伯岩译,

春风文艺出版社 2000 年版。

[德]弗雷德·厄斯纳:《卢森堡评传》,孔固、李度译,生活·读书·新知三联书店 1964 年版。

程人乾:《罗莎·卢森堡:生平和思想》,人民出版社 1994 年版。

陈其人:《卢森堡资本积累理论研究》,东方出版中心 2009 年版。

陈其人:《世界体系论的否定与肯定——卢森堡〈资本积累论〉研究》,时事出版社 2004 年版。

熊敏:《资本全球化的逻辑与历史:罗莎·卢森堡资本积累理论研究》,人民出版社 2011 年版。

Luise Kautsky, Rosa Luxemburg, *Ein Gedenkbuch*. E. Laubsche Verlagsbuchhandlung, 1929.

Henriette Roland Holst-Van der Schalk, Henriette, *Rosa Luxemburg. Ihr Leben und Wirken*, Zürich: Jean-Christophe Verlag, 1937.

Paul Frölich, *Rosa Luxmeburg, Ideas in Action*, Left Book Club, 1940.

Fred Oelssner, *Rosa Luxemburg: eine kritische biographische*, Dietz Verlag, 1956.

John Peter Nettl, *Rosa Luxemburg*, 2 vols, Oxford University Press, 1966.

Tony Cliff, *Rosa Luxemburg: A Study*, Socialist Review Publishing Company, 1968. reprinted and annotated, Pluto Press, 1972.

Helmut Hirsch, *Rosa Luxemburg in Selbstzeugnissen und*

Bilddokumenten, Auflage, 1969.

Frederik Hetmann, *Rosa L. Die Geschichte der Rosa Luxemburg und ihrer Zeit*. Fischer, 1979.

Lelio Basso, *Rosa Luxemburg: A Reapprasial*, Praeger Press, 1975.

Norman Geras, *The Legacy of Rosa Luxemburg*, Lowe&Brydone Printers Limited, 1976.

Elzbieta Ettinger, *Rosa Luxemburg: A Life*, London: Harrap, 1987.

Richard Abraham, *Rosa Luxemburg-A Life for the International*, Berg Publishers Limited, 1989.

Forrest Wendy, *Rosa Luxemburg*, Hamilton, 1989.

Raya Dunayevskaya, *Rosa Luxemburg, Women's Liberation, and Marx's Philosophy of Revolution*, University of Illinois Press, 1991.

Donald E. Shepardson, *Rosa Luxemburg and the Noble Dream*, P. Lang, 1996.

Ernst Bloch, *The Spirit of Utopia*, trans. Anthony Nassar, Meridian, 2000.

Stephen Eric Bronner, *Rosa Luxemburg: A Revolutionary for Our Times*, Columbia University Press, 1987.

Jason Schulman ed, *Rosa Luxemburg: Her Life and Legacy*, Palgrave Macmillan Press, 2013.

Andrea Nye, *Philosophia, the Thought of Rosa Luxemburg, Simone Weiland Hannah Arendt*, Routledge Press, 1994.

(三)有关罗莎·卢森堡的评论及文章

[匈]格奥尔格·卢卡奇:《历史与阶级意识》,杜章智等译,商务印书馆2012年版。

Annelies Laschitza and Günter Radczun, *Rosa Luxemburg. Ihr Wirken in der deutschen Arbeiterbewegung*, Dietz, 1971.

Ilse Schiel and Erna Milz(eds), *Karl und Rosa: Erinnerungen zum 100. Geburtstag von Karl Liebknecht und Rosa Luxemburg*, Dietz, 1971.

Labhart Stadler, Verena, *Rosa Luxemburg an der Universität Zürich*, 1889–1897, Verlag Hans Rohr, 1978.

Karl Kautsky, *Rosa Luxmeburg, Karl Liebknecht, Leo Jogiches: Ihre Bedeutung für die deutsche Sozialdemokratie*, Freiheit, 1971.

Wilhelm Pieck, "Introduction", in Rosa Luxemburg, *Ausgewählte Reden und Schrifen*, 2 vols, Dietz, 1951.

Paul Levi, "Introduction" to Rosa Luxemburg, *Eine kritische Würdigung*, Verlag Gesellschaft und Erziehung, 1922.

Leon Trotsky, "Hands off Rosa Luxemburg" and "Rosa Luxemburg and the Fourth International" in *Rosa Luxemburg Speaks*, ed. Mary A. Waters, Pathfinder, 1970.

Leon Trotsky, *Martyrs of the Third International: Karl Liebknecht, Rosa Luxemburg*, Prinkipo, 1971.

Leon Trotsky, *Political Profiles*, New Park, 1972.

Clara Zetkin, *Um Rosa Luxemburgs Stellung zur russischen Revolution*, Verlag der Kommunistischen Internationale, 1922.

Hannah Arendt, "Rosa Luxemburg: 1871–1919", *Men in Dark*

Times, 1970, pp. 33-56.

Leszek Kolakowski, *Main Currents of Marxism*, 3 Vols, Oxford University Press, 1978.

Perrry Anderson, "Renewals", *New Left Review*, 2000: 1: 5-24.

L. Basso, "Rosa Luxemburg: the Dialectical Method", *International Socialist Journal*, No. 16-17, Nov. 1966, pp. 525-526.

G. Lee, "Rosa Luxemburg and the Impact of Imperialism", *The Economic Journal*, Vol. 81, No. 324, Dec. 1971, pp. 852.

(四) 档案、回忆录及相关人物传记

［苏］米·约夫楚克、伊·库尔巴托娃:《普列汉诺夫传》,宋洪训译,生活·读书·新知三联书店1980年版。

［德］冯·兴登堡:《兴登堡自传》,魏以新译,上海社会科学院出版社2010年版。

［德］依尔玛·台尔曼:《回忆我的父亲台尔曼》,叶逢植、商志馨译,少年儿童出版社1955年版。

［德］威廉·皮克:《蔡特金传》,张才尧、张载扬译,生活·读书·新知三联书店1954年版。

［德］威廉·皮克:《卡尔·李卜克内西》,张才尧、张载扬译,生活·读书·新知三联书店1955年版。

［德］霍尔斯特·巴尔特尔等:《倍倍尔传》,葛斯、周志军译,人民出版社1987年版。

［德］鲁登道夫:《大战回忆录》,戴坚译,同仇学社1946年版。

［德］维尔纳·马泽尔:《德国第一任总统艾伯特传》,柴野等译,东方出版社1993年版。

[苏]列夫·托洛茨基:《我的生平》,赵泓、田娟玉译,上海人民出版社 2007 年版。

《社会党国际局文件 1900—1907》,周克明译,中国人民大学出版社 1990 年版。

Dokumente und Materialien zur Geschichte der Deutschen Arbeiterbewegung, Reihe ii, 1914 – 1945, Band 2, November 1917 – Dezember 1918, Dietz, 1957.

Dokumente zur Deutschen Geschichte, 1917 – 1919, Berlin: VEB Deutscher Verlag der Wissenschaften, 1975.

Walter Nimtz, *Die Novemberrevolution 1918 in Deutschland. Mit einem Dokumentenanhang*, Dietz, 1962.

Ernst Thälmann, *Reden und Aufsätz. Zur Geschichte der Deutschen Arbeiterbewegung*, Band ii, Auswahl ausden Jahren Nov. 1928 bis Sept. 1930, Dietz, 1956.

Günter Regneri, *Luise Kautsky. Seele des internationalen Marxismus – Freundin von Rosa Luxemburg*, in: *Jüdische Miniaturen*. Bd. 134, Hentrich & Hentrich, 2013.

Wilhelm Pieck, *Gesammelte Reden und Schriften*, Band 1, Dietz Verlag, 1959.

Hans Bezer, *Von der Novemberrevolution zur Räterepublik in München*, Rügten & Loening Berlin, 1957.

Karl Liebknecht, *Gesammelte Reden und Schriften*, 10 vols, Berlin: Dietz, 1958–68.

Paul Levi, *Zwischen Spartakus und Sozialdemokratie. Schriften, Aufsätze, Reden und Briefe*, Europa, 1969.

Hans-Josef Steinberg, "Karl Kautsky und Eduard Bernstein", In: Hans-Ulrich Wehler: *Deutsche Historiker*. Band 4, Vandenhoeck und Ruprecht, 1972.

Gustav Noske, *Aufstieg und Niedergang der deutschen Sozialdemokratie*, Aeroverlag, 1947.

W. Scharlau and Z. A. B. Zeman, *Freibeuter der Revolution: Parvus-Helphand: Eine politische Biographie*, Verlag Wissenschaft und Politik, 1964.

Philipp Scheidemann, *Memoiren eines Sozialdemokraten*, 2 vols, Carl Reissner Verlag, 1928.

Josef Schleifstein, Franz Mehring. *Sein marxistisches Schaffen*, 1891 –1919, Rütten und Loening, 1959.

Manfred Schorrer, *Die Spaltung der deutschen Arbeiterbewegung*, Cordeliers, 1985.

Hermut Trotnow, *Karl Liebknecht. Eine politische Biographie*, Kiepenhauer und Witsch, 1980.

Heinz Wohlgemuth, *Die Entstehung der Kommunistischen Partei Deutschlands*, 1914–1918. *Überblick*, Dietz, 1968.

Heinz Wohlgemuth, *Karl Liebknecht. Eine Biographie*, Dietz, 1973.

Victor Adler, *Briefwechsel mit August Bebel und Karl Kautsky*, ed. Friedrich Adler, SPÖ, 1954.

Samuel Baron, *Plekhanov, the Father of Russian Marxism*, London: Routledge & K. Paul 1963.

Massimo Salavadori, *Karl Kautsky and the Socialist Revolution*, 1880–1938, New Left Books, 1979.

387

William Harvey Maehl, *August Bebel, Shadow Emperor of the German Workers*, Philadelphia: American Philosophical Society, 1980.

WilliamII, *Ereignisse und Gestalten aus den Jahren 1878–1918*, K. F. Koehler, 1922.

Karl-Heinz Leidigkeit, *Wilhelm Liebknecht und August Bebel in der deutschen Arbeiterbewegung*, 1862–1869, Rütten & Loening Verlag, 1957.

(五)社会主义理论及历史相关著作

［德］卡尔·考茨基:《恐怖主义和共产主义》,马清槐译,生活·读书·新知三联书店1963年版。

［德］卡尔·考茨基:《近代社会主义的先驱》,韦建桦译,商务印书馆1989年版。

［德］卡尔·考茨基:《取得政权的道路》,刘磊译,生活·读书·新知三联书店1963年版。

［德］卡尔·考茨基:《国防问题和社会民主党》,何疆、王禹译,生活·读书·新知三联书店1964年版。

［德］卡尔·考茨基:《社会民主主义对抗共产主义》,李石秦译,生活·读书·新知三联书店1963年版。

［德］爱德华·伯恩施坦:《社会民主党内的修正主义》,史集译,生活·读书·新知三联书店1963年版。

［德］爱德华·伯恩施坦:《社会主义的历史和理论》,马元德等译,东方出版社1989年版。

［德］爱德华·伯恩施坦:《社会主义的前提和社会民主党的任务》,舒贻上等译,生活·读书·新知三联书店1965年版。

［德］约·连茨：《第二国际的兴亡》，学庆译，生活·读书·新知三联书店1964年版。

［苏］祖波克：《第二国际史》，刘金质等译，人民出版社1984年版。

［苏］克利沃古斯、斯切茨凯维奇著：《第一国际和第二国际》，中国人民大学编译，生活·读书·新知三联书店1960年版。

［俄］普列汉诺夫：《反对哲学中的修正主义》，刘若水译，人民出版社1961年版。

［俄］普列汉诺夫：《论一元论历史观之发展》，博古译，人民出版社1961年版。

［俄］普列汉诺夫：《工团主义和社会主义》，王荫庭译，人民出版社1984年版。

［俄］普列汉诺夫：《论战争》，王荫庭译，生活·读书·新知三联书店1962年版。

［俄］普列汉诺夫：《我们的意见分歧》，刘若水译，生活·读书·新知三联书店1961年版。

［俄］普列汉诺夫：《在祖国的一年》，王荫庭、杨永译，生活·读书·新知三联书店1980年版。

［苏］列夫·托洛茨基：《俄国革命史》，丁笃本译，商务印书馆2014年版。

［苏］列夫·托洛茨基：《论列宁》，王家华、张海滨译，生活·读书·新知三联书店1980年版。

苏联科学院国际工人运动研究室编：《国际工人运动：历史和理论问题》，彭质纯等译，工人出版社1984年版。

［英］G.D.H.柯尔：《社会主义思想史》，何瑞丰译，商务印书馆

1981年版。

［德］弗兰茨·梅林：《德国社会民主党史》，生活·读书·新知三联书店1963年版。

［德］苏姗·米勒、海因里希·波特霍夫：《德国社会民主党简史：（1848—1983）》，刘敬钦等译，求实出版社1984年版。

［英］罗素：《德国社会民主党》，陈与漪译，商务印书馆1921年版。

［德］米夏埃尔·施奈德：《德国工会简史》，张世鹏译，中国工人出版社1992年版。

［德］赫伯特·瓦恩克：《德国工会运动简史》，容凡译，生活·读书·新知三联书店1958年版。

［德］洛塔尔·贝托尔特等：《德国工人运动史大事记》，孙魁等译，人民出版社1983年版。

［苏］布·恰根：《反对德国社会民主党内哲学修正主义斗争史（1895—1914）》，杨远等译，生活·读书·新知三联书店1964年版。

［美］M. K.杰万诺夫斯基：《波兰共产党历史概要》，杨绿洲译，人民出版社1990年版。

［英］唐纳德·萨松：《欧洲社会主义百年史》，姜辉等译，社会科学文献出版社2008年版。

［美］约瑟夫·熊彼特：《资本主义、社会主义与民主》，吴克峰、王方舟、高晓宇译，商务印书馆1999年版。

［美］悉尼·胡克：《理性、社会神话和民主》，金克、徐崇温译，上海人民出版社2006年版。

［苏］罗伊·麦德韦杰夫：《论社会主义民主》，正苏译，商务印

书馆1982年版。

[南]爱德华·卡德尔:《民主与社会主义》,邱应觉、周兴宝译,人民出版社1981年版。

[美]卡尔·兰道尔:《欧洲社会主义思想与运动史》,刘山等译,商务印书馆1994年版。

[法]亚历山大·泽瓦埃斯:《1871年后的法国社会主义》,生活·读书·新知三联书店1983年版。

[南]普雷德腊格·弗兰尼茨基:《马克思主义史》,中央编译局国际共运史研究室编译,人民出版社1986年版。

[英]戴维·麦克莱伦:《马克思以后的马克思主义》,李智译,社会科学出版社1990年版。

[奥]尤利乌斯·布劳恩塔尔:《国际史》(1—2卷),杨寿国等译,上海译文出版社1985年版。

[苏]尤·切尔涅佐夫斯基:《革命的马克思主义者反对中派主义的斗争——德国和国际工人运动中思想政治斗争史纲》,李宗禹、李兴耕译,中国人民大学出版社1988年版。

[美]史蒂文·克雷默:《西欧社会主义:一代人的经历》,王宏周等译,东方出版社1992年版。

[德]托马斯·迈尔:《社会民主主义导论》,殷叙彝译,中央编译出版社1996年版。

[英]戴维·麦克莱伦:《卡尔·马克思传》,王珍译,中国人民大学出版社2005版。

[英]G.A.柯亨:《卡尔·马克思的历史理论》,岳长龄译,重庆出版社1989版。

[美]乔恩·埃尔斯特:《理解马克思》,何怀远等译,中国人民

大学出版社 2008 年版。

［法］路易·阿尔都塞:《保卫马克思》,顾良译,商务印书馆 2009 年版。

［美］佩里·安德森:《西方马克思主义探讨》,高铦等译,人民出版社 1981 年版。

［美］杜娜叶夫斯卡娅:《马克思主义与自由》,傅小平译,辽宁教育出版社 1998 年版。

［美］杜娜叶夫斯卡娅:《哲学与革命》,傅小平译,辽宁教育出版社 2000 年版。

［德］卡尔·柯尔施:《马克思主义和哲学》,王南湜、荣新海译,重庆出版社 1989 年版。

［德］卡尔·柯尔施:《卡尔·马克思:马克思主义的理论和阶级运动》,熊子云、翁延真译,重庆出版社 1993 年版。

中央编译局国际共运史研究室:《布哈林文选》（三卷本）,人民出版社 1981 年版。

中央编译局国际共运史研究室:《德国社会民主党关于伯恩施坦问题的论争》,生活·读书·新知三联书店 1981 年版。

张光明:《布尔什维主义与社会民主主义的历史分野》,中央编译出版社 1999 年版。

张光明:《社会主义由西方到东方的演进》,云南人民出版社 2004 年版。

郑异凡:《托洛茨基文选》,人民出版社 2010 年版。

殷叙彝:《第二国际研究》,中央编译出版社 1998 年版。

殷叙彝:《社会民主主义概论》,中央编译出版社 2011 年版。

张世鹏:《西欧社会民主主义政党指导思想的历史演变》,山东人民出版社2014年版。

吴江:《社会主义与马克思主义的命运》,中国社会科学出版社2001版。

中央编译局国际共运史研究室:《米勒兰事件》,生活·读书·新知三联书店1980年版。

中央编译局国际共运史研究室:《第二国际修正主义者关于帝国主义的言论》,人民出版社1965年版。

中央编译局国际共运史研究室:《第二国际修正主义者关于民族殖民地问题的反动言论》,人民出版社1964年版。

中央编译局国际共运史研究室:《关于民族解放运动的现代修正主义言论》,人民出版社1964年版。

中央编译局国际共运史研究室:《关于无产阶级革命和"和平过渡"问题的现代修正主义言论》,人民出版社1964年版。

Peter Christian Ludz, *Ideologiebegriff und marxistische Theorie: Ansätze zu einer immanenten Kritik*, Westdeutscher Verlag, 1976.

Kommunistische Partei Deutschlands, *Im Kampf um die Einheit der Marxisten-Leninisten nicht nachlassen!: zur ideologischen Auseinandersetzung mit dem Kurswechsel der KPD/ML-Führung*, Rote Fahne Verlag, 1976.

Klaus Zweiling, *Die deutsche Philosophie von 1895 – 1917*, VEB Deutscher Verlag der Wissenschaften, 1962

Walter Ulbricht, *Zur Geschichte der Deutschen Arbeiterbewegung*, 8 vols, Dietz, 1966.

Robert F. Wheeler, *USPD und Internationale: Sozialistischer Internationalismus in der Zeit der Revolution*, Ullstein, 1975.

Dieter Fricke, *Die deutsche Arbeitbewegung 1869 – 1914 ein*

Handbuch über ihre Organisation und Tätigkeit im Klassenkampf, Dietz Verlag, 1976.

Heinz Wohlgemuth, *Burgkrieg, nicht Burgfriede der Kampf Karl Liebknechts: Rosa Luxemburgs undihrer anhanger um die Rettung der deutschen Nation in den Jahren* 1914–1916, Dietz Verlag, 1963.

Dietmar Stübler, *Geschichte der internationalen Arbeiterbewegung*, Karl-Marx-Universität, 1985.

Heinz Wohlgemuth, *Deutschland und die deutsche Arbeiterbewegung von der Jahrhundertwende bis* 1917, Dietz Verlag 1963.

Thomas Mazer, *Bernsteins Konstruktiver Sozialismus: Eduard Bernstein Beitrag zur Theorie des Sozialismus*, J. H. W. Dietz, 1977.

Robert Michels, *Zur Soziologie des Parteiwesens in der Modernen Demokratie: Untersuchungen über die Oligarchischen Tendenzen des Gruppenlebens*, Klinkhardt, 1911.

Richard Müller, *Vom Kaiserreich zur Republik. Ein Beitrag zur Geschichte der revolutionären Arbeiterbewegung während des Weltkrieges*, 3 vols, Malik-Verlag, 1924.

Helga Grebing, *The History of the German Labour Movement: a Survey*, Berg Publishers, 1985.

Pierre Broué, *The German Revolution* 1917 – 1923, Brill Press, 2005.

John Riddell, *The German Revolution and the Debate on Soviet Power: Documents*, 1918 – 1919: *Preparing the Founding Congress*, Pathfinder, 1986.

David W. Morgan, *The Socialist Left and the German Revolution: a*

History of the German Independent Social Democratic Party, 1917 – 1922, Cornell University Press, 1975.

Bukharin. N, *Imperialism and World Economy*, Merlin, 1972.

Ruth Levitas, *The Concept of Utopia*, Philip Allan, 1990.

Norberto Boggio, *Which Socialism? Marxism, Socialism and Democracy*, University of Minnesota Press, 1987.

Roy Medevedev, *Leninism and Western Socialism*, Verso, 1981.

Archie Brown, *The Rise and Fall of Communism*, Vintage Books, 2010.

J. Kautsky, *Marxism and Leninism, not Marxism-Leninism*, Greenwood Press, 1994.

G. Lichtheim, *Marxism: A Historical and Critical Study*, Routledge and K. Paul, 1967.

C. Wright Mill, *The Marxists*, Penguin Books, 1963.

James Joll, *The Second International*, Routledge & K. Paul, 1955.

Henry Tudor, *Marxism and Social Democracy: the Revisionist Debate* 1896–1898, Cambridge University Press, 1988.

(六)德国史与欧洲史相关著作

［德］奥托·冯·俾斯麦:《思考与回忆》,山西大学外语系《思考与回忆》翻译组译,东方出版社2007年版.。

［德］汉斯·乌尔席勒·韦勒:《德意志帝国》,邢来顺译,青海人民出版社2009年版。

［美］史蒂文·奥茨门特:《德国史》,邢来顺等译,中国大百科全书出版社2009年版。

［德］弗里德里希·梅尼克：《世界主义与民族国家》，孟钟捷译，上海生活·读书·新知三联书店2007年版。

［英］李德·哈特：《第一次世界大战战史》，林光余译，上海人民出版社2010年版。

［德］艾密尔·鲁特维克，《俾斯麦》，韩洁等译，国际文化出版公司2009年版。

［英］艾瑞克·霍布斯鲍姆：《帝国的年代》，贾士蘅，江苏人民出版社1999年版。

［英］詹姆斯·雷诺拉克：《威廉二世时代的德国》，王莹、方长明，北京大学出版社2013年版。

［波］耶日·卢克瓦斯基、赫伯特·扎瓦德斯基：《波兰史》，常程，东方出版中心2011年版。

刘邦义编著：《俄普奥三次瓜分波兰》，商务印书馆1984年版。

（七）马克思主义政治经济学与帝国主义相关著作

［英］乔安·罗宾逊：《论马克思主义经济学》，纪明译，商务印书馆1962年版。

［美］保罗·斯威齐：《资本主义发展论：马克思主义政治经济学原理》，陈观烈、秦亚男译，商务印书馆2009年版。

［英］J.H.克拉潘：《现代英国经济史》，姚曾廙译，商务印书馆1964年版。

［英］安东尼·布鲁厄：《马克思主义的帝国主义理论：一个批判性的考察》，陆俊译，重庆出版社2003年版。

［比］欧内斯特·曼德尔：《资本主义发展的长波：马克思主义的解释》，南开大学国际经济研究所译，商务印书馆1998年版。

[美]熊彼特:《经济分析史》,朱泱等译,商务印书馆 1994 年版。

Samuel, Hollander, *The Economics of Karl Marx: Analysis and Application*, Cambridge University Press, 2008.

Paul Sweezy, *Socialism*, McGraw-Hill Press, 1949.

P. J. Cain, *Imperialism: Critical Concepts in Historical Studies*, Routlege, 2001.

Anthony Brewer, *Marxist Theories of Imperialism: A Critical Survey*, Routledge, 1990.

Berch. Berberoglu, *The Internationalization of Capital: Imperialism and Capitalist Development on a World Scale*, Praeger Press, 1987

Fedor Iakovlevich, *An Economic History: the Age of Imperialism, 1870-1917*, Progress Publishers, 1985.

Charles A. Barone, *Marxist Thought on Imperialism: Survey and Critique*, Macmillan Press, 1985.

Wolfgang J Mommsen, *Theories of Imperialism*, University of Chicago Press, 1982.

Bill Warren, *Imperialism, Pioneer of Capitalism*, NLB Press, 1980.

Heinz Gollwitzer, *Europe in the Age of Imperialism (1880-1914)* W. W. Norton & Co, 1979.

Archibald Paton, *Imperialism in the Twentieth Century*, University of Minnesota Press, 1977.

Harrison M Wright, *The "New Imperialism": Analysis of Late-nineteenth-century Expansion*, Heath Press, 1976.

(八) 民族主义与俄国革命相关著作

[俄] 德·阿宁编:《克伦斯基等目睹的俄国一九一七年革命》,丁祖永等译,生活·读书·新知三联书店1984年版。

[俄] 亚伯拉罕·阿谢尔:《俄国革命中的孟什维克》,石菊英、余瑞先译,中央党校科研办公室发行,1985年版。

Stanislas Blejwas, *Realism in Polish Politics: Warsaw Positivism and National Survival in Nineteenth Century Poland*, Yale Consortium, 1984.

Isaac Deutscher, *The Non-Jewish Jew and other Essays*, Oxford University Press, 1968.

Jonathan Frankel, *Prophecy and Politics: Socialism, Nationalism and the Russian Jews*, 1862–1927, Cambridge University Press, 1981.

Waren Lerner, Karl Radek, *The Last Internationalist*, Stanford University Press, 1970.

Norman Naimark, *The History of the Proletariat: The Emergence of Marxism in the Kingdom of Poland*, 1870–1887, Colombia University Press, 1979.

Joseph Pilsudski, *The Memories of a Polish Revolutionary and Soldier*, Faber, 1931.

G. W. Strobel, *Die Partei Rosa Luxemburgs, Lenin und die SPD*, Franz Steiner Verlag, 1974.

Robert Wistrich, *Revolutionary Jews from Marx to Trotsky*, Harrap, 1976.

Alvin Ward Gouldner, *The Two Marxisms : Contradictions and

Anomalies in the Development of Theory, Seabury Press, 1980.

R. N. Carew-Hunt, *The Theory and Practice of Communism*, London, 1950.

J. Plamenatz, *German Marxism and Russian Communism*, London, 1954.

A. B. Ulam, *Lenin and the Bolsheviks*, Fontana, 1969.

L. B. Schapiro, *The Communist Party of the Soviet Union*, London, 1970.

Robert Payne, *The Life and Death of Lenin*, Pan Books, 1964.

R. Pipes, *Revolutionary Russia*, Vintage Books, 1968.

R. H. W. Theen, *The Genesis and Development of a Revolutionary*, Princeton Univerity Press, 1974.

Dimitri Volkogonov, *Lenin: Life and Legacy*, Harper Collins Publishers, 1994.

Nathan Leites, *A Study of Bolshevism*, Literary Licensing, LLC., 1953.

Alan Wood, *The Origins of the Russian Revolution(1861-1917)*, Routledge, 2003.

Neil Harding, *Marxism in Russia: Key Documents*, 1879-1906, Cambridge University Press, 1983.

后　记

这本书是在我的博士论文的基础上修改而成。在燕园，我曾度过了九年的青春时光。人的一生没有几个九年，我在燕园的九年是跌宕而丰富的。我在燕园完成了我的博士学业，掌握了出于兴趣而选择的专业，确立了我奋斗一生的志业，此乃收获一也。我明晓了要通达学问需不断自寻法门，经历浸淫其中和超脱于外的三进三出，方能有所得和有所悟，此乃收获其二。最重要的是，我懂得了学问乃一生之事，学问和人生本是一体，二者应齐头并进、相互砥砺。学问归根结底是要解决人生的困惑，唯其如此，方才不辱没了学问的要义。

这篇博士论文于我而言是一次出发。它是一次习作，也是一个范例，让我得入钻研学问之窄门，探其究竟之玄奥，历经一番求索之艰辛，锤炼分析世事的头脑。我要感谢这场难得的际遇，能让我在最蓬勃旺盛的青年时代，经历这样集中而有效率的对认识能力的提高,这将是我受用一生的财富。

我要感谢我的导师张光明教授。2009年的春天,自我大二那年选修了他的课"社会主义从西方到东方的演变"有机缘向他学习,我即对社会主义思想史产生了浓厚的兴趣。他带领我看到了之前因偏见所未得见的世界,让当时深受哈耶克、以赛亚·伯林和卡尔·波普尔影响的我,感到社会主义的思想、运动与实践从过去到现在都在遭受着怎样的误读和曲解。社会主义本应该接续和传承法国大革命以来的理想信念,将自由主义因为其自身利益和阶级局限而未竟的"自由、平等、博爱"的事业继续推进向前。自此,我才意识到,社会主义思想史和国际共产主义运动史这个领域里有太多未被开垦的、值得大有作为的天地。后来,我如愿地保送为他的硕士,后又顺利转为博士。这五年的研究学习中,我的导师对我给予殷切的期望,从做人到为学,大小之事,无不悉心教导,叮咛嘱托。时而,他也对我耳提面命,听其言虽厉,但其心却始终如一地迫切真挚,即盼我成人成才,有所进益。老师于我的恩惠提携,如父如山,我今生莫敢有一时忘怀。

我要感谢我的父亲母亲对我学术事业的由衷理解和无条件的支持。每当我情感无依、孤独奋战甚至情绪崩坏时,他们都能给予我家庭的温暖和无限的包容与关怀。特别是我的父亲,他没有一时不心系我在思想上的成熟和进步,为了能始终和我保持对话交流,从未放弃过自我学习,这使得我每次回家和父亲进行通宵达旦的畅谈后,都觉如释重负,重新振奋。

我要感谢所有在我的成长过程中曾经与我有所交流的师长、

同学和朋友。学术畅聊经常会启发人看问题的不同视角或是新颖的表述，特别是和那些有共同理想信念的comrades（战友）聊天，更加能感到自己在奉献于一项值得的志业。

第二国际曾经作为马克思主义的"黄金年代"，涌现了以卢森堡为代表的一大批杰出的马克思主义理论家，他们在一系列攸关社会主义革命与建设的核心议题上，引发过激烈而公开的讨论。这些丰富而有价值的讨论充实了社会主义的思想库和武器库，即便一些论断可能过时，但这些议题仍待后来者接续马克思主义政治学的传统，进行理论迭代和知识更新。对资本主义始终保持超越态度的社会主义运动曾深刻塑造了20世纪，这场伟大的社会主义实验仍是现在进行时，激励有识之士继续努力，开创属于我们的"黄金年代"。

这本书能够顺利出版，还要感谢隆进兄、佳睿兄的大力支持，更要感谢黎永娥老师细心专业的编校。由衷期待它与读者的相遇。